Bismi-llahi r-Rahmaani r-Rahiim

Engel und Teufel

Malaa'ikah wa Schaitaan

„Al Hamdu li-llaahi Rabb il-'Aalamiin", „Lob sei Allah,
Dem Herrn der Welten." (Sure 1:2)

Alles Lob gebührt Allah, von Dem alles ausgeht, und zu
Dem alles zurückstrebt.

Allah ist der Schöpfer, und alles außer Ihm ist Seine
Schöpfung.

„… Allah erschafft, was Er will …" (Sure 24:45

„Er ist der Erste und Der Letzte, der Offenbare und der Verborgene, und Er ist der Kenner aller Dinge." (Sure 57:3)

„… Werft euch weder vor der Sonne noch vor dem Mond nieder, sondern werft euch vor **Allah** nieder, **Der sie erschaffen hat**, wenn ihr (tatsächlich) Ihm dient." (Sure 41:38)

Herzlichen Dank an alle, die mich zu diesem Buch inspiriert haben und auf ihre Weise mitgeholfen haben, dass es entstehen konnte.

Dschazaaka-llahu chairan, vergelt's Gott mit Gutem.

Anmerkung zu einfachen Benutzung:

Erklärungen zur arabischen Aussprache, Umschrift und eine Wortliste befinden sich am Ende des Buches.

Die Umschrift dient dazu, arabische Wörter korrekt auszusprechen. Jede Sprache hat ihre Spezialitäten!

Wörter, die im Arabischen auf „ta marbuuta" enden, spricht man hinten mit ganz leichtem „h" aus, wenn das Wort unverbunden ist. Deswegen die Endung auf „h".

Engel und Teufel

Malaaikah wa Schaitaan

Originalausgabe in Erstauflage

© 2021, Nora Adam

Autorin und Umschlagbilder: Nora Adam

ISBN
978-3-347-39955-6 (Paperback)
978-3-347-39956-3 (Hardcover)
978-3-347-39957-0 (e-Book)

Inhaltsverzeichnis

Vorwort

Erläuterungen

Glossar

Vorwort

Die Welt des Unsichtbaren, arabisch **'Aalam ul-Ghaiib**, ist ein Thema, das alle Menschen interessiert.

Die reichhaltigen Islamischen Quellen bieten auch zu diesem Thema umfassende Informationen. Sie beruhen auf Offenbarungen, die Allah auf den für seine Ehrlichkeit und Vertrauenswürdigkeit wohlbekannten Gesandten Allahs Muhammad, ṣalla-llahu 'alaihi wa Sallam, das heißt „Allahs Frieden und Segen seien auf ihm", herabgesandt hat. Der Überbringer dieser Offenbarungen war der Engel Dschibriil. Das ist Gabriel, englische und französische Schreibweise ist Djibril oder Jibreel, der auch früher zu anderen Gesandten Allahs kam, wie Muusa, also Mose, Friede sei auf ihnen allen.

Der **Engel Dschibriil**, 'alaihi-s-Salaam, wird im Qur'aan (Koran) zudem auch „**Ruuh-ul-Amiin**" genannt, also vertrauenswürdiger Geist (in Sure 26:193), sowie „**Ruuh ul-Qudus**", heiliger Geist (in den Suren 2:87, 2:253, 16:192), und in der vorislamischen Zeit zudem „Namuus".

Muslime glauben an alle Propheten, die jemals von Allah gesandt wurden, und an ihre wahre Botschaft in ihrer unverfälschten Form. Daher glauben wir auch an die direkte Rede von 'Isa bin Mariyam, das ist Jesus, Sohn der Maria, Friede sei auf ihnen beiden. Und zwar, sofern sie authentisch belegbar ist, also durch zuverlässige

Überliefererketten eindeutig zuzuordnen ist.
Was reine **Offenbarung** ist, ist klar zu unterscheiden von
eigener Meinung.

„Und er redet nicht aus (eigener) Laune, und es ist
wahrlich nur eine eingegebene Offenbarung." (Qur`aan,
Sure 53:3-4)
Er: Prophet Muhammad, salla-llahu 'alaihi wa Sallam,
Allahs Lobpreis und von Seinem Frieden seien auf ihm.

Der **Qur`aan** (Koran) gilt nur im Original auf Arabisch
als Qur`aan. Jede Übersetzung davon ist nur eine
Bedeutungsübertragung, und somit auf gewisse Weise
eine Interpretation des Originals. So muss ein Übersetzer
oft von mehreren Übersetzungsmöglichkeiten eine
einzige auswählen. Viele Qur`aan-Übersetzungen (richtig
daher: „Bedeutungsübertragungen") haben deswegen hier
und da Fußnoten, mit Bemerkungen wie „wörtlich: …",
„oder auch: …", damit es ganz exakt ausgedrückt ist. Um
mehrere Bedeutungsnuancen sichtbar zu machen, stehen
in diesem Buch manchmal eine oder mehrere weitere
Bedeutungen – (/ …) solcherart markiert – hinter der
ausgewählten Bedeutungsübertragung eines Wortes.

Wer den Qur`aan auf Arabisch lesen und verstehen kann,
nutzt daher auch gerne den „Lisaan al-'Arab", „Die
arabische Zunge": dies ist ein vielbändiges Werk, das die
exakte Bedeutung vieler Wörter im Qur`aan zum
Zeitpunkt der Offenbarung näher erklärt. Das ist sehr
wichtig!

1. Was sagt Allah ta'aala, erhaben ist Er, über die Erschaffung der Malaa'ikah (Engel), der Schaiyaaṭiin (Teufel) und der Menschen?

Allah ist zunächst selbst der Beginner der Schöpfung.

Allah war, und nichts war da außer Ihm

„… Nichts ist Ihm gleich …" (Sure 42:11)

„Gewiss, Er beginnt und lässt wiederkehrten … Der Herr des Thrones, Der Ruhmvolle, tut das, was Er will." (Sure 85:13-16)

„Allah ist der Schöpfer aller Dinge. Und Er ist über alle Dinge Wakiil." (Sure 39:62)
Wakiil: kompetenter Sachwalter, höchster Interessenvertreter.
„Der Prophet Muhammad, salla-llahu 'alaihi wa Sallam, wurde gefragt: ‚Ya Rasuulu-llah, wo war Dein Herr, bevor Er Seine Schöpfung hervorbrachte?' Er sagte:

‚**Nichts war da außer Ihm**. Nichts unter Ihm, und Nichts über Ihm.'" (Hadiith hasan, überliefert von at-Tirmidhi)
Ya Rasuulu-llah: Oh Gesandter Allahs.

Allah ist erhaben, und nicht Teil Seiner Schöpfung, obgleich Er auf vielfache Weise mit ihr verbunden ist. Einen Teil davon behandelt dieses Buch. Er schafft, kontrolliert und lenkt auf Seine Ihm eigene Weise.

Das Erste, was Er erschuf, war al-Qalam (Schreibfeder, Schreibrohr, Stift):

Der Gesandte Allahs Muhammad, salla-llahu 'alaihi wa Sallam, sagte:
„Wahrlich, das **Erste, was von Allah erschaffen wurde, war al-Qalam**. Allah ordnete ihm an, zu schreiben. So schrieb er alles, was geschehen wird, bis in alle Ewigkeit." (Hadiith hasan sahiih ghariib, überliefert von at-Tirmidhi)

„Gewiss, Euer Herr ist Allah, Der die Himmel und die Erde in sechs Tagen erschuf, und sich hierauf über den 'Arsch (Thron) erhob (auf eine Ihm angemessene Weise) … Gewiss, **Sein sind die Schöpfung und der Befehl**. Segensreich ist Allah, Der Herr der Weltenbewohner." (Sure 7:54)

„Er ist es, Der die Sonne zu einer (abstrahlenden) Leuchte, und den Mond zu einem (dieses Licht reflektierenden) Licht gemacht und ihm Himmelspunkte (/ Mondstationen) zugewiesen hat, damit ihr die Zahl der

Jahre und die (Zeit-)Rechnung wisst ... Er legt die
Zeichen ausführlich dar ..." (Sure 16:5)

Allah, subhaana-Hu wa ta'aala, gepriesen und erhaben ist
Er, teilt uns nicht mit, wie bald nach der Erschaffung des
Qalam Er die Malaa`ika (Engel) erschuf. Er schuf sie zur
selben Zeit wie das Licht.

Die **Malaa`ikah (Engel)** wurden von Allah als „geehrte
Diener" (Sure 21:26) erschaffen.

Und Er setzt sie dazu ein, allerhand Angelegenheiten für
Ihn zu erledigen, die mit Seiner Schöpfung zu tun haben.
Auf die Details wird weiter unten im Buch eingegangen.

„... die (jeweilige) Angelegenheit (mit Allahs Erlaubnis)
Regelnden (Engeln)." (Sure 79:5)

Sie sind Ihm **stets gehorsam**: „Sie kommen Ihm im
Reden nicht zuvor, und handeln nur nach Seinem
Befehl." (Sure 21:27)

Die Malaa`ikah wurden aus Licht erschaffen. Allah
brachte sie ins Dasein noch vor den Dschinn und den
Menschen! Das geht aus der Reihenfolge hervor, in der
sie im nachfolgenden Hadiith genannt sind, und wird in
weiteren Ahadiith (Plural von Hadiith) detailliert
bestätigt:
Der Gesandte Allahs, salla-llahu 'alaihi wa Sallam, sagte:
„Die **Malaa`ikah sind aus Licht erschaffen**, die
Dschinn sind aus rußfreiem Feuer erschaffen und Aadam

ist aus Ton (/ Lehm) erschaffen." (Hadiith sahiih Muslim)

Die Dschinn sind von anderer Art, außer dass auch sie – wie die Engel – meist für die Menschen unsichtbar sind. Dschinn, die den Glauben verweigern, werden „**Schaiyaatiin**" genannt.

„Und Er hat die **Dschinn aus einer unruhigen** (/rauchlosen) **Feuerflamme** erschaffen." (Sure 55:15).

Ibliis, der Anführer der glaubensverweigernden Schar von den Dschinn, wurde – wahrscheinlich aufgrund vorheriger vorzüglicher Leistungen – von Allah auf das Niveau der Engel erhoben, das heißt er war mit ihnen, ohne selbst ein Engel zu sein.

Denn, als die Dschinn noch vor den Menschen lebten, geschah dies:
„... einige der Dschinn begannen, den Glauben abzuleugnen. So kamen die Engel zur Erde herab und kämpften mit ihnen. Es gab Blutvergießen und Fasaad (Verderbnis) auf der Erde." (Hadiith maqtuu'a mit Sanad sahiih, also Sahiih-Überliefererkette, berichtet vom Taabi' Rabi' ibn Anas, radia-llahu 'anhu, Allahs Wohlgefallen auf ihm, überliefert von at-Tabari).

Maqtuu'a: das Hadiith wurde von Taabi'iin, Leuten der direkten Nachfolgergeneration der Prophetengefährten, erzählt, wie sie es in Erinnerung behalten hatten. Ohne dabei wörtlich vom Propheten salla-llahu'alaihi wa

12

Sallam, zu zitieren. Deshalb steht, untypischerweise, sein Name nicht am Ende der Überliefererkette.

Die Dschinn wurden vor den Menschen erschaffen, das sagt uns Allah ta'aala ganz klar:

„Wir erschufen ja den Menschen … Und die Dschinn **erschufen Wir zuvor** aus dem Feuer des Glutwindes (/ aus der sengenden Glut)." (Sure 15:26-27)

Dass Allah manchmal in der Einzahl, „Ich", und manchmal in der Mehrzahl, „Wir", von Sich selbst spricht, ist sprachlich bedingt. Im Arabischen ist die Verwendung des Plurals eine Form, die Respekt und Verherrlichung ausdrückt, man nennt ihn den **Plural der Hoheit**. Allah bedient sich auch der Engel für Seine Aufgaben in Bezug auf die Schöpfung. **Allah ist aber Einer in Seiner Herrschaft**, Ihm gebührt die Anbetung:

„Sag: Er ist Allah – Einer!" (Sure 112:1), „Euer Gott ist ein Einziger, es gibt keinen Gott außer Ihm …" (Sure 2:163), „… in Dessen Hand al-Mulk ist." (Sure 67:1), „… Dient Allah, ihr habt keinen Gott außer Ihm …" (Suren 7:65, 11:61), „Vor Mir sollt ihr Ehrfurcht haben." (Sure 16:51), „Es gibt keinen Gott außer Mir, so dient Mir." (Sure 21:25)
Al-Mulk: Herrschaft, Herrschergewalt.

Er hat eine Vielzahl von Namen und Eigenschaften, die Er im Qur`aan nennt, unter anderen:

„Allah, es gibt keinen Gott außer Ihm, al-Ḥayy ul-
Qayyuum…" (Sure 2:255) Er ist Einzig und Erhaben in
ihnen. „Und Sein sind die schönsten Namen, so ruft Ihn
mit ihnen an …" (Sure 7:180)
Allah: al-Ilah, der Eine Gott. Al-Ḥayy: Der stets
Lebendige. Al-Qayyuum: Der Beständige,
Ewigbleibende.
Rabi'a bin Anas, raḏia-llahu 'anhu, sagte: „Allah erschuf
die **Engel am Mittwoch**. Und erschuf die **Dschinn am
Donnerstag**. Und **Er erschuf Aadam am Freitag** …"
(Ḥadiith maqṯuu'a mit Sanad ṣahiiḥ, erzählt vom Taabi'
Rabi' bin Anas, überliefert von aṯ-Ṯabari)

Allah, subḥaana-Hu wa ta'aala, gepriesen und erhaben ist
Er, teilte den Malaa`ikah sein Vorhaben mit, einen
Menschen zu erschaffen, und welches dessen Aufgabe
sein werde:

„Und als Dein Herr zu den Malaa`ika sprach: ‚Ich bin
dabei auf al-`Arḏ einen Chaliifa einzusetzen!', da sagten
sie: ‚Willst Du auf ihr jemanden einsetzen, man yufsidu
fii-haa und Blut vergießt? Während wir Dich lobpreisen
und dich verherrlichen!' Er sagte: ‚Ich weiß, was ihr
nicht wisst.'" (Sure 2:30)
Al-`Arḏ: die Erde, der Boden, auf dem Planeten Erde.
Chaliifa: Nachfolger, Stellvertreter, Kalif. Man yufsidu
fiihaa: der auf ihr Fasaad, also Unheil anrichtet.

Der Mensch selbst wurde ursprünglich aus „Tonerde"
erschaffen:

„Er hat den **Menschen aus Ṣalṣaal**, gleich einer

Töpferware, erschaffen." (Sure 55:14)
Er: Allah. S̲al̲s̲aal: Ton, Tonerde, Tonmasse, Lehm

Der Tonerde wurde auch Wasser beigegeben, denn
Wasser ist Bestandteil jedes Lebewesens:

„Und Er ist es, Der Baschar aus Wasser erschafft, und sie
dann mit Nasab versieht. Dein Rabb ist qadiir (Sure
25:54) „… da haben Wir … aus dem Wasser alles
Lebendige gemacht … " (Sure 21:30)
Baschar: Menschen, menschliche Lebewesen. Nasab:
Abstammung, Blutsverwandtschaft, Verschwägerung.
Rabb: Herr. Qadiir: machtvoll.

Daher ist im Qur`aan auch die Rede von einem Lehm
und Schlamm, S̲al̲s̲aal mit Wasser:

„Und Wir erschufen den Insaan ja aus einem **Sulaalatin
min T̲iin**." (Sure 23:12) „… aus **T̲iinin laazib** …" (Sure
37:11)
Insaan: Mensch. Sulaalatin min T̲iin: Auszug aus Lehm,
also Mischung aus Tonerde mit Wasser. T̲iin laazib:
haftender Lehm.
„Und Wir haben ja den Menschen aus **S̲al̲s̲aalin** min
H̲amaa`in masnuun erschaffen." (Sure 15:26)
S̲al̲s̲aalin min H̲amaa`in masnuun: angetrockneter, zu
Gestalt gebildeter Schlamm.
Aus haftendem wurde formbarer, dunklerer und
trocknender Lehm (Zusammenfassung vom Tafsiir Ibn
Kathiir), der durch Liegenlassen etwas seinen Geruch
verändert hat.

Daraufhin ehrte Allah Aadam, 'alaihi-s-Salaam, auf
vielfache Weise:

- Zunächst ehrte Er ihn dadurch, dass Er ihn als
  eine von vier noblen Kreationen mit Seiner
  eigenen Hand erschuf:

„Allah erschuf vier Dinge mit Seiner Hand: al-'**Arsch**,
al-**Qalam**, **Aadam**, (das Paradies von) '**Adan**. Dann
sagte Er zum Rest der Schöpfung (nur): ‚Kun!' – fa
yakuun." (Hadiith sahiih mauquuf, berichtet von Ibn
'Umar, radia-llahu 'anhumaa, überliefert von ad-Dariimi
u. a.)
'Arsch: Thron von Allah. Qalam: Schreibfeder,
Schreibrohr, Stift. 'Adan: Eden. ‚Kun!' – fa yakuun
‚Sei!', und sie war.
Mauquuf bedeutet: von Prophetengefährten aus der
Erinnerung weitergegeben, ohne wortwörtlich vom
Propheten, salla-llahu 'alaihi wa Sallam, zu zitieren.

„Der Gesandte Allahs, salla-llahu 'alaihi wa Sallam,
sagte:
‚Allah erschuf at-Turbah am Samstag, und erschuf darin
die Berge am Sonntag, und erschuf die Bäume am
Montag, und erschuf al-Makruuhaat am Dienstag, und
erschuf das **Licht am Mittwoch**, und setzte ad-Dawaab
hinein am Donnerstag, und erschuf **Aadam** ba'd al-'Asr
min Yawm al-Dschum'a **fi aachir il-Chalq fi aachir as-
Saa'**, min Nahaar fiima baina l 'Asr wa al-Lail. "
(Hadiith sahiih Muslim, Riyaad us-Saalihiin Nr. 1854)
At-Turbah: die Erde, z. B. unseres Planeten. Al-
Makruuhaat: das Unheil darin. Ad-Dawaab: alles, das

sich bewegt, vor allem auch Reittiere. Ba'd al-'Asr min Yawm al-Dschum'a: nach dem 'Asr am Freitag. Fi aachir il-Chalq fi aachir as-Saa': als letzte Schöpfung in der letzten Stunde. Min Nahaar fiima baina l 'Asr wa al-Lail: des Tages, zwischen dem 'Asr und der Nacht, also zwischen 'Asr- und Maghrib-Gebet.

Noch eine weitere Ehrung war, dass Allah für Aadam, 'alaihi-s-Salaam, eine Gattin schuf:
„Oh ihr Menschen! Fürchtet euren Herrn, Der euch **aus einer einzigen Nafs** erschuf. Und von ihr schuf Er seine Gattin ..." (Sure 4:1)
Nafs: Seele, des Aadam, `alaihi-Salaam.

Der Prophet, salla-llahu 'alahi wa Sallam, sagte:
„... die Frau wurde aus einer gekrümmten Rippe erschaffen. Der gebogenste Teil ist der obere Teil, ... so behandelt die Frauen gut." (Hadiith Sahiih al-Buchaari und Muslim)

„Und es gehört zu Seinen Zeichen, dass Er euch **aus euch selbst Gattinnen** erschaffen hat, damit ihr bei ihnen Ruhe findet. Und Er hat Zuneigung und Barmherzigkeit zwischen euch gesetzt. Darin sind wahrlich Zeichen für Leute die nachdenken." (Sure 30:21)

-   Eine weitere Ehrung war, dass Aadam und seine Gattin Hawwa' (Eva) **im Paradies leben** durften. Allah ließ ihnen dort alles zukommen, was sie zum Wohlbefinden brauchten.

Der Gesandte Allahs Muhammad, salla-llahu 'alaihi wa Sallam, sagte: „Der beste Tag, an dem die Sonne aufgeht, ist Freitag: An ihm wurde Aadam erschaffen, an ihm wurde er **ins Paradies eingelassen** …" (Hadiith Sahiih Muslim)

„Gewiss, dir wird gewährt, dass du darin weder Hunger verspüren, noch unbekleidet sein sollst. Und du sollst darin weder Durst noch Sonnenhitze erleiden!" (Sure 20:118-119)

Allah spricht Aadam, 'alaihi-s-Salaam, als verantwortliches Familienoberhaupt an. Hawwa' wird an anderen Stellen des Qur'aan ausdrücklich auch als im Paradies lebend erwähnt. (siehe zweites Kapitel)

- Allah gewährte es Aadam, 'alaihi-s-Salaam, als weitere Ehrung, dass Er ihn lehrte:

„Und **Er lehrte Aadam die Asmaa-a kulla-haa**. Dann legte Er sie (die Dinge der Schöpfung) den Engeln vor, und sagte: ‚Teilt Mir deren Namen mit, wenn ihr Saadiqiin seid!'" (Sure 2:31) **Asmaa-a kulla-haa:** alle Namen. Saadiqiin: Wahrhaftige
Die Asmaa-a (Namen) sind die Namen aller Dinge, wie wir aus diesem Hadiith wissen:
„… Aadam: … Du bist der Vater aller Menschen. Allah erschuf dich mit Seinen Händen, … und Er lehrte dich die **Namen aller Dinge** …" (Hadiith Sahiih al-Buchaari und Muslim)

18

„Sie sagten: ‚Subhaanaka! Wir besitzen kein Wissen, bis auf das, was Du uns gelehrt hast! Du bist ja der Sehende, Der Weise.‘ Er (Allah) sagte: ‚Ya Aadam (Oh Aadam), teile ihnen ihre Namen mit!‘ Als er ihnen ihre Namen mitgeteilt hatte, sagte Er: ‚Habe ich euch nicht gesagt, Ich kenne das Verborgene der Himmel und der Erde, und Ich weiß auch was ihr offenlegt und was ihr im Verborgenen zu halten sucht!‘“ (Sure 2:32-33)
Sie: die Malaa`ika. Subhaanaka: Preis sei Dir! Ya Aadam: Oh Aadam. Er sagte: Er ist Allah.

Allah demonstrierte und erklärte hier nochmals Seine Allmacht und Sein Handeln aufgrund Seines vollkommenen Wissens. Dies ist wichtig für das Verständnis der weiteren Dschinn- und Menschheitsgeschichte!

- Eine weitere Ehrung war, dass Aadam und Hawwa` **reichliche Nachkommenschaft** gewährt wurde, sicherlich zum Missfallen des Schaitaans.

„Es gehört zu Seinen Zeichen, dass Er euch aus Turaab erschaffen hat, hierauf wart ihr auf einmal Menschenwesen, die sich ausbreiten.“ (Sure 30:20)
Hawwa‘: Eva. Turaab: Erde.
Der Prophet, salla-llahu ’alaihi wa Sallam, sagte:
„Allah, subhaana-Hu wa ta’aala, erschuf Aadam aus einer Handvoll Lehm aus verschiedenen Teilen der Welt. Und seine Kinder wurden verschieden, wie die verschiedenen Landschaften. Es gibt weiße, rote,

schwarze, und gelbe Menschen. Gute und schlechte. Glückliche und unglückliche. Und dazwischenliegende." (Hadiith Sahiih al-Buchaari)

Tatsächlich haben wir Menschen eine Vielzahl Substanzen, die in der Erde vorkommen, auch in unserem Körper. Alleine in unserer Knochenmasse haben wir z. B. Mineralien, wie das allerwichtigste Knochenmineral Kalzium. Sowie Phosphor, Magnesium, Kalium, Eisen, Natrium, Chlor, Fluor. Sie sind auch in der Erde zu finden. Erstaunlich: Das kompakte Material eines Menschenknochens ist doppelt so hart wie Granit! Die Wunder der Schöpfung sind vielzählig.

Weniger erhebend ist dagegen die *Eifersucht*. Sie ist nicht aufbauend, sondern zerstörerisch! Trotz aller Zeichen und Wunder in Allahs Schöpfung begann Ibliis, der ehemals geehrt gewesen war, sich aus Eifersucht auf Aadam, 'alaihi-s-Salaam (Friede sei mit ihm), gegen Allah aufzulehnen. Dies brachte ihm jedoch nichts Gutes ein:

„Und als Wir zu den Engeln sagten: ‚Werft euch vor Aadam nieder!' Da warfen sie sich nieder, außer **Ibliis: er war einer von den Dschinn** ..." (Sure 18:50) und:

„... bis auf Ibliis: er wandte sich hochmütig ab und verweigerte den Glauben." (Sure 38:74)

Bei den Dschinn gibt es glaubende und den Glauben verweigernde, wie bei den Menschen.

Allah, sub<u>h</u>aana-Hu wa ta'ala, teilt uns über Sich und die Erschaffung der Kinder Aadams, 'alaihi-s-Salaam, mit: „Der alles gut macht, was Er erschafft. Und Er machte die Schöpfung des Menschen am Anfang aus Lehm (bei Aadam, 'alaihi-s-Salaam). Darauf machte Er seine Nachkommenschaft aus einem **Auszug aus** verächtlichem **Wasser**. Hierauf formte Er ihn und hauchte Ihm von Seinem Geist ein." (Sure 32:7-9) „Und Er ... hat euch Gehör, Sehfähigkeit und Herzen gemacht. Wie wenig seid ihr dankbar!" (Sure 23:78, fast gleich 67:23)
Verächtlich: ziemlich kleine Tropfen von wässriger Samenflüssigkeit.

Warum Allah zur Erschaffung Seiner Schöpfung so verschiedene Ausgangsmaterialien verwandte, Licht, Feuer, Ton, Sperma ..., teilte Er uns nicht mit. Es mag sein, dass manches unsere menschliche Fassungskraft übersteigt.

Für uns ist das Wesentliche zu wissen, weshalb Allah ta'aala (erhaben sei Er) uns erschuf:
„Und Ich habe die Dschinn und die Menschen nur erschaffen, damit sie Mir dienen." (Sure 51:56)
Dies ist der Sinn des Lebens. Diese **'Ibaadah** (Gottesdienst) bezieht das gesamte menschliche Leben mit ein. In keinem Fall aber besteht Gottesdienst aus Speiseopfer:
„Ich will keine Versorgung von ihnen haben, noch will Ich, dass sie mir Speise geben." (Sure 51:57)

21

Bevor wir näher auf die Natur der Engel eingehen, siehe
fünftes Kapitel, zunächst ein Blick auf die Geschichte der
Austreibung des Ibliis und dessen Anhängerschaft aus
Dschannah, dem Paradies:

Die arabische Wortwurzel <u>dsch-n</u> bedeutet „verborgen."
Sowohl das Paradies als auch die Dschinn sind, solange
wir im Diesseits verweilen, für unsere Blicke
überwiegend verborgen. Ein Ungeborenes heißt auf
Arabisch „Dschaniin", weil es ungefähr neun Monate im
Mutterleib verborgen ist.

„Wir erschufen den Menschen ja aus einem Auszug aus
Lehm. Darauf machten wir ihn zu einer Nuṭfa in einem
festen Aufenthaltsort. Hierauf erschufen Wir die Nuṭfa zu
einer 'Alaqah. Dann erschufen wir die 'Alaqah zu einer
Mudghah. Dann erschufen Wir die Mudghah zu
Knochen, und bekleideten die Knochen mit Fleisch.
Hierauf ließen Wir ihn als eine weitere Schöpfung
entstehen. Segensreich ist Allah, Der beste Schöpfer.
Darauf werdet ihr nach (all) diesem sterben. Darauf
werdet ihr gewiss am Tag der Auferstehung auferweckt
werden." (Sure 23:12-16)
Nuṭfah: Samentropfen. 'Alaqah: ein Anhängsel, dies ist
ein Entwicklungsstadium des werdenden Menschen im
Mutterleib, das wurde nachgewiesen. Mudghah:
gebissenes Fleischklümpchen. Gegen Ende der vierten
Woche sieht der menschliche Embryo wie ein
Fleischstückchen mit Zahnabdrücken aus. Das Aussehen
resultiert aus den Somiten, die Zahnspuren ähneln. Die
Somiten repräsentieren die Anfänge der Wirbel.

22

2. Herabstufung von Ibliis und seiner Anhängerschaft

Allah, subhaana-Hu wa ta'aala (gepriesen und erhaben ist Er), hat alles in Seinem Griff. Alle sind in Seiner Herrschaft und in Seinem Machtbereich, willig oder widerwillig.

Kibr (Hochmut) gegenüber Allah, statt Einsicht in Dessen größere Weisheit, bringt niemandem etwas Gutes.

Ibliis ist der Stammvater der Dschinn: „... Wollt ihr euch denn ihn (Ibliis) **und seine Nachkommenschaft** zu Auliya` nehmen anstatt Mich (Allah), obgleich sie euch Feinde sind?" (Sure 18:50)
Auliya`: vertrauter Beistand.

Die Menschheitsgeschichte in Kurzfassung

„Da sprach Dein Herr zu den Engeln: ‚Ich werde bestimmt einen Menschen aus Ton erschaffen. Und wenn ich Ihn gebildet und Meinen Ruu<u>h</u> in ihn eingehaucht habe, dann fallt vor Ihm nieder!' **Da warfen sich die Engel allesamt nieder, bis auf Ibliis**, er verhielt sich hochmütig und verleugnete den Glauben."
Er (Allah) sprach: ‚Oh Ibliis, was hat dich davon abgehalten dich vor etwas niederzuwerfen, das Ich **mit**

Meinen eigenen Händen erschaffen habe? Bist du hochmütig, oder gehörst du zu den Überheblichen?' Er sagte: ,Ich bin besser als er. Du erschufst mich aus Feuer, und ihn hast du aus Ton (/Lehm) erschaffen.' Er sprach: ,So gehe hinaus von ihm (dem Paradies), denn du bist ein Radschiim. Und Mein Fluch ist auf dir bis zum Tage des Gerichtes.'" (Sure 38:71-78)
Ruuh: Geist. Radschiim: Ein von Rechtschaffenheit Entfernter. Einer, der Übles in die Herzen wirft. Der mit Steinen Beworfene, was auch im Haddsch symbolisch getan wird, in Bezug auf ein früheres Erlebnis von Ibrahiim, 'alaihi-s-Salaam.

Der Schaitaan (Satan, Teufel, glaubensverleugnender Dschinn) erbat sich aber eine Frist. Allah gewährte ihm diesen Wunsch, wobei Er ausdrücklich bemerkte, dass sie begrenzt ist:

„Er (Ibliis) sagte: ,Oh Mein Herr, gewähre mir eine Frist (/Aufschub) bis zum Tag, an dem sie auferweckt werden.' Er (Allah) sprach: ,Wahrlich, dir wird die Frist gewährt, bis zum Tage einer vorbestimmten Zeit.'" (Sure 38:79-81)

Und sofort begann Ibliis mit seinem finsteren Plan, Allah beweisen zu wollen, dass Aadam und Hawwa`, 'alaihima-s-Salaam, in Wahrheit ganz schlecht seien:

Allah hatte Aadam und Hawwa` erlaubt im Paradies zu essen, was sie wollen. Bis auf einen bestimmten Baum.

Es gibt keinen Beleg, der ṣaḥiiḥ ist, welche Art von Baum es war. Er warnte:
„Und Wir sprachen: ‚Oh Aadam, bewohne du und (auch) deine Gattin al-Dschannah, und esst reichlich von ihm von wo immer ihr wollt, **doch: Naht euch nicht diesem Baum**, sodass ihr nicht zu den Ungerechten gehört!'"
(Sure 2:35, ähnlich 7:19)
Dschannah: Paradies, Paradiesgarten

„Oh Aadam! Dieser (Schaiṭaan) ist **dir und deiner Frau ein Feind!** (Habt gut Acht) – dass er euch nicht beide aus dem Garten treibt. Sonst würdest du unglücklich sein!'"
(Sure 20:117)

So hatten sie einen schönen Aufenthalt in Dschannah. Doch waren sie nun zugleich auch den verlockenden Lügen des Schaiṭaans und dessen falschen Schwüren ausgesetzt:

„Aber da flüsterte der Schaiṭaan ihm ein und sagte: ‚Ya Aadam, weise ich dich zum Baum der Ewigkeit (/ Erkenntnis), und der Herrschaft die nie vergeht?'" (Sure 20:120),
und: ,
Ya Aadam, soll ich dich nicht zum Baum der Ewigkeit führen, und zu einem Königreich, das nie vergeht?'"
(Sure 20:120)

„Da flüsterte Schaiṭaan ihnen (beiden) ein …, er sagte: ‚Unser Herr hat euch diesen Baum nur deswegen verboten, damit ihr nicht Engel oder Ewiglebende

25

werdet', und *er schwor ihnen*: ‚Gewiss, ich bin für euch einer, der guten Ratschlag gibt.'" (Sure 7:20-21)

Irgendwann erlagen sie schließlich dem trügerischen Waswas (Einflüsterungen) des Schaitaan. Doch war der Effekt keineswegs glorreich, wie vom Schaitaan versprochen, sondern frivol und schändlich. Sie verloren ihre vorherigen Gnaden, selbst ihre Kleidung!

„Da aßen sie beide davon. So wurde ihnen ihre (plötzliche) Blöße offensichtlich. Und sie begannen, die Blätter des Gartens über sich zusammenzuziehen ..." (Sure 17:122)

Die Folge davon war dann, dass sie alle drei das Paradies verlassen mussten:

„Doch Schaitaan ließ sie straucheln, und er brachte sie aus dem Zustand heraus in dem sie waren ... " (Sure 2:36)

Allah, subhana-Hu wa ta'aala, sprach:
„... ‚**Hinab mit euch**, die einen von euch seien der anderen Feinde. Und es sei euch auf der Erde ein Aufenthaltsort und eine Versorgung auf Zeit bestimmt.' Er sprach: ‚Auf ihr sollt ihr leben, und auf ihr sollt ihr sterben, und aus ihr werdet ihr hervorgebracht werden.'" (aus Sure 7:24-25),
und:
„... ‚Hinaus aus ihm (dem Paradies), verachtet und

verstoßen! Wer von ihnen dir (Ibliis) folgt: Ich werde Dschahannam mit euch füllen, allesamt.'" (Sure 7:18) Dschahannam: Hölle, Höllenfeuer.

Schaiṯaan bedachte nicht, dass Allahs Bestimmung gerecht ist! Denn Aadam und Ḥawwa` hatten nicht lügnerisch oder boshaft gehandelt, im Gegensatz zu ihm selbst. Und somit erwies sich bereits in diesem Stadium der Plan des Schaiṯaans mehrheitlich als zum Scheitern verurteilt!

- Noch eine Ehrung war, dass Allah einen klaren **Bund mit Aadam und seinen zukünftigen Nachkommen** schloss:

„Und als Dein Herr von den **Bani Aadam**, von ihrem Rücken, ihre Nachkommenschaft (ent-)nahm und sie gegen sich selbst bezeugen ließ: ‚**A lastu bi-Rabbikum**?' Sie sagten: ‚Ja doch, wir bezeugen es!' – dass ihr nicht am Tag der Auferstehung sagt: ‚Wir haben davon nichts gewusst!'" (Sure 7:172)
A lastu bi-Rabbikum: Bin ich nicht euer Herr?

Dieser **Bund** wurde **in Nu'maan ('Arafaat) geschlossen**: Der Prophet, ṣalla-llahu 'alaihi wa Sallam, sagte: „Allah schloss den Bund mit Aadams Rücken (mit Aadam und allen, die von ihm stammen) in Nu'maan, was 'Arafaat bedeutet. Und zog aus seinem Körper seine gesamte Nachkommenschaft, dann breitete Er sie in Seinen Händen aus wie Staub. Dann sagte Er: ‚A lastu bi-

27

Rabbikum?'" (Hadiith sahiih, überliefert von Ahmad und
al-Haakim)
Das Tal heißt: Waadi an-Nu'maan, es ist ein Tal
außerhalb von Makkah (Mekka), hinter dem Berg
'Arafaat. Dieser Platz spielt im Haddsch eine Rolle, beim
„Stehen in 'Arafaat". Dort spricht man im Stehen lange
Zeit Bittgebete. Das ist Bestandteil der Haddsch bis
heute.

Es ist nicht ganz klar, ob Allah zuvor schon einen Bund
mit Aadam, 'alaihi-s-Salaam, geschlossen hatte und ihn
dann in Nu'maan nochmals bekräftigte, diesmal mitsamt
den Nachkommen. Oder ob es immer dieser eine Bund in
Nu'maan war, den Allah hier ansprach:

„Und wahrlich, Wir schlossen mit Aadam zuvor einen
Bund. Aber er vergaß. Wir fanden in ihm kein `azman."
(Sure 20:115)
`Azman: entschlossen sein.

So ging es dann weiter mit Aadam, 'alaihi-s-Salaam

-    „Hierauf **erwählte ihn** Sein Herr, und so wandte
     Er sich ihm Reue-Annehmend zu, und leitete
     (ihn) recht." (Sure 20:122)

Aadam, 'alaihi-s-Salaam, kam durch die Gnade Allahs
zur aufrichtigen **Tawbah** (Tauba, Reue), und kehrte zum
Gehorsam Allahs zurück.

Ebenso steht die Rückkehr ins Paradies allen offen, die

gleichfalls den Weg der Rechtschaffenheit wählen. Und das ist der Weg, der uns auferlegt ist.

„… Und wenn Meine Führung zu euch kommt, dann wird derjenige, der Meiner Führung folgt, nicht zugrunde gehen. Noch wird er Unglück erleiden." (Sure 20:123)

Ihnen hat Allah die abschließende Belohnung versprochen, denn

Allah ist **at-Tawwaab**, Der die aufrichtige Reue Seiner Diener annimmt:

„Er ist Der, Der die Reue von Seinen Dienern annimmt, und **Der Sünden vergibt**. Und Er weiß alles, was sie tun." (Sure 42:25)
„Sag zu denen, die ableugnen: Wenn sie (damit) aufhören, wird ihnen vergeben, was zuvor geschehen ist!" (Sure 8:38)

„… Wahrlich, Allah ist **at-Tawwaab**." (Sure 49:12)
At-Tawaab: Der eine aufrichtige Reue annimmt. Ar-Rahiim: Der eine spezielle Art von Rahmah für Seine aufrichtigen Diener hat.
Allah nimmt wahre Reue an. Dazu gehört, sich sehr zu bemühen, vorherige schlechte Taten und Angewohnheiten aufzugeben. Und sie durch gute Taten, mit Allahs Wohlgefallen, zu ersetzen.

Die drei Bedingungen der **aufrichtigen Reue**:
   a)   Sofortiges Distanzieren von dieser Sünde
   b)   Die begangene Sünde bereuen
   c)   Entschlossenheit, nicht zu dieser Sünde -

zurückzukehren

Sollte man jemand Unrecht getan haben, so gibt es noch
eine vierte Bedingung:

d) Man bittet die betroffene Person oder Personen um
ihre Vergebung. Falls man ihnen Rechte genommen hat,
müht man sich aufrichtig, ihnen ihre Rechte wieder
zurückzuerstatten. Falls möglich. Kann man nun eine
Person, über die man zum Beispiel Ghiibah (üble
Nachrede) verbreitet hat, aus irgendeinem Grund nicht
mehr um Vergebung bitten, muss man die Sünde bereuen
und dafür über diese Person oder Personen Gutes
sprechen.

Ganz allgemein <u>weitere Mittel der Vergebung</u>

Der Prophet, <u>s</u>alla-llahu 'alaihi wa Sallam, sagte:
„Wenn der Imaam ,Aamiin' sagt, sagt auch ,Aamiin!'
Denn wer ,Aamiin' (Oh Allah, nimm es an!) zur selben
Zeit sagt wie die Malaa`ikah, dessen Sünden werden
vergeben." (<u>H</u>adiith <u>Sahiih</u> al-Buchaari und Muslim)
Imaam: der vorne ist, Vorsteher, Vorbeter in der
Moschee, Anführer. Aamiin: Oh Allah, nimm es an!
Und:
„Wenn einer von euch zugleich mit den Malaa`ikah
,Aamiin' sagt, so werden seine vorherigen Sünden
vergeben." (<u>H</u>adiith <u>Sahiih</u> al-Buchaari und Muslim),
und:

„Der (Übertritt zum) <u>Islaam löscht alles aus, was zuvor
begangen wurde. Und die Tawbah löscht alles aus, was
zuvor begangen wurde.</u>" (<u>H</u>adiith <u>Sahiih</u> Muslim)
Tawbah: Reue.

„... 'Amr ibn al 'Aas, radia-llahu 'anh, ... (erzählte):
‚Als Allah den Gedanken an den Islaam in mein Herz
senkte, kam ich zum Propheten, salla-llahu 'alaihi wa
Sallam, und sagte: ‚Strecke deine rechte Hand aus, damit
ich dir den Treueid leiste!' Er, salla-llahu 'alaihi wa
Sallam, streckte seine rechte Hand aus, aber ich hielt
meine Hand zurück. Er, salla-llahu 'alaihi wa Sallam,
fragte: ‚Was ist mit dir, Ya Amr?' Ich sagte: ‚Ich habe
eine Bedingung!' Er, salla-llahu 'alaihi wa Sallam, sagte:
‚Was ist deine Bedingung?' Ich antwortete: ‚Dass mir
vergeben wird!' Er, salla-llahu 'alaihi wa Sallam, sagte:
‚Wusstest du nicht, dass der (Übertritt zum) Islaam alles
auslöscht, was zuvor (an Sünden) begangen wurde? Und
dass al-Haddsch alles auslöscht, was zuvor (an Sünden)
begangen wurde?' Von da an war niemand lieber für
mich als der Gesandte Allahs, salla-llahu 'alaihi wa
Sallam! ... '" (Hadiith Sahiih Muslim)
Haddsch: Pilgerfahrt.
„... Der Gesandte Allahs, salla-llahu 'alaihi wa Sallam,
sagte: ‚Die Zeit von einer 'Umrah bis zur nächsten
'Umrah ist eine Sühne für die Zeit, die zwischen beiden
liegt. Und für die Haddschun mabruur gibt es keinen
anderen Lohn, als das Paradies." (Hadiith Sahiih al-
Buchaari) 'Umrah: kleine Besuchsfahrt zur Ka'bah in
Makkah. Sie ist das ganze Jahr über möglich, bis auf die
Tage der Haddsch. Haddschun mabruur: korrekt nach
Vorschrift ausgeführte Haddsch.

Welch eindringliches Beispiel Allah uns hier darlegt, mit
Aadam und Hawwa' (Friede sei auf ihnen beiden).
Während Schaitaan uneinsichtig war!

Schaitaan musste zur Kenntnis nehmen, dass die immer

31

zahlreicheren Menschen auch im Duniya (Diesseits) mit Gunstbeweisen von Allah, Ratschlägen und Warnungen, sowie prophetischen Vorbildern von Allah ausgestattet blieben:

„Oh ihr Menschen, fürchtet euren Herrn, Der euch aus einem einzigen Wesen erschuf. Und aus ihm schuf Er seine Gattin. Und ließ aus ihnen beiden viele Männer und Frauen **sich ausbreiten**." (Sure 4:1)

- Dass Allah aus der Nachkommenschaft Aadams, 'alaihi-s-Salaam, **Propheten erweckte**, ist auch eine Ehrung (Gunst):

„Dies sind diejenigen, denen **Allah Gunst erwiesen** hat, **unter den Propheten** aus der Nachkommenschaft Aadams. Und von denjenigen, die Wir mit Nuuh trugen. Und aus der Nachkommenschaft Ibrahiims (Abrahams, 'alaihi-s-Salaam) und Israa'iils, und von denjenigen, die Wir rechtgeleitet und erwählt haben. Als ihnen die Zeichen von ar-Rahmaan (Allahs) verlesen wurden, fielen sie ehrerbietig und weinend nieder." (Sure 19:58) Nuuh: Noah. Ibrahiim: Abraham. Israa'iil: ein Beiname des Ya'quub, Jakob, Friede sei auf ihnen allen.

Der Diin von Allah war im Wesentlichen immer derselbe. Doch einige folgen dem Schaitaan.
Diin: Religion, Religionskonzept.

„Die Menschen waren eine einzige Ummah. Dann

wurden sie uneinig ..." (Sure 10:19)
Ummah: Glaubensgemeinschaft.

„Die Menschen waren eine einzige Ummah. Dann sandte
Allah die Propheten als Verkünder Froher Botschaft und
als Überbringer von Warnungen, und sandte mit ihnen
die Bücher mit der Wahrheit hinab, um zwischen den
Menschen zu richten über das, worüber sie (inzwischen)
uneinig waren ..." (Sure 2:213)

„Gewiss, Wir haben dir (Offenbarung) eingegeben, wie
wir Nuuh (Noah, 'alaihi-s-Salaam) und den Propheten
nach ihm eingegeben haben." (Sure 4:163)

„Gewiss, diese eure Ummah ist eine einzige Ummah und
Ich bin Euer Rabb (Herr), so dient Mir. Aber sie spalteten
sich in ihrer Angelegenheit. Doch sie werden alle zu Uns
zurückkehren." (Sure 21:92-93)

Warum wurden die Menschen denn uneinig? Aus völlig
unnötiger *Missgunst/ Eifersucht:*

„Wahrlich, der (wahre) Diin bei Allah ist der Islaam ...
doch diejenigen, denen die Schrift gegeben wurde,
wurden erst uneinig ... *aus Missgunst untereinander* ... "
(Sure 3:19)

„Wir haben bereits Geschlechter vor euch vernichtet, als
sie Unrecht taten. Als ihre Gesandten mit den klaren
Beweisen zu ihnen kamen, und sie (dennoch) nicht
glauben wollten. So vergelten Wir dem übeltätigen Volk.
Darauf haben Wir euch zu Chalaa`ifah nach ihnen auf der

Erde gemacht, um zu schauen, wie ihr wirken werdet."
(Sure 10:13-14)
Chalaa`ifah, Chulafa`: Nachfolger, Kalifen.

„… Und sei nicht traurig über sie. Und senke deinen
Flügel (sei ein Schützer und barmherzig) für die
Mu`miniin (die Imaan haben). Und sprich: ‚Ich bin
gewiss der deutliche Warner!‘"
(Sure 15:88-89)

<u>Bittgebet des Propheten Ibrahiim</u> (Abraham),
’alaihi-s-Salaam

„Rabbana wadscha’alnaa muslimaini lak, wa min
Dhuriyyatinaa Ummatan muslimatan lak…" „Unser
Rabb, mache uns beide zu Dir Ergebenen (Muslimen),
und von unserer Nachkommenschaft eine muslimische
(Dir ergebene) Ummah." (Sure 2:128)

„Und er sagte: ‚… Der <u>H</u>ukm steht alleine Allah zu. Auf
Ihn vertraue ich, und auf Ihn sollen die Vertrauenden
vertrauen." (Sure 12:67)
‚Er' bezieht sich hier auf Ya’quub (Jakob, ’alaihi
Salaam), der dies seinen Söhnen vor ihrer Abreise sagte.
<u>H</u>ukm: die Entscheidung (was im Endeffekt passiert), das
Urteil, die Herrschaft, die Souveränität.

„Er sagte: ‚Mein Herr, für das, was Du mir an Wohltaten
erwiesen hast, werde ich den Übeltätern nie mehr
Beistand leisten!‘" (Sure 28:17)
‚Er' bezieht sich hier auf Muusa, also Moses, ’alaihi

Salaam; man lese die Qur`aanverse im Textzusammenhang.

„Und einer Nafs und Dem, Der sie zurechtgeformt hat, und ihr dann ihre Sittenlosigkeit und ihre Gottesfurcht eingegeben hat! Wohl ergeht es dann jemandem, der sie läutert. Und enttäuscht wird dann ja der, der sie verkümmern lässt." (Sure 91:7-10)
Nafs: Inneres, Seele, Selbst.

„... Du weißt, was in meinem Nafs ist, aber ich weiß nicht, was in Deinem Nafs ist. Du bist ja Der Kenner des Verborgenen." (Sure 5:116)
Nafs: Innere, Seele, Selbst. ‚Du' bezieht sich auf Allah, ‚ich' auf 'Isa, Jesus, 'alaihi-s-Salaam.

„Muḥammad ist nicht der Vater einer eurer Männer (hat keinen Sohn in der Nachfolge), aber er ist der Gesandte Allahs und der letzte der Propheten. Und Allah weiß über alles Bescheid." (Sure 33:40)
„Oh ihr Menschen, ich bin der Gesandte Allahs an euch alle." (Sure 7:158)

- Weitere Ehrungen für Aadam, 'alaihi-s-Salaam:

„Seht ihr nicht, dass Allah euch und das, was in den Himmeln und was auf der Erde ist **dienstbar** (/ untertan) **gemacht** hat, und euch mit Seinen **Gunstbeweisen überhäuft** hat, äußerlich und innerlich? Doch gibt es

35

unter den Menschen manchen, der über Allah ohne
(ausreichendes/ fundiertes) Wissen, ohne Rechtleitung,
und ohne erleuchtendes Buch herumstreitet. Und wenn
zu ihnen gesagt wird: ‚Folgt dem, was Allah
herabgesandt hat!‘, sagen sie: ‚Nein! Vielmehr folgen wir
dem, wobei wir unsere Väter vorgefunden haben!‘
Wie, auch wenn der *Schaitaan sie zur Strafe der Sa'iir
einlädt*?!“ (Sure 31:20-21)
Sa'iir: Feuerglut. Einer der Namen der Hölle.

Tauhiid, das ist Monotheismus, Eingott-Glaube oder
Schirk, also Beigesellung zu Allah, ist das entscheidende
Argument für oder gegen einen Dschinn oder Menschen!

„Allah vergibt gewiss nicht, dass man Ihm Partner zur
Seite setzt (/etwas beigesellt). Doch was außer diesem ist,
vergibt Er, wenn Er will. Wer Allah Partner zur Seite
setzt (/ etwas beigesellt), der hat in der Tat eine gewaltige
Sünde ersonnen.“ (Sure 4:48)

Mit Kufr (Glaubensableugnung, Glaubensverleugnung,
Unglaube, Verbergen) *wird keine gute Tat angenommen.*
In dem Fall gilt:

„Und Wir werden uns ihren Werken zuwenden, die sie
gewirkt haben, und Wir werden sie zu verwehtem Staub
machen.“ (Sure 25:23)

Aber **wer den Islaam annimmt**, und dabei bleibt bis zu

seinem Tod, so nimmt Allah alle seine guten Taten an, aus der Zeit vor dem Islaam und im Islaam! Und dies ist der wahre Erfolg!

Hakiim ibn Hizaam, radia-llahu 'anh, fragte den Propheten, salla-llahu 'alaihi wa Sallam: „Was ist mit den gottesdienstlichen Handlungen, die ich in der Dschaahiliya verrichtet habe, erhalte ich eine Belohnung dafür?' Der Prophet, salla-llahu 'alaihi wa Sallam, sagte ihm darauf: ‚Du hast den Islaam angenommen mit allem Guten, das du zuvor gewirkt hast.'" (Hadiith Sahiih al-Buchaari und Muslim)
Dschaahiliya: Zeit der Unwissenheit, wenn die Offenbarung den Menschen nicht mehr klar vorliegt, wie unmittelbar vor dem Islaam, als Götzenkult um sich griff.

Grundsätzlich gilt: Der Glaube im Herzen und die praktischen Taten müssen Hand in Hand gehen. Wo immer der Imaan (verinnerlichter Glaube) ein Herz erleuchtet, dort müssen auch gute Taten als Resultat zu finden sein!

„Diejenigen, die **glauben und rechtschaffene Werke tun**, für sie wird Tuuba sein. Und für sie wird eine schöne Heimstatt sein." (Sure 13:29)
Tuuba: ein Baum von gigantischen Ausmaßen im Paradies, hier ist das Paradies gemeint.

Also schmücken wir unseren Glauben mit schönen Taten! Dazu gehört nicht nur, das Glaubensbekenntnis auszusprechen, das Gebet regelmäßig zu verrichten, die Zakaah (geringe Summe an Armenabgabe) zu zahlen, im Ramadaan zu fasten, nach Möglichkeit einmal im Leben die Haddsch (Pilgerfahrt nach Makkah) zu unternehmen – denn dies sind die fünf Säulen des Islaam – sondern dazu gehört auch, regelmäßig im Qur`aan zu lesen, um die Bindung zu Allah zu haben, sich um Ehrlichkeit, das Halten von Versprechen, eine gute Umgangsart mit seinen Mitmenschen zu bemühen, usw.

Es ist gut, sich mit **aufrichtigen Freunden** zu umgeben. Sie helfen, den Tauhiid gut zu verstehen und zu praktizieren. Das Entscheidende ist, überhaupt damit anzufangen. Dann wird einem der Weg erleichtert!

Der Gesandte Allahs, salla-llahu 'alaihi wa Sallam, sagte: „Allah, der Mächtige und Erhabene, sagt: ‚**Ich bin so wie mein Diener von Mir denkt** (Ich erfülle die guten Erwartungen, die Mein Diener mir entgegenbringt). Und Ich bin mit ihm, wenn er Meiner gedenkt. Wenn er in seinem Herzen Meiner gedenkt, dann gedenke ich auch seiner bei Mir selbst. Und wenn er Meiner in einer Versammlung gedenkt, dann gedenke ich auch seiner in einer Versammlung, die besser als jene ist (mit Malaa`ikah). Und wenn er Mir um eine Handspanne entgegenkommt, dann **komme Ich ihm** um eine Armlänge **entgegen**. Und wenn er Mir um eine Armlänge entgegenkommt, dann komme Ich ihm um zwei Armlängen entgegen. Und wenn er schreitend auf Mich zukommt, so komme ich eilend zu Ihm.'" (Hadiith Sahiih Muslim)
„Wer das Rechte tut und gläubig ist, sei es Mann oder

Frau, dem werden Wir ein gutes Leben geben. Und Wir werden ihn (/ sie) nach seinen (/ ihren) besten Werken belohnen." (Sure 16:97)

Der Gesandte Allahs, salla-llahu 'alaihi wa Sallam, sagte: „Es gibt keinen (gläubigen) Verstorbenen, für den eine Gemeinde von 100 Muslimen das Totengebet verrichtet, und Allah **um Vergebung für ihn bittet**, ohne dass deren Fürbitte angenommen wird." (Hadiith Sahiih Muslim)

Das vom Propheten, salla-llahu 'alaihi wa Sallam, am meisten gesprochene Bittgebet war:
„Rabbana aatiina fi d-Duniya Hasanatan, wa fi l-Aachirati Hasanatan, wa qiina 'Adhaab an-Naar."
(Hadiith Sahiih al-Buchaari)
Das Bittgebet steht in Sure 2:201 „Unser Herr, gibt uns Gutes im Diesseits und Gutes im Jenseits, und bewahre uns vor der Strafe des Feuers."

3. Schaitaans Heimtücke, Aufhetzung

und Befehle bis heute

Ibliis stuft sich selbst fortgesetzt höherwertig als Aadam,
'alaihi-s-Salaam, ein. Obwohl Allah, subhaana-Hu wa
ta'aala, ihn mehrmals ermahnt hat. Und Allah handelt in
allem, was Er tut, aus einer Hikmah (Weisheit) heraus,
die jegliche Weisheit Seiner Schöpfung übersteigt.

Bis heute versucht Ibliis weiterhin, Allah zu beweisen,
dass er, Ibliis, viel mächtiger als der Mensch sei. Es fällt
ihm zudem viel leichter, Allah anzuklagen, anstatt sich
selbst für seinen starren Ungehorsam zu kritisieren. Und
so müht er sich damit ab, die Menschen in die Irre zu
leiten – aus Kibr (Hochmut), obwohl er sich damit am
Ende nur selbst schadet.

„Er (Schaitaan) sagte (zu Allah): ‚Darum, dass Du mich
hast in Verirrung fallen lassen, werde ich ihnen ganz
gewiss auf Deinem geraden Weg auflauern. Dann will
ich gewiss über sie kommen, von vorne und von hinten,
von ihrer Rechten und von ihrer Linken – und Du wirst
die meisten unter ihnen nicht dankbar finden.'" (Sure
7:16-17)

Der Schaitaan wollte und will absolut nicht hören.
Anstatt auf die Barmherzigkeit Allahs zu vertrauen,
arbeitet er lieber dafür, die Barmherzigkeit der

Geschöpfe untereinander weniger werden zu lassen. Wie finster sind doch seine Pläne! Allah kennt ihn gut, und lässt ihn vorerst gewähren. Ja, Er fordert ihn geradezu heraus, wohl wissend, dass der Einfluss des Schaitaans eine festgesetzte Grenze nie überschreiten wird:

„Und errege, wen von ihnen du kannst, mit deiner Stimme. Und biete gegen sie deine Pferde (Reiterei, Kavallerie) und dein Fußvolk (Infanterie) auf. Und habe Anteil an ihrem Besitz und ihren Kindern. Und mache ihnen Versprechungen…" (Sure 17:64)

„Und so haben Wir für jeden Propheten Feinde bestimmt: die *Schaiyaatiin* (Teufel aus den Reihen) **der Menschen und der Dschinn**. Sie geben einander zum Trug prunkende Rede ein. Und hätte Dein Herr es gewollt, hätten sie es nicht getan. So überlasse sie sich selbst mit dem was sie erdichten." (Sure 6:112)

„… Sie haben sich die Schaiyaatiin als Awliya` genommen, außer Allah. Und sie meinen, sie seien rechtgeleitet." (Sure 7:30)
Awliya`: Interessenvertreter, vertrauten Beistand, Sachwalter. Plural von Wakiil.

Deswegen rief auch Ibrahiim (Abraham), 'alaihi-s-Salaam, seinen Vater Azar, der Götzenstatuen herstellte, zum Guten auf. Und warnte ihn zugleich:
„Oh mein Vater! Zu mir ist wahrlich Wissen gekommen, das nicht zu dir gekommen ist. So folge mir, dann leite ich dich einen geraden Weg! Oh mein Vater, diene nicht

dem Schaitaan, *denn der Schaitaan empört sich (/ ist widerspenstig)* gegen ar-Rahmaan. Mein Vater, ich fürchte, dass dich eine Strafe von ar-Rahmaan treffen wird, und du dann ein Gefährte des *Schaitaans* (in der Hölle) werden wirst." (Sure 19:43-45)
Ar-Rahmaan: Name Allahs: der Allbarmherzige, Allerbarmer, der bedeutet, dass Er hat eine Art Rahmah, also Barmherzigkeit hat, von der Seine gesamte Schöpfung profitieren darf. Er versorgt z. B. viele Jahre im Duniya mit Rizq und gewährt Gesundheit, auch denen, die nicht auf Seine Worte hören. Im Gegensatz zu Seiner Eigenschaft als Ar-Rahiim: Name Allahs, der bedeutet, dass Allah auch eine Art von Rahmah hat, die nur für seine aufrichtigen Diener ist, wie das Paradies.

„Und es haben manche von den Menschen Zuflucht gesucht bei manchen von den Dschinn, was diese in ihrer **Arroganz noch bestärkte.**" (Sure 72:6)

„Der Schaitaan möchte zwischen euch nur *Feindschaft und Hass* bringen, durch Wein (/ berauschendes Getränk) und Glücksspiel. Und euch vom Gedenken an Allah und vom Gebet abhalten. Werdet ihr wohl (damit) aufhören?" (Sure 5:91)

Das Irregehen der Dschinn und Menschen ist also nur aufgrund ihres Begehens schlechter Taten, obgleich sie die Wahrheit kennen. Allah, subhaana-Hu wa ta'aala, erläutert dies auch an anderen Stellen im Qur`aan al-Kariim für uns, z. B.:
„…die **ließ ja der Schaitaan straucheln wegen etwas**

von dem, das sie (vorher) begangen hatten." (Sure 3:155)

Die Arbeitsmittel des Schaitaans sind: boshafter Betrug, listige Einflüsterungen, Vertauschungen und Vertuschungen und dergleichen unrühmliche Taten. Und seine Versprechen sind falsch.
So fand und findet Schaitaan bis heute Anhänger unter den Dschinn und den Menschen. Denn es gibt gläubige und glaubensverweigernde Dschinn und Menschen.

„Sag: ich nehme meine Zuflucht zum **Rabb in-Naas, Malik in-Naas, Ilaah in-Naas** vor dem Übel des *Einflüsterers, des Davonschleichers*, der in die Brüste der Menschen einflüstert. Von den Dschinn und den Menschen." (Sure 114:1-5) Dies ist die letzte Sure des Qur`aan al-Kariim, mit ihr endet das noble Buch der Offenbarung.
Rabb in-Naas: Herr der Menschen: Allah, **Malik in-Naas** Herrscher, König der Menschen: Allah, **Ilaah in-Naas:** Gott der Menschen: Allah.

Allah gibt uns sehr viele Hilfestellungen gegen die List des Schaitaans! Al Hamdu li-llah.

Zum Beispiel erklärt Er uns eindrücklich, dass der Schaitaan ein Betrüger ist, und dass die Rettung darin liegt, ein wahrer Gottesdiener zu sein. Allah ta'aala sagt stets die Wahrheit, und Seine glorreichen Versprechen sind alle wahr:

„Der Schaiṯaan droht euch Armut an und befiehlt euch Schändliches. Allah aber verheißt euch Seine Vergebung und Huld. Und Allah ist Umfassend, Wissend." (Sure 2:268)

„Wahrlich, sie rufen statt ihm nur weibliche Wesen an. Dabei rufen sie nichts außer einem *rebellischen Schaiṯaan* an, den Allah verflucht hat, und der dies erwiderte: ‚Ich werde von Deinen Dienern einen bestimmten Teil nehmen, und ich werde sie ganz gewiss *irreführen und in ihnen Wünsche erwecken, und ihnen Befehle erteilen.* Und da werden sie dem Vieh die Ohren aufschlitzen. Wahrlich, ich werde ihnen befehlen, und da werden sie ganz gewiss die *Schöpfung* Allahs *verändern.*' Und wer sich *Schaiṯaan* zum Wakiil nimmt anstatt Allah, der hat sicher einen offenkundigen Verlust erlitten: er macht ihnen Versprechungen, und erweckt in ihnen Wünsche. Und der **Schaiṯaan verspricht ihnen nur Trug**." (Sure 4:117-120)
Wakiil: kompetenter Sachwalter, höchster Interessenvertreter.

„…Doch der Schaiṯaan verspricht ihnen nur Trug. **Über Meine (wahrhaftigen) Diener wirst du aber gewiss keine Macht haben. Und Dein Herr genügt als Wakiil**." (Sure 17:64/65).

„Er (Ibliis) sagte: ‚Bei Deiner Erhabenheit (/Macht), ich will sie bestimmt alle in die Irre führen, **ausgenommen deine auserwählten Diener** unter ihnen.'" (82:38)

Denn die Gläubigen nehmen sich die Offenbarung zu

Herzen:

„Oh Bani Aadam! Lasst Schaitaan euch nicht verführen, wie er Abawaikum aus al-Dschannah vertrieb, und ihnen ihre Kleidung entriss, um ihnen ihre Blöße zu zeigen … Wir haben die Schaiyaatiin zu Awliya` derer gemacht, die nicht glauben." (Sure 7:27)
Bani Aadam: Kinder, Nachkommenschaft Aadams.
Abawaikum: eure Eltern.
Awliya`: vertrauter Beistand, Plural von Waliy.

„Oh Bani Aadam! Wir haben auf euch Kleidung hinabgesandt, um eure Blöße zu bedecken, und Gefieder. Doch das Kleid der Frömmigkeit, das ist das Beste." (Sure 7:26).
Gefieder: regenabweisender, wärmender Schutz, Zierde, wie bei den Vögeln. Das Beste: umfassender Schutz, wahre Zierde.

Allah hat schon längst bestimmt, dass eine Gruppe der Gläubigen stets siegreich blieben wird, bis zum Tag der Auferstehung! Sie wird al-Firqah an-Naadschiyah und at-Taa`ifah al-Mansuurah, also die siegreiche Gruppe, genannt. Das ist die Gruppe, die beharrlich an dem festhält, was Allah herabgesandt hat.

Der Prophet, salla-llahu 'alaihi wa Sallam, sagte: **„Eine Gruppe meiner Ummah wird immer der Wahrheit folgen** und siegreich sein. Und sie werden keinen Schaden nehmen durch die, die sie im Stich lassen, oder sich ihnen entgegensetzen, bis der Befehl Allahs eintrifft." (Hadiith Sahiih al-Buchaari und

Muslim)
Und: „Von meiner Ummah wird es immer eine Taa`ifah geben, die siegreich bleibt. Bis ihnen eine Entscheidung von Allah gegeben wird, während sie immer noch siegreich sind."
(Hadiith Sahiih al-Buchaari)
Ummah: Glaubensgemeinschaft. Taa`ifah: Gruppe.

Ihre Merkmale sind: Dass sie Festhalten an dem, was uns vom Tauhiid, den Glaubensgrundlagen, der 'Ibaadah, dem Manhadsch, dem Achlaaq, sowie dem Umgang mit anderen überliefert ist, gemäß dem Qur`aan und der Sunna des Propheten, salla-llahu 'alaihi wa Sallam. Sie halten respektvoll daran fest, in guten und in schwierigen Zeiten, zeichnen sich durch **Tugendhaftigkeit und Zufriedenheit** aus, wünschen den Muslimen das Gute, sind großzügig und mutig. Und sie bemühen sich, *Bid'*ah zu vermeiden, die Allah nicht erlaubt hat, weil sie nutzlos ist und zu Abspaltungen führt.
'Ibaadah: Gottesdienst, Arten der Gottesanbetung. Manhadsch: Art und Weise, wie man im Glauben vorgeht. Achlaaq: Moral, Verhalten. *Bid'*ah: neu in den Glauben eingeführte Praktiken.

„Er (Allah) hat für euch die gleiche Religion (Islaamischen Monotheismus) angeordnet, die er Nuuh anbefahl, und die Wir dir offenbart haben, und die Wir Ibrahiim (Abraham), Muusa (Moses) und 'Isa (Jesus, Friede sei mit ihnen allen) anbefohlen haben, nämlich: in der **Einhaltung der Religion treu** zu bleiben, und **laa tatafarraquu**." (Sure 42:13)
Nuuh: Noah. Ibrahiim: Abraham. Muusa: Mose, 'Isa: Jesus. Friede sei auf ihnen allen.

46

Dir offenbart: den Islaam dem Propheten Muhammad, salla-llahu 'alaihi wa sallam. La tatafarraqu: Spaltet euch nicht in (ganz verschiedene) Gruppierungen.

Der Prophet, salla-llahu 'alaihi wa Sallam, sagte: „Wahrlich, **das beste Wort ist das Wort Allahs**. Und der beste Weg ist der Weg von Muhammad, salla-llahu 'alaihi wa Sallam. Die schlechteste Sache ist die, die man später erfunden hat. Und jede Handlung, die man später erfunden und in die Religion eingefügt hat, ist Bid'ah. *Und jede Bid'ah ist ein Irregehen.* Und jedes Irregehen ist im Feuer!" (Hadiith Sahiih Muslim und an-Nasaa'i), und „Wer etwas in unsere Angelegenheit (Religion) einführt, das nicht von ihr ist, dem wird es abgewiesen." (Hadiith Sahiih al-Buchaari und Muslim). Die Rede ist hier von Neueinführungen in die Religion, nicht allgemein.

Bid'ah ist Anbetung von Allah mit Mitteln, die Er nicht erlaubt oder gutgeheißen hat. Der Prophet, salla-llahu 'alaihi wa Sallam, sagte: „Wer sich von diesem meinen Weg (Sunna) abwendet, der gehört nicht zu mir." (Hadiith Sahiih al-Buchaari und Muslim)

„Wahrlich, diejenigen die ihren Diin aufspalteten, und dann zu *Schiya'an* wurden, mit ihnen hast du nichts zu tun." (Sure 6:159)
Diin: Religion. *Schiya'an:* Anhängerschaften, die abweichlerisch sind.

Im Gegensatz dazu wurden wir zu **Ittibaa'** aufgerufen: „Sag: ‚Wenn ihr Allah liebt, so folgt mir. So liebt euch

Allah und vergibt euch eure Sünden. Allah ist vergebend, barmherzig.'" (Sure 3:31)
Ittibaa': Folgen des Propheten, ṣalla-llahu 'alaihi wa Sallam

„... Er sagte: ‚Mit Meiner Strafe treffe Ich, wen Ich will. Aber Meine Raḥmah umfasst alles. Ich werde sie für die bestimmen, die **Taqwah** haben, und die Zakaah entrichten und die an Unsere Aaiyaat glauben, die dem Gesandten, dem schriftunkundigen Propheten folgen, den sie bei sich in der Tawrah und im Indschiil beschrieben finden: Er gebietet ihnen das Rechte und verbietet ihnen das Verwerfliche, er **erlaubt ihnen die guten Dinge** und verbietet ihnen die schlechten, und er nimmt ihnen ihre Bürde und die Fesseln ab, die auf ihnen gelastet hatten. Wer nun **an ihn glaubt,** ihm beisteht, **ihm hilft, und dem Licht folgt,** das mit ihm hinabgesandt worden ist: das sind diejenigen die erfolgreich sein werden (/denen es wohl ergehen wird)." (Sure 7:156-157)
Raḥmah: Barmherzigkeit. Taqwah: Gottesfurcht.
Aaiyaat: Zeichen, Qur'aanverse. Tawraah: Thora.
Indschiil: Evangelium.

„Die Menschen, die **Ibrahiim** (Abraham), 'alaihi-s-Salaam, **am nächsten** stehen, sind gewiss diejenigen, die ihm folgten, sowie dieser Prophet und die, die (mit ihm) glauben. Und Allah ist der Wakiil der Gläubigen." (Sure 3:68)

Allah ruft uns zum Guten und warnt uns vor den listigen Lockungen des Schaiṭaans:

„Oh ihr Gläubigen, tretet vollständig (und vollkommen) in as-Silm ein, und **folgt nicht den Fußstapfen des Schaitaans**: Er ist ja für euch ein klarer Feind!" (Sure 2:208)
As-Silm: Friedensheil, bezieht sich auf den Islaam.

„…Und folgt nicht den Fußstapfen des Schaitaans, er ist ja für euch ein klarer Feind."
(Sure 6:142)

„Oh ihr Menschen, esst von dem was es auf der Erde an Erlaubtem und Gutem gibt, und folgt nicht den Fußstapfen des Schaitaans. Denn er ist euer offenkundiger Feind. Er gebietet euch nur Böses und Abscheuliches, und dass ihr über Allah sagen sollt, was ihr nicht wisst. Und wenn ihnen gesagt wird: ,Folgt dem, was Allah herabgesandt hat', so sagen sie: ,Nein, wir folgen dem, wobei wir unsere Väter vorgefunden haben' – auch, wenn ihre Väter nichts begriffen hätten, und nicht rechtgeleitet gewesen wären?" (Sure 2:168-170)

„Oh ihr Gläubigen, folgt nicht den Fußstapfen des Schaitaans. Und wer den Fußstapfen des Schaitaans folgt – der *gebietet das Abscheuliche und Schlechte*! Und wenn es nicht die Gunst Allahs für euch gäbe, und Seine Barmherzigkeit, würde keiner von euch jemals geläutert sein. Und Allah ist hörend, wissend." (Sure 24:21)

Maßvoll und dankbar zu sein ist ein Zeichen der Gläubigen, im Gegensatz zu denen, die sich den Schaitaan zum Gefährten gewählt haben:
„Die *unmäßig Ausgebenden* sind ja die Brüder des

49

Schaitaans. Und Schaitaan ist seinem Herrn gegenüber *dankverweigernd.*" (Sure 17:27)

Sa'd ibn Abi Waqqaas, radia-llahu 'anh, überliefert, dass er den Gesandten Allahs, salla-llahu 'alaihi wa Sallam, sagen hörte:
„Inna-llaha yuhibbu l-'Abda t-taqiyya, al-ghaniyya, al-chafiyya". „Wahrlich, Allah liebt den **gottesfürchtigen, genügsamen, unauffälligen Diener.**" (Hadiith Sahiih Muslim, Riyaad us-Saalihiin Nr. 597), und:
„Soll ich euch nicht denjenigen nennen, dem das Feuer verwehrt ist, oder für den das Höllenfeuer verboten ist? Es ist dem verwehrt, der **bescheiden, sanftmütig, und freundlich** ist." (Hadiith hasan, überliefert von at-Tirmidhi, Riyaad us-Salihiin Nr. 642)

„Und **der Schaitaan** sagt, wenn die Angelegenheit entschieden ist: ‚**Wahrlich, Allah hat euch ein Versprechen in Wahrheit gegeben.** *Und ich habe euch Versprechungen gemacht, und sie nicht gehalten.* Und ich hatte keine Ermächtigung über euch. Außer dass ich euch gerufen habe, und ihr dann auf mich gehört habt. So tadelt nicht mich, sondern tadelt euch selbst: Ich bin euch kein Helfer, und ihr seid mir keine Helfer. Ich weise es ja von mir, dass ihr mich (Allah) zur Seite gestellt habt.' Für die *Unrechthandelnden* gibt es gewiss eine schmerzliche Strafe." (Sure 14:22)

„Und an dem Tag wird der Ungerechte/ Unrechthandelnde sich in die Hände beißen und sagen: ‚Oh hätte ich mit dem Gesandten einen Weg genommen!

Oh wehe mir, hätte ich nicht den Soundso zum innigen Freud genommen! Er hat mich von der Ermahnung abirren lassen, nachdem sie zu mir gekommen war!' *Der Schaitaan pflegt den Menschen im Stich zu lassen.*" (Sure 25:27-29)

„Sprich: Es ist eine gewaltige Kunde, von der ihr euch abwendet." (Sure 38:67-68)

Allahs Anordnung wird die abschließende sein, die ganz gewiss ausgeführt werden wird:
„Er (Allah) sprach zu Schaitaan: ‚Dies die Wahrheit, und Ich rede die Wahrheit: dass Ich wahrlich Dschahannam (das Höllenfeuer) mit dir und denen, die dir folgen, insgesamt füllen werde.'" (Sure 38:84-85)
„Und es gibt nichts, dessen Schatzkammern nicht bei Uns wären. Und Wir senden es nur in bestimmtem Maß herab ... Und Wir sind die (letztendlich alles) Erbenden." (Sure 15:21-23

4. Isti'aadhah: Zufluchtnahme bei Allah vor dem Schaitaan

Allah bietet uns viel Hilfe gegen und Schutz vor Schaitaan. Er berichtet uns an mehreren Stellen des Qur`aan al-Kariim (des edlen/ großzügigen/ heiligen Koran) von der Isti'aadha (Zuflucthnahme bei Allah) vor dem Schaitaan:

Die **Isti'aadhah** lautet:

- „`'Audhu billahi min asch-Schaitaan ir-Radschiim.**" Das heißt: „Ich nehme Zuflucht zu Allah vor dem Schaitaan ir-Radschiim."

Radschiim hat zwei Bedeutungen, laut Tafsiir Ibn Kathiir:
a) „Ausgeschlossen sein von allen Arten von Rechtschaffenheit",
b) „Mit etwas stark werfen." Er „wirft Zweifel und üble Gedanken in die Herzen der Menschen."

Denn Schaitaan ist in der Tat maarid, das heißt rebellisch, wie Allah ihn nennt: „Und als Schutz vor jedem *Schaitaan maarid.*" (Sure 37:7)

„Und wenn dich eine Eingebung vom Schaitaan anstachelt, so nimm deine Zuflucht zu Allah. Wahrlich, Er ist Der Allhörende, Der Allwissende." (Sure 41:36)

„Und wenn dich eine Eingebung vom Schaitaan
anstachelt, so nimm deine Zuflucht zu Allah. Wahrlich,
Er ist hörend, wissend. Wahrlich, wenn diejenigen die
gottesfürchtig sind eine Anwandlung vom Schaitaan
überkommt, so bedenken sie und werden wieder
einsichtig." (Sure 7:200-201)

„Und, bei Deinem Herrn, wir werden sie gewiss
versammeln, und auch die Schaiyaatiin. Dann werden wir
sie auf den Knien rund um Dschahannam (Höllenfeuer)
bringen." (19:68)

„Und Muusa sagte: ‚Ich nehme Zuflucht bei Meinem
Herrn und Eurem Herrn vor jedem *Hochmütigen* (/
Großtuer), der nicht an den Tag der Auferstehung
glaubt.'" (Sure 40:27)

Die Mutter von Mariyam (Maria), 'alaiha-s-Salaam, ist
die Ehefrau von 'Imraan, sie sagte:
„.. Und ich habe sie Mariyam genannt, und siehe, ich
möchte, dass sie und ihre Nachkommen bei Dir Zuflucht
nehmen vor dem Schaitaan ar-Radschiim." (Sure 3:35)

Als Mariyam, 'alaiha-s-Salaam der Engel Dschibriil
(Gabriel, 'alaihi-s-Salaam) in Gestalt eines Mannes
erscheint, Friede sei auf ihnen beiden, sagt sie:

„Ich nehme Zuflucht vor dir bei ar-Rahmaan, (lass ab
von mir) wenn du Gottesfurcht hast!" (Sure 19:18)

Menschliche Schaiyaatiin

Abu Dharr, radia-llahu 'anh, sagte: „Ich saß vor dem
Propheten, salla-llahu 'alaihi wa Sallam, der in der
Moschee war. Er sagte: ‚Ya Abu Dharr, hast du gebetet?'
Ich verneinte, er sagte: ‚Stehe auf und bete!' So
verrichtete ich das Gebet. Der Prophet, salla-llahu 'alaihi
wa Sallam, sagte: ‚Ya Abu Dharr! Nimm Zuflucht bei
Allah vor den Schaiyaatiin unter den Menschen und den
Dschinn!' Ich fragte: ‚Ya Rasuulu-llah, gibt es auch
Schaiyaatiin unter den Menschen?' Er antwortete: ‚Ja!'…
" (Hadiith sahiih, überliefert im Musnad Ahmad)

Wer auf die Schaiyatiin hört, wird ein Arbeiter für sie,
weshalb er dann als menschlicher Teufel bezeichnet
wird.

Jeder Mensch hat einen Dschinn, der ihn als ein **Qariin**
(Kamerad) begleitet. Dies ist Teil der Prüfungen im
Leben des Menschen: Der Dschinn versucht, den
Menschen vom Weg des Guten abzuleiten - und seine
niedrigen Bedürfnisse anzuregen.

Der Prophet, salla-llahu 'alaihi wa Sallam, erklärte dazu:
„Jedem von euch wurde ein Qariin von den Dschinn
zugeteilt. Die Sahaabah fragten: ‚Auch dir, Ya Rasuulu-
llah?' Und der Prophet antwortete: ‚Ja, auch mir! Nur hat
Allah mir gegen ihn geholfen, und er hat sich
unterworfen. Jetzt befiehlt er mir nur, Gutes zu tun!'"
(Hadiith Sahiih Muslim)
Ya Rasuulu-llah: Oh Gesandter Allahs. Sahaabah:
Prophetengefährten. Einzahl: Sahaabi.

Es gibt auch längere Formen der Isti'aadha, die ebenfalls verwendet werden können:

- „`'Auudhu bi-llahi l-'Aliim, min asch-Schaitaan ir-Radschiim", und:

- „`'Auudhu bi-llahi s-Samii' il-'Aliim min asch-Schaitaan ir-Radschiim", und:

- „`'Auudhu bi-llahi min asch-Schaitaan, min Hamzihi wa Nafchihi wa Nafthih." „O Allah! Ich suche wahrlich Zuflucht bei Dir vor dem Schaitaan ir-radschiim, vor seiner Aufstachelung (/ seinen Verleumdungen), seinem Hochmut und seiner Poesie." (aus dem Hadiith hasan, überliefert von Abu Daawud)

„Wenn der Prophet, salla-llahu 'alaihi wa Sallam, zu seiner Notdurft austrat sagte er: ‚Allahumma, inni `'auudhu bika min al-Chubuthi wa l-Chabaa`ith.'" (Hadiith Sahih al-Buchaari) „Oh Allah, ich nehme meine Zuflucht zu Dir vor den männlichen und weiblichen Schayaatiin." Chabith: männlicher Schaitaan; Chabitha: weiblicher Schaitaan.

Der Gesandte Allahs, salla-llahu 'alaihi wa Sallam, sagte auch: „Eine Trennwand wird zwischen den Augen der Dschinn und der 'Awrah der Bani Aadams sein, wenn einer von ihnen die Toilette betritt und sagt: ‚Bismi-llah!'..." (Hadiith sahiih, überliefert von at-Tirmidhi) 'Awrah: Unbedecktheit. Man sagt beides, „Bismi-llah! Allahumma, inni `'auudhu

bika min al-Chubuthi wa
l-Chabaa`ith", kurz bevor man die Toilette betritt. Wenn
man darin ist, sollte man den Namen Allahs nicht mehr
aussprechen!

„... Und der Schaitaan will sie weit in die Irre führen."
(Sure 4:60)

Doch in Wahrheit reicht seine List nicht weit

„... Und **die List des Schaitaans ist ja schwach.**" (Sure
4:76)

Der Prophet, salla-llahu 'alaihi wa Sallam, sagte:
„Wenn du ‚**Bismi-llah**' sagst, wird asch-Schaitaan sich
selbst so klein sehen, bis er kleiner als eine Fliege wird!"
(Hadiith sahiih, überliefert von Abu Daawud und
Ahmad)

Die Isti'aadhah wird auch vor dem Lesen des Qur`aan
ausgesprochen:
„Und **wenn du den Qur`aan vorträgst, so nimm deine
Zuflucht zu Allah** vor dem Schaitaan ir-Radschiim."
(Sure 16:98)

Auch die arabische Qur`aanrezitation von Suurat-ul-
Baqarah und der Adhaan (Gebetsruf) treiben den
Schaitaan zur Tür hinaus

Der Gesandte Allahs, salla-llahu 'alaihi wa Sallam, sagte:

„Macht eure Häuser nicht zu Friedhöfen. Wahrlich, **Schaiṯaan flieht aus Häusern, in denen Suurat-ul-Baqarah gelesen wird.**" (Ḥadiith Saḥiih Muslim)

Die Rezitation der **„Mu'awwidhatain"** ist ganz allgemein ein wirkungsvoller Schutz, den wir nicht unterschätzen sollen.
Mu'awwidhataan: Mu'awwidhatain: Schutzsuren, die beiden letzten kurzen Suren des Qur`aan, das sind Sure 113 „Sprich: Ich nehme Zuflucht beim Herrn der Morgendämmerung ..." und Sure 114: „Sprich: Ich nehme Zuflucht beim Herrn der Menschen."

'Uqbah bin 'Aamir, raḏia-llahu 'anh, erzählte: „Ich sagte zum Gesandten Allahs, ṣalla-llahu 'alaihi wa Sallam: ,Trage mir Aaiyaat (Verse) von Suurah Huud und Suurah Yuusuf vor!' Der Prophet, ṣalla-llahu 'alaihi wa Sallam, sagte mir: ,Yaa 'Uqbah bin 'Aamir! Du rezitierst keine Sure, die von Allah mehr geliebt wird und mehr bei Ihm erreicht, als wenn du rezitierst: „Qul 'auudhu bi Rabbi l-Falaq." (Sure 113). Und wenn du dafür Sorge tragen kannst (/ es bewerkstelligen kannst), dass du sie in jedem Gebet rezitierst, so tue dies!'" (Ḥadiith saḥiih, überliefert von al-Ḥaakim)
Huud: ein Prophet vom alten Arabien, 'alaihi-s-Salaam.
Yuusuf: Josef, 'alaihi-s-Salaam.
Der Prophet, ṣalla-llahu 'alaihi wa Sallam, sagte:
„Ya 'Uqbah! Soll ich dich die zwei besten Suren lehren, die du lesen kannst? ,Qul 'auudhu bi Rabbi l-Falaq' (Sure 113, hat fünf Verse) und ,Qul 'auudhu bi Rabbi n-Naas'! (Sure 114, hat sechs Verse) Ya 'Uqbah, lies sie

jedes Mal, wenn du schlafen gehst, und jedes Mal wenn du aufstehst. Niemand hat um Besseres gebeten oder durch etwas Besseres Zuflucht gesucht als durch sie!'" (Ḥadiith ḥasan, überliefert von Imaam Aḥmad)

Nach 'Abdullah ibn Chubaib, radia-llahu 'anh: „Wir gingen nachts hinaus und gerieten in feinen Regen und starke Dunkelheit. Bevor der Prophet, salla-llahu 'alaihi wa Sallam, uns als Imam im Gebet führen konnte, hörten wir ihn sagen: ‚Habt ihr (schon) gebetet?' Ich sagte nichts. Er sagte zu mir: ‚Qul!' (Sprich!) Aber ich sagte nichts. Dann sagte er zu mir: ‚Qul!'
Aber ich sagte nichts. Dann sagte er noch einmal: ‚Qul!' Ich sagte. ‚Was soll ich sagen?' Er sagte: ‚Qul Huwa-llahu Aḥad' (Sure 112, hat vier Verse) und die Mu'awwidhatain am Morgen und am Nachmittag dreimal. Das genügt dir gegen alles!'" (Ḥadiith ḥasan, überliefert von Abu Daawud). Qul Huwa-llahu Aḥad: Sprich es gibt keinen Gott außer Allah.

Abu Sa'iid al Chudri, radia-llahu 'anh, berichtete: „Bevor die Mu'awwidhataan offenbart worden sind, pflegte der Gesandte Allahs, salla-llahu 'alaihi wa Sallam, Schutz gegen das Übel der Dschinn und gegen den bösen Blick (durch Eifersucht) der Menschen zu bitten. Erst nach Offenbarung dieser beiden (Suren) pflegte er sich ihrer anstelle aller (anderer) Bittgebete zu bedienen." (Ḥadiith ḥasan ghariib, überliefert von at-Tirmidhi. Riyaad us-Saaliḥiin Nr. 1015)

Auch freie oder vorgegebene Bittgebete der Ergebenheit

sind natürlich sehr wirkungsvoll. Im Büchlein „**Hisn ul-Muslim** – Bittgebete aus dem Qur`aan und der Sunnah" werden u. a. folgende sehr nützliche Bittgebete erwähnt (die vor allem nach dem Fadschr- und 'Asr-Gebet leise, aber mit bewegten Lippen, ausgesprochen werden).

- „**'Auudhu bi Kalimahati-llahi taammaati min Scharri maa chalaq.**" „Ich nehme Zuflucht mit den vollkommenen Worten Allahs vor dem Übel, das Er erschaffen hat." Hisn: Schutz, Festung, Burg, Bollwerk.

- „**Bismi-llahi-lladhi la yadurru m'a Ismihi schai`un fil 'Ardi, wa laa fi s-Samaa`a, wa Huwa s-Samii'ul-'Aliim.**" „Im Namen Allahs, in dessen Namen nichts auf Erden noch im Himmel schadet, und Er ist Der Allhörende, Der Allwissende."

„Wer (aus Überzeugung) an einem Tag 100 Mal wiederholt: ‚Laa ilaaha illa-llah, wahda-hu la Schariiikalah, lahu l-Mulk, wa lahu l-Hamd, wa Huwa 'ala kulli Schai-in qadiir' – der erhält den Lohn von einem, der 100 Sklaven befreit hat, 100 gute Taten werden ihm gutgeschrieben, und 100 seiner Verfehlungen ausgelöscht. Dieses Du'a schützt ihn (/sie) bis zum Abend, und keiner wird besser belohnt als er (/sie), außer einem der es häufiger spricht." (Hadiith Sahiih al-Buchaari und Muslim, Riyaad us-Salihiin Nr. 1410) „Es gibt keinen Gott außer Allah, einem Einzigen, der keine Teilhaber an Seiner Macht hat, Ihm gebühren Herrschaft und Lob, und Er ist zu allem fähig." Du'a`: Bittgebet.

„Wer an einem Tag 100 Mal sagt: ‚Sub<u>h</u>aan-Allahi wa bi-<u>H</u>amdihi‘, dem werden seine Verfehlungen getilgt, und seien sie (so viel) wie der Schaum des Meeres." (<u>H</u>adiith <u>S</u>a<u>h</u>ii<u>h</u> al-Buchaari und Muslim) „Gepriesen sei Allah, und Ihm gebührt alles Lob."

Eindeutig falsch ist es jedoch, wenn jemand denkt, er erreiche Schutz durch *Amulette,* ein *gemaltes Auge,* Metallanhänger in der Form einer Hand, genannt *„die Hand Faa<u>t</u>imahs"* usw. Der Gesandte Allahs, <u>s</u>alla-llahu ’alaihi wa Sallam, hat deren Nutzlosigkeit in A<u>h</u>aadith eindeutig dargelegt:
„Wer ein Amulett trägt, begeht Schirk." (<u>H</u>adiith überliefert von den Imamen A<u>h</u>mad, Abu Ya’la, und im Madschma‘ az-Zawaa`id 5:103). Denn derjenige verlässt sich darauf, anstatt auf Allah.

„Wer ein Amulett trägt, wird ihm überlassen bleiben." (<u>H</u>adiith überliefert von at-Tirmidhi und A<u>h</u>mad) – und damit ohne Hilfe bleiben, da ein Amulett nicht helfen kann.

„Wer ein Amulett trägt: Möge Allah ihm nicht helfen. Wer eine Muschel trägt: Möge Allah ihn nicht schützen." (<u>H</u>adiith überliefert von A<u>h</u>mad und Abu Ya’la, s. Madschma‘ az-Zawaa`id 5/103)
Auch der <u>Adhaan</u>, die <u>Iqaamah</u> und der Islaamische Fastenmonat <u>verschaffen Linderung vor den Schaiyaatiin</u>

<u>Adhaan</u>: Gebetsruf, ein paar Minuten vor Gebetsbeginn.

Iqaamah: verkürzter Gebetsruf, unmittelbar vorm Gebet.
„Der Prophet, salla-llahu 'alaihi wa Sallam, sagte:
‚Gewiss, wenn der Schaitaan den **Adhaan** hört, entfernt
er sich so weit wie die Entfernung zur Ortschaft ar-
Rauha.' Sulaimaan sagte: ‚Ich fragte ihn nach ar-Rauha',
er antwortete: ‚Es ist eine Entfernung (über 36 Meilen)
von Madinah aus.'" (Hadiith Sahiih Muslim); und:

„Wenn zum Gebet gerufen wird, ergreift der Schaitaan
die Flucht, um den Ruf (des Adhaan) nicht hören zu
müssen; dabei verursacht er ein Geräusch wie einen
Windstoß (Blähung); ist er (der Gebetsruf) verklungen,
kehrt er zurück und flüstert ein. Wenn die **Iqaamah** (zum
Gebetsbeginn) gerufen wird, entfernt er sich wieder, um
den Ruf nicht hören zu müssen; ist der Ruf (der Iqaamah)
verklungen, kehrt er zurück und flüstert wieder ein."
(Hadiith Sahiih Muslim),

eine ähnliche Version (Hadiith Sahiih al-Buchaari) geht
so weiter:

„… So flüstert er ihm zu: ‚Denke an dieses! Denke an
jenes!' Er erinnert ihn an Dinge, die ihm vorher nicht
bewusst waren. Bis der Betende schließlich nicht mehr
weiß, wie viele Verbeugungen und Niederwerfungen er
verrichtet hat." (Hadiith Sahiih al-Buchaari, Riyaad us-
Saalihiin Nr. 1036)

„Abu l-'Aas, radia-llahu 'anh, berichtete, dass er sagte:
‚Ya Rasuulu-llah, wahrlich der Schaitaan kommt
zwischen mich und mein Gebet und bringt mich in
meiner (Qur'aan-)Rezitation durcheinander.' So sagte der
Gesandte Allahs, salla-llahu 'alaihi wa Sallam: ‚Dies ist

ein Schaitaan mit dem Namen Chanzab. Wenn du also seine Gegenwart spürst, dann nimm Zuflucht bei Allah und atfil **dreimal auf deine linke Seite.'**
Er sagte: ‚Ich setzte diesen Ratschlag um, und Allah hat mich von ihm erlöst.'" (Hadiith Sahiih Muslim. Atfil oder Nafatha: trockenes Spucken, man hört nur den Ton „t-t-t")

Im islaamischen Fastenmonat Ramadaan wird die Wirkung der Schaiyaatiin eingeschränkt

Der Gesandte Allahs, salla-llahu 'alaihi wa Sallam, sagte:
„Wenn **Ramadaan** beginnt, werden die Tore des Himmels geöffnet, die Tore des Höllenfeuers geschlossen, und die Schaiyaatiin in Ketten gelegt."
(Hadiith Sahiih al-Buchaari)
Das heißt: Die Schaiyaatiin sind in ihrem Handlungsspielraum eingeschränkt, im Vergleich zu sonst. Und die Selbstbeherrschung des bewusst fastenden Muslims ist deutlich erhöht.

Allah, subhaana-Hu wa ta'aala, sagt zu Ibliis:

„**Über Meine** (wahren, wissenden und den Islaam praktizierenden) **Diener hast du keine Ermächtigung…**" (Sure 15:42)

Weitere Arten der Zufluchtnahme zu Allah in bestimmten Situationen

Der Gesandte Allahs, salla-llahu 'alaihi wa Sallam, sagte:

„Wenn ihr das Krähen der **Hähne** hört, so bittet Allah um Seine Huld! Denn diese haben einen Malak wahrgenommen. Und wenn ihr das Schreien des Esels hört, so nehmt eure Zuflucht zu Allah vor dem Schaitaan! Denn er hat einen der Schaiyaatiin wahrgenommen." (Hadiith Sahiih al-Buchaari) Malak: Engel.

Allah um Seine Huld bitten: Man sagt: „Allahumma, inni `as-aluka min Fadlik!", „Oh Allah, ich bitte dich um Deine Huld!" Zuflucht vor dem Schaitaan nehmen: Man sagt: „'Auudhu bi-llahi min asch-Schaitaani r-Radschiim."

Der Prophet, salla-llahu 'alaihi wa Sallam, sagte: „Wenn einer von euch zu seiner Frau geht und mit ihr den Geschlechtsverkehr begehrt, soll er dabei sagen: ‚**Bismi-llah, Allahumma dschannibna sch-Schaitaana, wa dschannibi sch-Schaitaana ma razaqtanaa!** (Oh Allah halte den Schaitaan von uns fern, und halte den Schaitaan von dem fern, das du uns beschert hast.)'" (Hadiith Sahiih al-Buchaari)

Ein besonders starkes Mittel gegen den Schaitaan ist auch die Rezitation der „Aaiyaat-ul-Kursi", das ist der „Thronschemel-Vers", also die Aaiya, der Vers des Qur`aan, **2:255**.

Abu Hurairah, radia-llahu 'anh, berichtete: „Der Gesandte Allahs, salla-llahu 'alaihi wa Sallam, beauftragte mich, die Lebensmittel aufzubewahren, die im Ramadaan als Zakaah angefallen waren. Als ich meine Aufgabe ausübte, kam jemand und wühlte in den

Nahrungsmitteln herum.

Da packte ich ihn und sagte: ‚Dich werde ich vor den Gesandten Allahs bringen!' Der Mann flehte: ‚Ich bin wahrlich bedürftig, und muss Familienangehörige ernähren, und bin in großer Not!' Da ließ ich ihn gehen.

Am nächsten Morgen sagte der Gesandte Allahs, ṣalla-llahu 'alaihi wa Sallam: ‚Ya Abu Hurairah, was hat dein Gefangener letzte Nacht gemacht?' Ich sagte: ‚Ya Rasuulu-llah, er klagte wegen Not und Familienunterhalt. Da war ich barmherzig mit ihm und ließ ihn gehen.' Er, ṣalla-llahu 'alaihi wa Sallam, sagte: ‚Er hat dich wahrlich angelogen! Und er wird wiederkommen!'

Da ich durch die Aussage des Gesandten Allahs, ṣalla-llahu 'alaihi wa sallam, wusste, dass er wiederkommen würde, wartete ich im Liegen auf ihn. Als er kam und in den Nahrungsmitteln herum zu graben begann, packte ich ihn. Und sagte: ‚Dich werde ich vor den Gesandten Allahs, ṣalla-llahu 'alaihi wa Sallam, bringen! ` Er sagte: ‚Lass mich, ich bin wahrlich bedürftig und habe Familienangehörige zu ernähren. Ich werde nicht mehr zurückkommen!' Da war ich barmherzig mit ihm und ließ ihn gehen. Da sagte er, ṣalla-llahu 'alaihi wa Sallam: ‚Wahrlich, er hat dich bereits angelogen, und er wird wiederkommen.'

So passte ich das dritte Mal auf. Da kam er und begann, Lebensmittel um sich herum zu streuen. Da packte ich ihn und sagte: ‚Dich werde ich vor den Gesandten Allahs, ṣalla-llahu 'alaihi wa Sallam, bringen! Und dies ist das dritte Mal. Obwohl du versprochen hattest, nicht wiederzukommen. Trotzdem bist du zurückgekommen.'

Da sagte er: ‚Lass mich, dann lehre ich dich Worte, durch die Allah dir Nutzen zukommen lässt!‘ Ich sagte: ‚Welche sind das?‘ Er sagte: ‚**Wenn du zu Bett gehst, so rezitiere Aaiyaat-ul-Kursi!** (Sure 2:255), so wird wahrlich ein H̲aafidh von Allah über dir sein. Und der **Schaiṯaan wird sich dir nicht nähern, bis du den Morgen erreichst.**‘ So ließ ich ihn gehen.

Am Morgen dann fragte mich der Gesandte Allahs, ṣalla-llahu ’alaihi wa Sallam: ‚Was machte dein Gefangener gestern?‘ Ich sagte: ‚Ya Rasuulu-llah, er behauptete, dass er mich Worte lehren wollte, durch die Allah mir Nutzen zukommen lasse. So ließ ich ihn gehen!‘ Er, ṣalla-llahu ’alaihi wa Sallam, sagte: ‚Was ist das?‘ ich sagte: ‚Er sagte mir: wenn du zu Bett gehst, rezitiere Aaiyaat-ul-Kursi von ihrem Anfang bis zu ihrem Ende: – Allahu laa ilaha illa Huwa l-H̲ayyul-Qayyuum - dann wird ein H̲aafidh von Allah auf dir sein. Und der Schaiṯaan wird sich dir nicht nähern bis zum Morgen.‘

Da sagte der Prophet, ṣalla-llahu ’alaihi wa Sallam: ‚Damit hat er dir wahrlich die Wahrheit gesagt, obwohl er ein großer Lügner ist! Weißt du, mit wem du seit drei Nächten gesprochen hast, Ya Abu Hurairah?‘ Ich sagte: ‚Nein!‘ Er, ṣalla-llahu ’alaihi wa Sallam, sagte: ‚Dieser ist Schaiṯaan! ‘“ (H̲adiith Ṣah̲iih̲ al-Buchaari)
Zakah: Armen-Pflichtabgabe. H̲aafidh: Hüter. Al-H̲ayy-ul-Qayyuum: Allah, es gibt keinen Gott außer Ihm, Dem Lebendigen, Ewiglebenden - Dem Erhalter der Schöpfung, Dem Beständigen. Kursi: Thronschemel.

Die gesamte Aaiyaat-ul-Kursi lautet, sinngemäß: „Allah, es gibt keinen Gott außer Ihm, al-Hayy ul-

Qayyuum. **Ihn ergreifen weder Schlummer noch Schlaf.** Ihm gehört, was in den Himmeln und was auf der Erde ist. Wer ist es, der Schafa' bei Ihm einlegen könnte, außer mit Seiner Erlaubnis? Er weiß was vor ihnen ist und was hinter ihnen ist. Und sie erfassen nichts von Seinem Wissen, außer was Er will. Sein Kursi umfasst die Himmel und die Erde, und es belastet Ihn nicht, beide zu bewahren. Und Er ist Der Hohe (/Erhabene), Der Gewaltige." (Sure 2:255)

Schafa': Fürsprache.

5. Malaa'ikah mit Aadam, Mariyam, und über 'Isa, 'alaihi-s-Salaam

Der Prophet Muhammad, salla-llahu 'alaihi wa Sallam, sagte:
,Als Allah Aadam, 'alaihi-s-Salaam, erschuf, sagte Er: ,Geh und begrüße diese (dort sitzenden Engel) mit dem Friedensgruß. Und dann höre hin, wie sie den Gruß erwidern. Dieser (Gruß) soll für dich und deine Nachkommen sein. '... Er sagte zu ihnen: ,**As-Salaamu 'alaikum!**' Und sie erwiderten: ,As-Salaamu 'alaika **wa Rahmatu-llah!**', womit sie dem Gruß dann noch ,wa Rahmatu-llah' hinzufügten." (Hadiith Sahiih al-Buchaari und Muslim, Riyaad us-Saalihiin Nr. 846)
As-salaamu 'alaikum: (Allahs) Friede sei mit euch. As-Salaamu 'alaika **wa Rahmatu-llah!** (Allahs) Friede sei mit dir und die Barmherzigkeit Allahs,
und:
„Allah erschuf Aadam in einer Körpergröße von 60 Ellen (ca. 27 Meter), und sagte zu ihm: ,Geh hin und grüße die anwesenden Engel mit dem Salaam (Friedensgruß). Und höre hin, wie sie dich begrüßen – und dies ist der Gruß deiner Nachkommen.' Aadam sagte: ,As-Salaamu 'alaikum! ' Sie erwiderten: ,As-Salaamu 'alaika wa Rahmatu-llah.' Sie haben für ihn die Worte ,wa Rahmatu-llah' hinzugefügt. Es wird dann so sein, dass jeder, der ins Paradies eingeht, die Körpergröße von Aadam haben wird. Seit damals bis zur heutigen Zeit ist die Körpergröße der Menschen immer geringer geworden." (Hadiith Sahiih al-Buchaari)

Tatsächlich gibt es archäologische Funde von gigantischen Hämmern, sie könnten nur von dreimal so großen Menschen gehalten werden, wie sie heute sind; von riesengroßen Zähnen, gigantischen Steingräbern usw. an ganz verschiedenen Stellen der Welt, wie Syrien, Marokko, Kreta, Amerika, Sibirien usw. Und, parallel dazu, auch alte Erzählungen über Riesen.

„Wie mit denen die vor euch waren: Sie hatten stärkere Kraft als ihr, und mehr Besitz und Kinder ... (Sure 9:69)

Und Allah erschafft, was (und wie) Er will, und Er ist Der Herr der Welten.

„Wahrlich, das Mathal von 'Isa bei Allah ist **wie** das Mathal von **Aadam**: Er erschuf ihn aus Erde, darauf sagte Er zu ihm: ‚Kun!' – fa yakuun." (Sure 3:59) Mathal: Vergleichsbeispiel. Er erschuf ihn aus Erde: im Fall von Aadam. Kun: Sei. Fa-yakun: so war er. Erschuf ihn aus Erde: im Fall von Aadam, 'alaihi-s-Salaam, mit Seinen Händen.

Beide wurden von Allah ohne menschlichen Vater erschaffen, beiden wurde „Ruu<u>h</u>" eingehaucht: „Und wenn Ich ihn zurechtgeformt und ihm von Meinem Ruu<u>h</u> eingehaucht habe ..." (Sure 15:29, ähnlich 38:72) „Ihm" bezieht sich auf Aadam, 'alaihi-s-Salaam. Ruu<u>h</u>: Geist.

„Hierauf formte Er ihn zurecht und hauchte ihm von Seinem Ruu<u>h</u> ein ..." (Sure 32:9) Die Geburt von 'Isa bin Mariyam (Jesus, dem Sohn der

Maria, Friede auf ihnen beiden) wurde von Allah so vorbereitet, dass Er zuvor dessen Mutter zu einer hingebungsvollen Gläubigen machte. Erst dann entsandte Er zu ihr einen Malak (Engel):

„Und damals sprachen die Engel: ‚Oh Mariyam! Siehe, Allah hat dich auserwählt und dich gereinigt, und dich erwählt von den Frauen der Welten. Oh Mariyam, sei vor Deinem Herrn voller Andacht, und werfe dich nieder, und beuge dich mit den Sich-Beugenden.'" (Sure 3:42-43)

„Und gedenke in dem Buch **Mariyams**! Als sie sich von ihren Angehörigen an einen östlichen (/ nach Osten ausgerichteten) Ort zurückzog. Sie nahm sich einen **Hidschaab** vor ihnen. Da **entsandten Wir Unseren Ruuh zu ihr**. Er stellte sich ihr als wohlgestalteter (/ ebenmäßiger/ makelloser) Mensch dar. Sie sagte: ‚Ich nehme meine Zuflucht vor dir bei ar-Rahmaan, wenn du gottesfürchtig bist!' Er sagte: ‚Ich bin nur der Gesandte Deines Herrn, um dir einen lauteren Jungen zu schenken.' Sie sagte: ‚Wie kann mir ein Junge gegeben werden, wo mich kein Baschar berührt hat, und ich keine Hure bin?' Er sagte: ‚So ist es! Dein Herr sagt: – Dies ist Mir ein Leichtes –... und es ist eine beschlossene Angelegenheit.'" (Sure 19:16-21)
Mariyam: Maria, 'alaiha-s-Salaam. Hidschaab: weite Körperverhüllung, die auch den Kopf bedeckt, Vorhang, Sichtschutz. Unseren Ruuh, Ruuhina: Unseren Geist, der Engel Dschibriil, 'alaihi-s-Salaam. Baschar: menschliches Wesen.

„Und als die Engel sagten: 'Ya Mariyam! Inna-llah

aṣtafaaki wa ṭahharaki. Wa-ṣtafaaki min an-nisaa-i-l-
ʿalamiin. Ya Mairyam, uqnutii li Rabbiki, wa **sdschudii,**
wa-rkaʾii maʾ-rraakiʾiin. ʿ " (Sure 3:42/43) ʿOh Mariyam,
wahrlich, Allah hat dich auserwählt und gereinigt. Und
dich auserwählt unter den Frauen der Weltenbewohner.
Oh Mariyam, sei Deinem Herrn demütig ergeben. Und
gehe in die Niederwerfung (Gebetsposition, bei der die
Stirn auf den Boden gelegt wird, so ist man Allah am
nächsten). Gehe in den Rukuuʾ (Gebetsposition, in der
man sich nach dem Stehen mit dem Oberkörper nach
vorne beugt, die Hände auf den Knien). ʿ

„Als die Engel sagten: ‚Ya Mariyam! Siehe, Allah
verkündet dir ein Wort von Ihm: Sein Name ist **al-
Masiḥ,** ʾIsa bin Mariyam. Angesehen in Duniya und
Aachirah. Und einer der (Allah) Nahestehenden. Und er
wird in der Wiege zu den Menschen sprechen, und auch
als Erwachsener. Und er wird einer der Ṣaaliḥiin sein.ʿ
Sie sagte: ‚Mein Herr, wie soll mir ein Sohn (geboren)
werden, und mich hat kein Baschar berührt?ʿ Er (der
Malak) sprach: ‚So ist es. Allah erschafft was Er will.
Wenn Er etwas beschlossen hat, spricht Er nur zu ihm:
„Kun!" – fa yakuun.ʿ Und Er wird ihn das Kitaab lehren,
und die Ḥikmah, und die Tawraah und das Indschiil. Und
(Er wird ihn entsenden) als einen **Rasuul zu den Bani
Israaʾiil:** ‚Ich (ʾIsa, ʾalaihi-s-Salaam) bin zu euch mit
einem Zeichen von eurem Herrn gekommen … und als
ein **Bestätiger der (Original-)Tawraah,** die vor mir
war. Und um euch einen Teil dessen ḥill (ḥalaal) zu
machen, was euch ḥaraam war, mit einem Zeichen von
eurem Herrn. So fürchtet Allah und gehorcht mir.
Wahrlich, Allah ist mein Herr und euer Herr, darum dient
Ihm! Dies ist ein gerader Weg.ʿ" (Sure 3:45-51)

70

Al-Masih: der Messias. 'Isa: Jesus, 'alaihi-s-Salaam.
Duniya: Diesseits. Aachirah: Jenseits.
Saalihiin: Rechtschaffene. Mich hat kein Baschar
berührt: kein menschliches Wesen, kein Mann. Kun: Sei!
Fa yakuun: und es ist. Kitaab: Schrift, Buch. Hikmah:
Weisheit. Tawraah: Thora.
Indschiil: Evangelium. Rasuul: Gesandter. Bani Israa'iil:
Kinder (Nachkommen, Volk) Israels. Hill, halaal:
erlaubt. Haraam: verwehrt, verboten.

Die jungfräuliche Empfängnis und Standhaftigkeit von
Mariyam, 'alaiha-s-Salaam (Friede sei auf ihr) in ihrer
Notsituation, und ihre Unterstützung durch Allah:

„Und diejenige, die ihre Scham unter Schutz stellte (ihre
Jungfräulichkeit bewahrte). Da **hauchten Wir ihr min
Ruuhina ein**, und machten sie und ihren Sohn zu einer
Aaiya für die 'Aalamiin." (Sure 21:91)
Min Ruuhina: von Unserem Geist. Aaiyah: Vers im
Qur`aan, Zeichen. 'Aalamiin: Weltenbewohner,
Menschen und Dschinn.

„So empfing sie ihn, und zog sich mit ihm zu einem
abgelegenen Ort zurück. Die Wehen trieben sie zum
Stamm einer Palme. Sie sagte: ‚Oh wäre ich doch zuvor
gestorben, und ganz und gar in Vergessenheit geraten!'
Da rief er (der Bach, 'Isa, oder der Engel) ihr von unten
her zu: ‚La tahzan! Dein Herr hat ja unter dir ein Sariyah
hervorgebracht! Und schüttle den Stamm der Palme in
deine Richtung, dann wird sie frische, reife Datteln auf
dich herabfallen lassen. So esse, und trinke, und sei
frohen Mutes! …'" (Sure Mariyam 19:22-26)

La ta<u>h</u>zan! Sei nicht traurig! Sariya: Bächlein.

Es ist wissenschaftlich erwiesen, dass Datteln die Wehen verstärken, so dass die Geburt zügig vorangeht. Bis heute nehmen muslimische Frauen, die diesen Zusammenhang erfahren haben, zur Geburt gerne Datteln mit – im Gedenken an diese Geschichte und um für die Geburt gut vorbereitet zu sein. Datteln fördern auch die Blutzucker-Regulierung.
Datteln enthalten in hohem Maße wertvolle Stoffe aller Art: stärkende Antioxidantien, Minerale und Vitamine, u. a. Potassium, Eisen, Kalium, Magnesium, Natrium, Calzium, Phosphor, Zink, Vitamine C, B3, B5, B6, D.
Sie sind also ein sehr vollwertiges und gesundes Nahrungsmittel.
(Petersilie kurbelt auch die Wehen an, und hilft sogar dabei, anschließend die Nachgeburt aus der Gebärmutter zu befördern. Kräutertees fördern die Milchbildung, besonders schmackhaft ist ein Tee aus Fenchelsamen).

Es war eher ein beauftragter Malak, nämlich Dschibriil, 'alaihi-s-Salaam, der gesprochen hatte: denn er gab noch einen weiteren Ratschlag an Mariyam, 'alaiha-s-Salaam, und Allah weiß es am besten:
„… Und wenn du einen der Menschen sehen solltest, so sprich: ‚Ich habe ar-Ra<u>h</u>maan ein Fasten gelobt. So werde ich heute mit keinem Menschen sprechen!'‘ (Sure 19:26)
Fastende sollen sich maßvoll und mit besonders gutem Charakter verhalten.

Der Prophet, <u>s</u>alla-llahu 'alaihi wa Sallam, sagte:

„Fasten ist ein Schutz (/ Schutzschild). Daher soll der Fastende keine schlechten Worte äußern und sich nicht unangemessen verhalten. Sollte ihn jemand provozieren, so soll er sagen: ‚Ich faste, ich faste!'" (Hadiith Sahiih al-Buchaari und Muslim)
Sich unangemessen verhalten: zum Beispiel aggressiv, ungeduldig, ohne üble Rede und Torheit zu unterlassen.
Provozieren: ihn herausfordern, Streit suchen.

Um das Thema der speziellen Schöpfung abzuschließen: „Dann kam sie mit ihm (ihrem Baby) zu ihrem Volk, ihn tragend. Sie sagten: ‚Mariyam, du hast etwas Abscheuliches begangen. Oh Schwester von Haaruun, dein Vater war kein Sünder, und deine Mutter keine Hure!' Da zeigte sie auf ihn. Sie sagten: ‚Wie sollen wir mit jemand reden, der noch ein Kind in der Wiege ist?' Er sagte (nun selbst sprechend): ‚Ich bin gewiss 'Abdullah. Er hat mir das Kitaab gegeben und mich zu einem Nabi gemacht' ... Dies ist 'Isa bin Mariyam, das Wort der Wahrheit, woran sie zweifeln." (Sure 19:27-34)
Haaruun, Aaron: gemeint ist die Abstammungslinie, so wie Aadam „unser Vater" genannt wird, Friede sei auf beiden. 'Abdullah: Diener Allahs. Kitaab: Schrift, Buch. Nabi: Prophet.

6. Die Natur der Engel

Wie wunderbar ist doch die Natur der Engel! Alles Lob gebührt Allah, al-Awwal wa-l-Aachir, Dem Ersten und dem Letzten, al-Chaaliq, Dem Erschaffer der Geschöpfe aus dem Nichts, al-Musawwir, Dem Gestalter, al-Haadi, Dem Leiter auf den geraden Weg.

„Alles Lob gebührt Allah, Dem Schöpfer der Himmel und der Erde, Der die Engel **mit zwei, drei und vier Flügeln zu Boten** gemacht hat. Er fügt der Schöpfung hinzu, was Ihm gefällt. Allah hat wahrlich Macht über alle Dinge." (Sure 35:1)

Allah erschuf die Engel in großer Anzahl

„Und Allahs sind die **Heerscharen** der Himmel und der Erde. Und Allah ist Mächtig, Weise." (Sure 48:7)

Der Gesandte Allahs, salla-llahu 'alaihi wa Sallam, sagte: „Ich sehe was ihr nicht seht … Es gibt keinen Platz in der Breite von vier Fingern, ohne dass sich ein **Engel mit seiner Stirn im Sudschuud vor Allah niederwirft …"** (Hadiith sahiih, überliefert von at-Tirmidhi, Riyaad us-Saalihiin Nr. 406)
Sudschuud: Niederwerfung, eine der Gebetspositionen.

Über der Ka'bah in Makkah die von den menschlichen Pilgern umkreist wird, gibt es ein entsprechendes Engelshaus, genannt „Bait ul-Ma'muur", im siebten

Himmel, das von Engeln umkreist wird, ebenso wie die Menschen die Ka'ba umkreisen.

Der Gesandte Allahs, salla-llahu 'alaihi wa Sallam, sagte, als er über Isra` wa Mi'raadsch berichtete:

„... Dann wurde mir al-Bait ul-Ma'muur gezeigt. Ich fragte Dschibriil über es, und er sagte: ‚Dies ist **al-Bait ul-Ma'muur**, bei dem 70.000 Engel täglich Gebete verrichten. Und wenn sie (davon wieder) fortgehen, dann kehren sie nie (zu ihm) zurück!" (Hadiith Sahiih al-Buchaari und Muslim)

Bait ul-Ma'muur: vielbesuchtes Haus, es steht auch im Qur`aan: „Und beim Bait ul-Ma'muur." (Sure 52:4)

Im siebten Himmel: in der siebten Himmelssphäre

Al-Mi'raadsch: die Nachtreise und sein Himmelsaufstieg/ seine Himmelsfahrt, wobei Allah ihm Himmel und Hölle zeigte, um diese den Menschen besser beschreiben zu können. Kehren nie zurück: Es kommt jedes Mal eine andere Gruppe von Engeln, die noch nicht dort waren.

Die Engel bewegen sich mit großer Leichtigkeit und Geschwindigkeit fort

„Und den unbeschwert **Schwimmenden** (/ Gleitenden), und den **allem Vorauseilenden**." (Sure 79:3-4) „Dann bei **den leicht Dahinziehenden**." (Sure 51:3) Schwimmenden, Gleitenden: in den **Himmelssphären** und auf der Erde dahingleitend.

„Die Engel und Dschibriil **steigen zu Ihm auf** an einem Tag, dessen Ausmaß 50.000 Jahre beträgt." (Sure 70:4)

Allah bezeichnet die Engel als edle, fromme **Safarah, Reisende.** Sie sind sowohl in den Himmeln wie auch auf der Erde mit noblen Aufgaben auf hochanständige Art unterwegs:

„Wer nun will, gedenkt seiner, auf in Ehren gehaltenen Blättern, erhöhten und rein gehaltenen, durch die Hände von **Safarah**, kiraamim, barara." (Sure 80:12-16) Gedenkt seiner: der Ermahnung. In Ehren gehaltenen Blättern: des Qur`aan al-Kariim. Kiraamin: edlen. Barara: frommen.

„... Und die Malaa`ikah lobpreisen Ihren Herrn und bitten um Vergebung für diejenigen, die auf Erden sind ..." (Sure 42:5)

<u>Die Engel dienen Allah willig</u>, wie es auch die Propheten und deren Nachfolger tun:

„<u>Der **Masih** wird es niemals verschmähen, **Diener Allahs** zu sein. Ebenso nicht die (Allah) nahestehenden Engel.</u> Und wer es verschmäht Ihn anzubeten, und sich dazu zu erhaben fühlt: Er wird sie alle zu sich versammeln." (Sure 4:172) Al-Masi<u>h</u>: der Messias, hier 'Isa, 'alaihi-s-Salaam.

„Wahrlich, diejenigen, die bei Deinem Herrn sind, sind nicht zu hochmütig dazu, Ihm zu dienen. Sie lobpreisen Ihn und werfen sich vor Ihm nieder." (Sure 7:200)

Der Prophet, <u>s</u>alla-llahu 'alaihi wa wa Sallam, sagte:

"Die **beste** Art von **Dhikr** ist für Allah, Den Erhabenen, was Er für Seine Malaa`ikah gewählt hat: ‚**Subḥaana Rabbi wa bi-Ḥamdihi**, Subḥaana Rabbi wa bi-Ḥamdihi, Subḥaana Rabbi wa bi-Ḥamdihi.'" (Ḥadiith ṣaḥiiḥ, überliefert von at-Tirmidhi)
Dhikr: Gedenken, Ermahnung, was man öfter sagt, Gottesgedenken durch Bittgebete. Subḥaana Rabbi wa bi-Ḥamdihi: Gepriesen sei mein Herr und gelobt.

Sie lobpreisen Allah unaufhörlich und sind Boten mit einem Auftrag

„Und die bei Ihm sind, sind nicht zu stolz Ihm zu dienen, noch werden sie lustlos (/ müde). Sie **verherrlichen (Ihn) Tag und Nacht,** ohne nachzulassen." (Sure 21:19/20)

„Wir kommen **nur auf Befehl Deines Herrn hernieder.** Sein ist alles, was vor uns und was hinter uns, und was dazwischen ist. Und Dein Herr ist nicht vergesslich." (Sure 19:64)

Die Engel wurden von Allah, subḥaana-Hu wa ta'aala (gepriesen und erhaben ist Er) erschaffen, als **Frohboten, Warner,** und mit anderen bestimmten Aufgaben.

„Und da ist keiner unter uns (Engeln), der nicht seinen ihm zugewiesenen Platz (/bekannte Stellung) hätte. Und wahrlich, wir sind die **in Reihe geordneten.** Und wir sind wahrlich die Lobpreisenden." (Sure 37:166).

„Die dann die Angelegenheit regeln." (Sure 79:5)

„Allah wählt **aus den Engeln Boten**, und aus den Menschen. Siehe, Allah ist Allhörend, Allsehend." (Sure 22:75)

„Und da riefen ihm die Engel zu, während er betend im Mihraab stand: ‚Siehe, Allah verheißt dir Yahya: (den) Bestätiger eines Wortes von Allah, einen Vornehmen, einen Asketen und Propheten, einen von den Rechtschaffenen.'" (Sure 3:39)
Ihm: Zakariya‘, er ist Zacharias, ’alaihi-s-Salaam.
Aaiyah: Johannes, ’alaihi-s-Salaam.
Mihraab: Ort des Gebetes, an dem man häufig betet, Gebetsnische in jeder Moschee, die zur Qiblah, der Gebetsrichtung ausgerichtet ist, Heiligtum.

Masdschid, also Moschee, bedeutet auf Arabisch: Ort des Sudschuud, der Niederwerfung. Also ein Ort, an dem man sich zum Gebet niederwirft. Sogar nach den heute verfügbaren Bibelversionen, die nicht als einheitliches, durchgängiges Original erhalten sind, steht dort geschrieben, dass die Propheten sich zum Gebet niederwarfen – das wird dort, unter anderen, auch von ’Isa bin Mariyam erwähnt.

„…und bei denen, die stets **verbreiten**, und dann unterscheiden, und dann die **Ermahnung** überall hintragen, um zu entschuldigen oder zu warnen." (Sure 77:3-6)
Nach Tafsiir (Ibn Kathiir) geht es hier um Engel, um Wolken, die mit Allahs Erlaubnis verbreitet werden, um

die Unterscheidung zwischen Gut und Böse, um die Botschaft.
Mehrere Bedeutungen treffen oft gleichzeitig zu.

Es gibt Engel, die in ihrer wahren Form äußerst **riesig** sind, die aber auch manchmal in Menschengestalt erscheinen können (siehe zum Beispiel Dschibriil, 'alaihi sallaam, im siebten Kapitel).

Engel sind sehr gehorsam, geduldig, haben Augen und Hände

Der Gesandte Allahs, salla-llahu 'alaihi wa Sallam, sagte: „Der Blick dessen (Engel), der den **Suur** blasen wird, ist fest ausgerichtet auf den Thron, bereit (zu blasen), seitdem ihm dies (die Aufgabe) anvertraut wurde, falls ihm der Befehl erteilt wird, bevor er blinzelt. Als seien seine Augen leuchtende Sterne!" (Hadiith sahiih in al-Mustadrak). Suur: Blashorn

„Ein Beduine fragte: ‚Ya Rasuulu-llah, was ist der Suur?‘ Er, salla-llahu 'alaihi wa Sallam, sagte: ‚Ein Horn, in das geblasen wird!‘" (Hadiith sahiih at-Tirmidhi)

Der Suur-Bläser-Engel heißt Israfiil, siehe die Ahadiith im siebten Kapitel.

Engel haben Hände, aber ihr Körper ist nicht wie unserer
(siehe auch im siebten Kapitel)

„Handhala al-Usayyidi, einer der Schreiber des Gesandten Allahs, salla-llahu 'alaihi wa Sallam, ein hingebungsvoller Muslim, bekannt für sein Zuhd (asketisches Leben), sagte:
‚Oh Gesandter Allahs, wenn wir in deiner Gesellschaft sind, und wir an das Höllenfeuer und das Paradies erinnert werden, dann fühlen wir uns, als ob wir sie mit unseren eigenen Augen sehen. Aber wenn wir von dir weggehen, und uns mit unseren Frauen, Kindern und Gärten und Ländereien (gemeint: Arbeit) beschäftigen, dann entschwinden uns viele dieser Dinge aus dem Bewusstsein.' Der Gesandte Allahs, salla-llahu 'alaihi wa Sallam, sagte: ‚Wa–lladhi Nafsi bi-Yadihi, wenn euer Bewusstsein so bleiben würde, wie wenn ihr mit mir zusammen seid, und ihr immer mit Dhikr beschäftigt wäret, so **würden die Malaa`ika euch die Hände schütteln,** in euren Betten und in euren Straßen. Aber, Ya Handhala: „Saa'atan wa Saa'ah", Er sagte dies dreimal." (Hadiith Sahiih Muslim, Riyaad us-Saalihiin Nr. 151)
Wa-lladhi Nafsi bi-Yadihi: Bei Dem, in dessen Hand meine Nafs, Seele, ist.
Dhikr: Gottesgedenken in der Form von Adhkaar, Bittgebeten, wie im „Hisn ul-Muslim" vielfältig vorliegend, dies umschließt auch Lobpreis. Saa'atan wa Saa'ah: Alles zu seiner Zeit.

Engel essen wahrscheinlich nicht, denn ihrer Natur nach scheinen sie „Lichtgestalten" zu bleiben, selbst wenn sie in Menschengestalt erscheinen:

„Hat dich die Geschichte von den geehrten Gästen Ibrahiims nicht erreicht? Als sie bei ihm eintraten und sagten: ‚Salaama!' Er sagte: ‚Salaamun, fremde Leute! ' Er schlich sich zu seinen Angehörigen und brachte sodann ein fettes (gut genährtes) Kalb herbei (zum Essen). Er servierte es ihnen, er sagte: ‚Wollt ihr nicht essen?' In ihm stieg Furcht vor ihnen auf. Sie sagten: ‚Fürchte dich nicht!' und sie verkündeten ihm einen kenntnisreichen Jungen ...“ (Sure 51:24-28) Salaamun: Frieden, Begrüßungswunsch der Engel. ‚Wollt ihr nicht essen?': Bei Arabern gilt es als sehr unhöflich, eine Einladung nicht anzunehmen. Es sei denn, jemand hat einen bestimmten Hinderungsgrund.

Ein Kalb ist bei Wüstenvölkern ein teures Essen! Denn Kühe brauchen viel Futter und sind schon in der Anschaffung sehr teuer. Häufiger essen Wüstenbewohner daher Schaf- oder Ziegenfleisch. In Deutschland hieß die Ziege früher auch die „Kuh des kleinen Mannes“ – sie frisst außer Körnern, grünen Blättern und Heu auch viel trockenes Busch- und Astwerk.

Es bleibt offen, ob die Engel insgesamt nie essen, dazu liegt kein exakterer Bericht vor, oder nur in dieser Situation. Diese Engel hatten offensichtlich noch einen Auftrag bei Lut, 'alaihi-s-Salaam, (siehe Fortsetzung der Sure im siebten Kapitel, Engel in Menschengestalt.) Über Menschen, die ins Paradies kommen werden, in scha` Allah (so Allah will), gibt es ein Hadiith, dass sie das Essen des Paradieses ausscheiden werden wie Misk. Sowohl das Essen selbst, als auch die Beschaffenheit der Paradiesbewohner, entsprechen hierbei nicht ihrer Beschaffenheit im Duniya.

In scha`Allah: so Allah will. Misk: Parfüm. Duniya:
Diesseits.

Engel sind nicht weiblich

„Und sie machten die Engel, die doch Diener des
Rahmaan sind, zu weiblichen Wesen. Waren sie denn
Zeugen bei ihrer Erschaffung? Ihr Zeugnis wird
aufgeschrieben, und sie werden befragt werden." (Sure
43:19)
Ar-Rahmaan: Der Barmherzige mit Seiner Schöpfung.
Einer der Namen Allahs.

„Oder haben Wir die Engel als weibliche Wesen
erschaffen, während sie anwesend waren? ... Habt ihr
eine deutliche Ermächtigung? Bringt doch eure
(Original-)Schrift, wenn ihr wahrhaftig seid!" (Sure
37:150, 156/157)

Es gibt Dinge, die Engel nicht mögen

Der Prophet, salla-llahu 'alaihi wa Sallam, sagte:
„Wer Knoblauch, Zwiebeln oder Lauchgewächse
gegessen hat, soll sich von uns – oder von unserer
Moschee – fernhalten. Denn die Engel empfinden
Übelkeit vor dem, vor dem der Mensch Übelkeit
empfindet." (Hadiith Sahiih Muslim), und:

„Wer Knoblauch oder Zwiebeln gegessen hat, soll sich
von uns – oder von unserer Moschee – fernhalten."

(Hadiith Sahiih al-Buchaari und Muslim)

'Umar bin al-Chattaab, radia-llahu 'anh, erklärt dazu: „…
Deshalb soll derjenige, der sie isst, sie zuvor durch
Kochen unschädlich machen." (Hadiith Sahiih Muslim)

Es liegt nahe, den wahren Ursprung des Namens einer
beliebten türkischen Speise namens „Imaam bayildi" (der
Imam ist in Ohnmacht gefallen), mit diesem Hadiith in
Verbindung zu bringen, denn das sind mit viel Zwiebeln
und Knoblauch gefüllte Backofen-Auberginen.
Al-Hamdu li-llah (Lob sei Allah), viele Brüder riechen
zart nach Misk, wenn sie die Moschee betreten.

Der Gesandte Allahs, salla-llahu 'alaihi wa Sallam, hat
außerdem gesagt:
„Die Engel begleiten keine Reisenden, die einen Hund
oder eine Glocke bei sich haben." (Hadiith Sahiih
Muslim)

7. Aufgabenbereiche der Engel

Allah, sub<u>h</u>aana-Hu wa ta'aala, hat uns einige Einblicke in die Aufgabengebiete der Malaa'ikah gewährt, die uns helfen, diese noch besser kennenzulernen:

Offenbarungsengel: „Er sendet die Engel auf Seinen Befehl mit der Offenbarung zu dem von Seinen Dienern herab, zu dem Er will. Warnt, dass kein Gott da ist, außer Mir. Mich allein sollt ihr fürchten." (Sure 16:2)

Dschibriil, 'alaihi-s-Salaam, ist ein wichtiger Offenbarungsengel. Er bringt die Offenbarung zu den Propheten und lehrt sie die Schrift und den Glauben. Außerdem ist er ein Beauftragter über andere Engel und sehr vertrauenswürdig:

Der Prophet, <u>s</u>alla-llahu 'alaihi wa Sallam, sagte ‚Als Allah Paradies und Hölle erschuf, sandte Er Dschibriil ins Paradies und sagte: ‚Schaue es an und was ich für seine Bewohner darin vorbereitet habe!' So ging er und schaute auf das, was Allah darin für seine Bewohner bereitet hat. Dann kehrte er zurück zu Ihm, und sprach: ‚Bei Deiner Herrlichkeit! Jeder, der davon hört, wird eintreten wollen!' So befahl Allah, dass es von Prüfungen (/ Schwierigem) umgeben werden sollte. Dann sagte er: ‚Gehe zurück und schaue, was Ich für seine Bewohner darin vorbereitet habe!' Er kam zurück und sagte: ‚Bei Deiner Herrlichkeit! Ich fürchte, dass es nun keiner betreten wird!'

Allah sagte: ‚Gehe und schaue die Hölle an, und blicke auf das, was Ich darin für seine Bewohner vorbereitet habe.' (Er blickte darauf), mit Teilen, die sich gegenseitig verschlingen. Er kam zurück und sagte: ‚Bei Deiner Herrlichkeit! Niemand, der davon hört, wird es betreten!' Da befahl Allah, dass es von Verlockungen umgeben sein solle. Dann sagte Er: ‚Kehre zu ihm zurück!' So ging er zurück und sagte: ‚Bei Deiner Herrlichkeit! Ich fürchte, dass keiner davor gerettet werden kann, in es einzutreten!'" (Hadiith ḥasan, überliefert von at-Tirmidhi)

Allah nennt Dschibriil, 'alaihi-s-Salaam, auch „**Ruuḥ al-Amiin**":

„Und er ist ganz gewiss eine Offenbarung des Rabb ul-'Alamiin, die vom Ruuḥ ul-Amiin herabgesandt worden ist auf dein Herz, damit du zu den Überbringern der Warnung gehörst, in deutliche arabischer Sprache. Und er ist gewiss in den Schriften der Früheren (erwähnt)." (Sure 26:192-196)
Er: der Qur'aan. Rabb ul-'Alamiin: Herr der Welten. Ruuḥ ul-Amiin: der vertrauenswürdige Geist, das ist Dschibriil, 'alaihi-s-Salaam.

Dschibriil, 'alaihi-s-Salaam, ist in seiner wahren Form äußerst riesig:

'Aìschah, raḍia-llahu 'anha, die Frau des Propheten, ṣalla-llahu 'alaihi wa Sallam, sagte:
„Wer behauptet, Muḥammad habe Seinen Herrn gesehen, der lädt eine ungeheure Schuld auf sich! Vielmehr sah er

Dschibriils wahre Erscheinung und Schöpfung, als dieser den ganzen Raum zwischen Himmel und Horizont einnahm." (Hadiith Sahiih al-Buchaari)
Engel sind Boten Ihres Herrn, die mit einem Auftrag entsandt werden.

Der Prophet, salla-llahu 'alaihi wa Sallam, sagte:
„Ich sah Dschibriil vom Himmel kommen, und seine Größe füllte den Platz zwischen Himmel und Erde."
(Hadiith Sahiih Muslim), und:

„… Zirr bin Hubaisch sagte: 'Abdullah bin Mas'uud hat uns darüber informiert, dass der Prophet, salla-llahu 'alaihi wa Sallam, Dschibriil sah, und er hatte **600 Flügel.**" (Hadiith Sahiih al-Buchaari)

Allah nennt Dschibriil, 'alaihi-s-Salaam, auch **„Ruuh ul-Qudus"** (heiliger Geist). Er kam zu verschiedenen Anlässen zu den Propheten, mit dem Auftrag, sie zu unterstützen:

„…Und Wir gaben 'Isa die klaren Beweise, und stärkten ihn mit **Ruuh ul-Qudus** …" (Sure 2:87)

„Wenn Allah sagen wird: ‚Ya 'Isa bin Mariyam, gedenke Meiner Gunst dir und deiner Mutter gegenüber, als Ich dich mit dem Ruuh ul-Qudus stärkte. So dass du in der Wiege sprachst, und im Mannesalter. Und als Ich Dich die Schrift, die Weisheit, die Tawraah und das Indschiil lehrte …" (Sure 5:110)
'Isa bin Mariyam: Jesus, Sohn der Maria. Tawraah:

Thora. Indschiil: Evangelium.

„… Und 'Isa bin Mariyam gaben Wir die klaren
Beweise, und **stärkten ihn mit Ruu̱h ul-Qudus** …"
(Sure 2:253)

Als Mu̱hammad bin 'Abdullah noch ein Kind war, lebte
er eine Zeit lang bei seiner ehemaligen Stillamme
Ḫalimah in der gesunden Wüste, außerhalb der Stadt
Makkah. Dort half er dieser Familie, die Schafe zu hüten.
Da geschah ein denkwürdiges Ereignis:

Allah suḇhaana-Hu wa ta'aala sagt uns im Qur'aan:
„Haben wir dir nicht deine Brust geöffnet, oh
Mu̱hammad?" (Sure 94:1)

Anas ibn Malik, ra̱dia-llahu 'anh, berichtete: „Dschibriil
kam zum Gesandten Allahs, ṣalla-llahu 'alaihi wa
Sallam, da war er (noch) ein Kind, und spielte mit seinen
Freunden. Er ergriff ihn, legte ihn auf den Boden, **nahm
sein Herz heraus** und entfernte daraus einen
Blutklumpen. Dschibriil sagte (ihm dabei): ‚Dies war der
Anteil des Schai̱taans in dir!' Dschibriil **wusch das Herz
mit Zamzam-Wasser in einer goldenen Schüssel.** Und
es wurde (anschließend) wieder zusammengesetzt und an
seinen Platz eingefügt. Die Jungen rannten zu ihrer
Mutter und riefen: ‚Mu̱hammad wurde ermordet!' Sie
rannten zu Mu̱hammad zurück und fanden ihn am Leben.
Und seine (Haut)Farbe hatte sich geändert. Anas sagte:
‚Ich pflegte die Narben zu sehen, die auf seiner Brust
zurückgeblieben waren.'" (Ḫadiith Ṣa̱hii̱h Muslim)

Das Ereignis wiederholte sich später noch einmal, als er schon ein junger Mann war:

Der Prophet, salla-llahu 'alaihi wa Sallam, sagte:
„Ich war nahe dem Haus (Ka'bah), zwischen wach und schlafend, als ich eine Stimme sagen hörte: ‚Der Dritte zwischen den zwei Männern!' Dann kam er zu mir und nahm mich mit. Dann wurde eine **goldene Schüssel mit Zamzam-Wasser** zu mir gebracht, und mein Herz wurde geöffnet … Mein Herz wurde herausgenommen. Und es wurde mit Zamzam-Wasser gewaschen. Dann wieder an seinen ursprünglichen Platz eingesetzt, nachdem es **mit Glaube und Weisheit gefüllt** worden war. Dann nahm er meine Hand …" (Hadiith Sahiih Muslim) Es gibt viele Versionen dieses Hadiithes.

In einer anderen Version (die ebenso mit al-Mi'raadsch, dem berühmten Aufstieg zum Himmel mit Dschibriil, 'alaihi-s-Salaam, weitergeht),
sagte der Gesandte Allahs, salla-llahu 'alaihi wa Sallam:
„Das Dach meines Hauses wurde geöffnet, als ich in Makkah war, und Dschibriil, 'alaihi-s-Salaam, kam herab und öffnete meine Brust. Dann brachte er eine **goldene Schüssel voller Weisheit und Glaube**. Nachdem er sie in mein Herz entleert hatte, verschloss er es. Dann ergriff er meine Hand und stieg mit mir zum Himmel auf … er stieg mit mir bis zu einer solchen Höhe auf, dass ich das Kratzen der Schreibfedern hören konnte …" (Hadiith Sahiih al-Buchaari und Muslim)
Kratzen der Schreibfedern: Engel schrieben aktuelle Dinge auf. Dies ist das berühmte Hadiith über al-Mi'raadsch, die Himmelsreise.

„Und **Allah erwählt sich von seinen Gesandten**, wen Er will. So glaubt an Allah und seine Gesandten." (Sure 3:179)

„Und auch von ihren Vätern, **und ihren Nachkommen**, und ihren Brüdern. Wir erwählen sie, und wir leiten sie auf den geraden Weg." (Sure 6:87)
„Und" bezieht sich auf die vorhergehende Aufzählung der Propheten ab Ibraahiim, 'alaihi-s-Salaam, in den vier Aaiyaat, also Qur'aanversen, davor.

Muhammad, salla-llahu 'alaihi wa Sallam, ist ein Nachkomme von Ibrahiim, 'alaihi-s-Salaam, über Isma'iil 'alaihi-s-Salaam und dessen Nachkommen, von denen viele in der Gegend um Makka blieben. Die Details darüber kann man, unter anderen, im englischsprachigen „Ar-Raheeq al-Makhtuum" nachlesen, oder im deutschsprachigen „Das Leben von Muhammad" nach Ibn Ishaaq.

„Sag: ‚Offenbart hat ihn **Ruuh ul-Qudus** von Deinem Herrn mit der Wahrheit. Um jene zu festigen, die glauben. Und als Rechtleitung und frohe Botschaft für die Muslimiin'…, während dies hier deutliche arabische Sprache ist." (Sure 16:102-103)

„… das Erste, womit beim Gesandten Allahs, salla-llahu 'alaihi wa Sallam, die (Zeit der) Offenbarung begann, war das wahrhaftige Traumgesicht während des Schlafs. Er sah keinen **Traum,** der sich nicht wie das Morgenlicht bewahrheitete. Danach wurde ihm (von Allah) die

Einsamkeit lieb gemacht. Dazu wählte er die **Höhle von Hira`**, in die er, ṣalla-llahu 'alaihi wa Sallam, sich gewöhnlich für mehrere Nächte zurückzog und Allahs Nähe suchte: eine Art Gottesverehrung. Anschließend begab er, ṣalla-llahu 'alaihi wa Sallam, sich zu seiner Familie und kümmerte sich um die Versorgung für die nächste Runde. Er kehrte danach abermals zu Chadiidschah (seiner Ehefrau), raḍia-llahu 'anha, zurück, um sich mit ähnlicher Versorgung vorzubereiten. (Dies geschah so weiter) bis die Wahrheit zu ihm kam, während er, ṣalla-llahu 'alaihi wa Sallam, sich in der Berghöhle von Hira` aufhielt. Dort kam der Engel (Dschibriil, 'alaihi-s-Salaam) und sagte: ‚Iqra!' (Lies!) Er sagte: ‚Ich kann nicht lesn.'

Er erzählte weiter: ‚Da ergriff er (der Engel) mich wieder und drückte mich zum zweiten Mal, bis zu meiner Erschöpfung. Dann ließ er mich los und sagte: ‚Lies!' Ich sagte: ‚Ich kann nicht lesen!' Dann ergriff er mich, drückte mich zum dritten Mal, ließ mich daraufhin los und sagte: ‚Lies im Namen Deines Herrn, Der erschuf. Der den Menschen aus einem 'Alaq erschuf. Lies, und Dein Herr ist der Großzügigste (/ Edelste).'" (Sure 96:1-3) (Hadiith Saḥiiḥ al-Buchaari)

'Alaq: Anhängsel, Blutpfropf: Entwicklungsstadium des Embryos.

Die Fortsetzung:
„… Der Empfang von weiteren Offenbarungen erlebte für einige Zeit einen Stillstand. Darüber wurde der Prophet, ṣalla-llahu 'alaihi wa Sallam, so sehr traurig, dass er versuchte, sich von einem hohen Berg zu stürzen. Aber jedes Mal, wenn er eine Bergspitze erreichte, um sich von dort hinabzustürzen, erschien ihm Dschibriil

und sagte zu ihm: ‚Oh Muhammad, du bist wahrlich der Gesandte Allahs!' Dadurch wurde er beruhigt und zufrieden und kehrte zurück.

Zog sich aber die Zeitspanne, in der er auf die Offenbarung wartete, in die Länge, versuchte er seinen Plan noch einmal. Und jedes Mal, wenn er erneut eine Bergspitze erreichte, um sich von dort hinabzustürzen, erschien ihm abermals Dschibriil und sagte ihm wieder dasselbe." (Hadiith Sahiih al-Buchaari)

Achtung! *Selbstmord* ist im Islaam streng verboten. Doch das war zu Anfang der Offenbarungen noch nicht klar.
„Tötet euch nicht selbst! Allah ist barmherzig mit euch."
(Sure 4:29)

„Wahrlich, mit der Drangsal geht Erleichterung einher."
(Sure 94:5)

Der Prophet, salla-llahu 'alaihi wa Sallam, sagte:
„… ein Mann litt an Verletzungen und beging deswegen Selbstmord. Allah sagte dazu: ‚Mein Diener nahm sich das Leben und ist Mir damit zuvorgekommen. Ich verwehre ihm das Paradies!'" (Hadiith Sahiih al-Buchaari), und: „Wer sich erhängt, der erhängt sich im Höllenfeuer weiter. Und wer sich selbst erdolcht, erdolcht sich im Höllenfeuer weiter!'" (Hadiith Sahiih al-Buchaari), und
„Wahrlich, wer sich selbst tötet (wohl wissend, dass dies eine Tat ist, die ins Höllenfeuer führt), wird sicher in der Hölle bestraft werden, die für immer seine Bleibe sein wird." (Hadiith Sahiih al-Buchaari und Muslim), und:

„...Als ich unterwegs war, hörte ich eine Stimme vom Himmel. Ich wandte meinen Blick nach oben und sah, dass der Engel, der mir in der Berghöhle H̲ira` erschienen war, **auf einem Sitz zwischen Himmel und Erde saß.** Ich erschrak vor ihm, kehrte zurück, und sagte: ,Hüllt mich ein!' Daraufhin sandte Allah, der Erhabene, folgende Worte herab: ,Oh du Zugedeckter! Stehe auf und warne, und preise Deinen Herrn als den Größten, und reinige deine Gewänder, und **halte dich fern von den Götzen.'** (Sure 74:1-5) Danach ging es mit der Offenbarung zügig und ohne Unterbrechung weiter."
(H̲adiith S̲ahiih al-Buchaari)
Halte dich fern von den Götzen: Halte dich fern davon, den Götzen 'Ibaadah (Taten der Gottesverehrung, ihrer Verehrung) entgegenzubringen, und:

„... ,Wie kommt die **Offenbarung** zu dir?' Der Gesandte Allahs, s̲alla-llahu 'alaihi wa Sallam, sagte: ,Manchmal kommt sie zu mir **wie der Klang einer Glocke.** Und dies ist für mich die schwerste Art. Er (Dschibriil, 'alaihi-s-Salaam) verlässt mich dann, wenn ich alles, was er mir sagte, in meinem Gedächtnis bewahrt habe. Manchmal erscheint der Engel vor **mir in Gestalt eines Mannes und spricht zu mir,** und ich bewahre im Gedächtnis was er sagte.' 'Aa`ischah, rad̲ia-llahu 'anha, sagte: ,Ich habe ihn in dem Zustand gesehen, als die Offenbarung zu ihm kam: An einem sehr kalten Tag lief der **Schweiß von seiner Stirn** herunter, als er (der Engel Dschibriil, 'alaihi-s-Salaam) ihn verließ.'" (H̲adiith S̲ahiih al-Buchaari)

Es geschah, dass der Engel Dschibriil, 'alaihi-s-Salaam,

92

mit der Offenbarung so herabkam, dass der Prophet
Muḥammad, ṣalla-llahu 'alaihi wa Sallam, ihn sehen
konnte.

„Gelehrt hat ihn (den Propheten Muhammad, ṣalla-llahu
'alaihi wa Sallam) einer von starker Kraft, Dhu Mirrah.
So stand er aufrecht da. Und er war am obersten
Horizont." (Sure 53:5/6)
Dhu Mirrah: voll ehrenvoller, kraftvoller Schönheit; ohne
Fehler in körperlicher und geistiger Beschaffenheit.

Ibn 'Abbaas, raḍia-llahu 'anh, hat „Dhu Mirrah" mit
„von schöner Erscheinung" erklärt. Allah hat Dschibriil,
'alaihi-s-Salaam, mit dieser Bezeichnung geehrt.

„Darauf näherte er sich, und kam herab. Und er war
(schließlich) im Abstand von zwei Bogenlängen oder
näher. Da gab er (Dschibriil) Seinem (Allahs) Diener ein,
was Er (Allah) ihm eingab." (Sure 53:7-10)
Er gab ihm auf Allahs Anweisung hin Offenbarung
weiter. Ihm: dem Propheten Muḥammad, ṣalla-llahu
'alaihi wa Sallam.

Abu Hurairah, raḍia-llahu 'anh, berichtete: „Dschibriil
kam einmal zum Gesandten Allahs, ṣalla-llahu 'alaihi wa
Sallam, und sagte: ‚Ya Rasuulu-llah, da ist Chadiidschah.
Sie wird zu dir mit einem Topf kommen, in dem Beikost,
Speise oder Getränk (der Überlieferer ist sich nicht ganz
sicher) zu finden ist. Wenn sie zu dir kommt, grüß sie mit
dem Salaam von Ihrem Herrn, Dem Mächtigen und
Erhabenen. Und von mir. Und verkünde ihr die frohe
Botschaft, dass sie eine Wohnstätte aus Perlen im

Paradies erhält. In diesem Haus ist kein Lärm zu hören, und keine Anstrengung zu erleiden.'" (Hadiith Sahiih Muslim)
Mit dem Salaam grüßen: den Friedensgruß, ‚As-Salaamu 'alaikum', aussprechen.

„Während Dschibriil beim Propheten, salla-llahu 'alaihi wa Sallam, saß, hörte er ein äußerst ungewöhnliches Geräusch über sich. Da schaute er (Dschibriil) hinauf, und sagte: ‚Es ist ein Tor im Himmel, das gerade geöffnet wurde. Zuvor war es nie geöffnet worden.'
Dann stieg ein Engel aus ihm hinab. Da sprach Dschibriil, 'alaihi-s-Salaam: ‚Das ist ein Engel, der vor dem heutigen Tag noch nie zur Erde hinabstieg!' Der Engel grüßte und sprach zum Propheten, salla-llahu 'alaihi wa Sallam: ‚Erfreue dich der **zwei von Allah gegebenen Lichter**, die keinem Propheten vor dir gegeben wurden: **al-Faatihah** und die letzten zwei Verse von Suurat-ul-Baqarah. Für jeden Buchstaben, den du davon rezitierst, wirst du reichlich belohnt!'" (Hadiith Sahiih Muslim, Riyaad us-Saalihiin Nr. 1022)
Al-Faatihah: die Eröffnende, sie ist die erste, also Eröffnungssure, des Qur`aan und des Gebetes. In jedem Gebet wird sie zu Beginn einer Gebetseinheit rezitiert; erst im Anschluss daran wählt der Betende in den ersten zwei Raka'aat (Gebetseinheiten) eine weitere Sure des Qur`aan aus, die er zusätzlich rezitiert.
Suurat-ul-Baqarah: die zweite und längste Sure des Qur`aan. Ihre zwei letzten Verse fassen vieles zusammen, beispielsweise über Imaan, auch an die Engel, und beinhaltet ein großes Bittgebet um Allahs Hilfe und Vergebung.

„Der Gesandte Allahs, salla-llahu 'alaihi wa Sallam, war der Großzügigste unter allen Menschen. Und den Höhepunkt seiner Großzügigkeit erreichte er im Ramadaan, wenn ihm Dschibriil begegnete. Diese Begegnung mit ihm **fand in jeder Ramadaan-Nacht** statt. Denn Dschibriil pflegte ihn zu jener Zeit im **Qur'aan zu unterweisen.** Wahrlich, der Gesandte Allahs, salla-llahu 'alaihi wa Sallam, war mit dem Hergeben von guten Dingen schneller als der unhaltbare Wind." (Hadiith Sahiih al-Buchaari)

„… Faatima, radia-llahu 'anha … er, salla-llahu 'alaihi wa Sallam, berichtete mir, dass ihn der Engel Dschibriil jedes Jahr **ein- oder zweimal den Qur'aan lehrte.** Doch nun hat er es bei einem (einzigen) Besuch zweimal getan. (Er, salla-llahu 'alaihi wa Sallam, sagte:) ,Ich sehe, dass die Zeit nahe ist! Fürchte Allah und habe Geduld. Denn ich bin gewiss ein guter Salaf für dich.' …" (Hadiith Sahiih Muslim, Riyaad us-Saalihiin Nr. 687) Faatima: Tochter des Propheten, salla-llahu 'alaihi wa Sallam, von Chadiidscha, radia-llahu 'anhumaa. Salaf: Vorgänger. Jemand, der einem anderen vorangeht.

Nicht nur Qur'aan, auch anderes Wissen wurde auf Allahs Geheiß durch Dschribiil vermittelt:

Dschibriil, 'alaihi-s-Salaam, als Gebetslehrer, Vorbeter und Lehrer der Grundlagen des Islaam:
„… Ich hörte den Gesandten Allahs sagen: ,Dschibriil kam herab und **führte mich im Gebet.** Und ich betete mit ihm, dann betete ich mit ihm, dann betete ich mit ihm, dann betete ich mit ihm, dann betete ich mit ihm –

und er zählte die fünf Gebete an seinen Fingern ab.'"
(Hadiith sahiih an-Nasaa'i) Dies waren die Gebete von
Dhuhr, 'Asr, Maghrib, 'Ischa`, und Fadschr, nach einem
Hadiith sahiih Abu Daawud, und:

„… Hast du nicht gewusst, dass Dschibriil (zur Erde)
herabkam und betete. Danach betete auch der Gesandte
Allahs, salla-llahu 'alaihi wa Sallam. Er (Dschibriil,
'alaihi-s-Salaam) betete (ein zweites Mal) weiter, und
danach betete auch der Gesandte Allahs, salla-llahu
'alaihi wa Sallam. Er (Dschibriil, 'alaihi-s-Salaam) betete
weiter (ein drittes Mal), und danach betete auch der
Gesandte Allahs, salla-llahu 'alaihi wa Sallam. Er
(Dschibriil, 'alaihi-s-Salaam) betete weiter (ein viertes
Mal), und danach betete auch der Gesandte Allahs, salla-
llahu 'alaihi wa Sallam. Er (Dschibriil, 'alaihi Sallam)
betete weiter (ein fünftes Mal) und danach betete auch
der Gesandte Allahs, salla-llahu 'alaihi wa Sallam. Und
er sagte abschließend: ‚Das ist, was mir befohlen wurde!'
… Ist es auch Dschibriil gewesen, der für dem Gesandten
Allahs, salla-llahu 'alaihi wa Sallam, die Gebetszeiten
dargelegt hatte (auf Allahs Anordnung hin)? …'Urwa
(Ibn az-Zubair) erwiderte: ‚So ist es, wie auch Baschar
Ibn Abi Mas'uud von seinem Vater berichtete.'" (Hadiith
Sahiih al-Buchaari)

„… Dschibriil kam zum Propheten, salla-llahu 'alaihi wa
Sallam, während Umm Salama mit ihm war. Dschibriil
begann (zu ihm) zu sprechen. Dann fragte der Prophet,
salla-llahu 'alaihi wa Sallam, Umm Salaamah: ‚Wer ist
dies?' Sie antwortete: ‚Er ist Dihyah! Als Dschibriil ging,
sagte Umm Salama (radia-llahu 'anha): ‚Bei Allah, ich
hielt ihn nicht für irgendjemand anderen, bis ich die

Ansprache des Propheten, salla-llahu 'alaihi wa Sallam, hörte, in der er über die Neuigkeiten von Dschibriil informierte!' ..." (Hadiith Sahiih al-Buchaari)

Umm Salama, radia-llahu 'anha: Frau des Propheten, salla-llahu 'alaihi wa Sallam, er heiratete sie als Witwe und Mutter mehrerer Kinder.

Dihyah al-Kalbi: Ein außerordentlich gutaussehender Prophetengefährte, der auch einmal als Botschafter mit einem wichtigen Brief zum christlichen byzantinischen Herrscher Heraklius gesandt worden war. Kalb ist ein altarabischer Stamm.

'Umar, radia-llahu 'anh, berichtete: „Als wir eines Tages mit dem Gesandten Allahs, salla-llahu 'alaihi wa Sallam, zusammensaßen, erschien **ein Mann mit sehr weißen Kleidern und sehr schwarzem Haar.** An ihm waren keinerlei Anzeichen einer Reise zu erkennen, und keiner von uns kannte ihn. Er setzte sich schließlich zum Propheten, salla-llahu 'alaihi wa Sallam, so dass seine Knie dessen Knie berührten, legte seine Hand auf dessen Oberschenkel, und sagte: ‚Ya Muhammad, unterrichte mich ...‘" (Hadiith Sahiih Muslim). Das Hadiith ist lang.

Die ebenfalls lange, fast identische Fortsetzung aus der Version von al-Buchaari:

„... ‚Was ist **Imaan**?‘ (verinnerlichter Glaube). Der Prophet antwortete: ‚Der Imaan ist, dass du an Allah, **Seine Engel**, an die Begegnung mit Ihm, an Seine Gesandten und an die Auferstehung **glaubst.**‘

Der Mann fragte weiter: ‚Was ist **Islaam**?‘ Der Prophet sagte: ‚Islaam ist, dass du Allah anbetest, Ihm nichts beigeselst, das Gebet verrichtest, die vorgeschriebene Zakaah (Armenabgabe) entrichtest, und im Ramadaan fastest.'

Der Mann sagte: ‚Was ist **Ihsaan**?' Der Prophet sagte: ‚Dass du Allah anbetest, als ob du Ihn sehen würdest. Denn wenn du Ihn auch nicht siehst, so sieht Er dich doch.'

Der Mann sagte: ‚Wann trifft die **Stunde** ein?' Der Prophet sagte: ‚Der Befragte ist in dieser Beziehung nicht wissender, als der Fragende selbst. Was aber deren Vorzeichen betrifft, so werde ich dir Folgende nennen: wenn die Sklavin ihren eigenen Herrn gebiert. Und wenn die ungebildeten Kameltreiber Hochhäuser bauen. Es gibt noch weitere fünf Vorzeichen, die nur Allah kennt.'

Darauf rezitierte der Prophet, salla-llahu 'alaihi wa Sallam: ‚Wahrlich, bei Allah ist die Kenntnis der Stunde ...' (Sure 31:34)

Der Mann ging fort, und der Prophet bestand darauf, dass die Leute ihn zurückholen. Doch sie sahen ihn nicht mehr. Darauf sagte der Prophet: ‚Dieser war **Dschibriil. Er kam, um die Menschen im Glauben zu unterweisen**..." (Hadiith Sahiih al-Buchaari)

Anas, radia-llahu 'anh, berichtet in seinem bekannten Hadiith über die Mi'raadsch, das ist die Himmelfahrt, dass der Gesandte Allahs, salla-llahu 'alaihi wa Sallam, erzählte: ‚Dann **stieg Dschibriil mit mir hoch** zum ersten Himmel, der der Erde am nächsten ist, und bat, dass die Tür geöffnet werde. Er, 'alaihi-s-Salaam, wurde gefragt: ‚Wer ist da?' Er sagte: ‚Dschibriil!' Es wurde weiter gefragt: ‚Und wer ist bei dir?' Er antwortete: ‚Muhammad!' Dann nahm er mich zum zweiten Himmel und bat, dass die Tür geöffnet werde. Er wurde wiederum gefragt: ‚Wer ist da?' Er sagte: ‚Mu<u>h</u>ammad!' ebenso geschah es beim dritten, vierten und den anderen Himmeln ..." (<u>H</u>adiith <u>S</u>a<u>hiih</u> al-Buchaari und Muslim)

„Der Gesandte Allahs, <u>s</u>alla-llahu 'alaihi wa Sallam, errichtete einen Mimbar ... in der Moschee (von Madinah), von dem aus <u>H</u>asaan bin Thaabit, ra<u>d</u>ia-llahu 'anh, den Gesandten Allahs, <u>s</u>alla-llahu 'alaihi wa Sallam (durch gewandte Gedichte) verteidigte. Der Gesandte Allahs, <u>s</u>alla-llahu 'alaihi wa Sallam, sagte. ‚Oh Allah, **stärke** (/ unterstütze) **ihn durch Ruu<u>h</u> ul-Qudus**, denn er verteidigte Deinen Propheten!'" (<u>H</u>adiith <u>S</u>a<u>hiih</u> al-Buchaari)
Minbar, gesprochen Mimbar: leicht erhöhter Sitzplatz für Ansprachen in der Moschee.
<u>H</u>asaan bin Thaabit, ra<u>d</u>ia-llahu 'anh: Prophetengefährte, der für seine ansprechenden Gedichte sehr bekannt war und bis heute ist.

Mimbar: „In diesem Jahr (sieben nach der <u>Hidschrah</u>, der Auswanderung, also 628 nach gregorianischer Zeitrechnung) verfertigte sich der Prophet seinen Mimbar, von dem er zu den Leuten zu predigen pflegte; er machte zwei Stufen und einen Sitz." Nach einer anderen Version war es im Jahr acht nach der <u>Hidschrah</u>. Man nannte es „Ma'du", Hölzer, da der Mimbar aus Holz gefertigt war.
Der Mimbar von Mu'aawiya hatte schon drei Stufen. 300 Jahre später (902 nach gregorianischer Zeitrechnung) benutzte der Aghlabidenherrscher in Kairouan namens Abu Ishaaq Ibrahiim II. einen elfstufigen Mimbar aus

Zedernholz, den er in Bagdad hatte anfertigen lassen. Nuur-ud-Diin Zengi hatte 1168 einen Mimbar mit Rahmentor und Kuppelgehäuse; später wurden in Kairo solche aus Stein benutzt (nach Wikipedia). Heute ist ein Mimbar weiterhin ein erhöhter Sitz für den Imaam einer Moschee, zu dem man über geradlinige Stufen (in Deutschland weiterhin aus Holz) gelangt.

„Zu euch ist nunmehr gekommen. Bedrückend ist es für ihn, wenn ihr in Bedrängnis seid; (er ist) eifrig um euch bemüht, zu den Gläubigen gnadenvoll und barmherzig." (Sure 9:128)
Ein Gesandter aus euren eigenen Reihen, das ist Muḥammad, salla-llahu ʿalaihi wa sallam, bin ʿAbdullah bin ʿAbdul-Muttalib dem berühmten Oberhaupt der Quraisch, bin Haaschim.

„… Der Gesandte Allahs, salla-llahu ʾalaihi wa Sallam, sagte zu Dschibriil: ,Willst du uns nicht noch öfter besuchen als du es bisher tust?' Darauf wurde die Aaiyah (Vers des Qurʾaan) herabgesandt: ,Wir (Engel) **kommen nur auf Befehl deines Herrn hinab**. Sein ist alles, was vor uns ist und was hinter uns ist und was dazwischen ist.'" (Sure 19:64. Hadiith Saḥiih al-Buchaari) Die Aaiyah geht noch weiter „… und dein Herr ist nicht vergesslich", und:

„Der Engel Dschibriil empfahl mir so oft die **gute Behandlung des Nachbarn**, dass ich beinahe dachte, er würde ihn vielleicht als Erben einsetzen!" (Hadiith Saḥiih

100

al-Buchaari und Muslim, Riyaad us-Saalihiin Nr. 303
„Dschibriil kam zum Propheten, salla-llahu 'alaihi wa
Sallam, und sagte: ‚Oh Muhammad, hast du
Beschwerden?' Dieser bejahte. Dschibriil sagte: ‚**Bismi-
llahi arqiik. Min kulli Schai`in yu`dhiik. Min Scharri
kulli Nafsin au 'Ainin haasid. Allahu yaschfiik. Bismi-
llahi arqiik.**'" (Hadiith Sahiih Muslim)
„Im Namen Allahs vollziehe ich Ruqiya für dich. Gegen
alles, was dir schadet. Das Unheil einer jeden Person
oder jedes neidischen Auges. Allah möge dich heilen. Im
Namen Allahs vollziehe ich **Ruqiyah.**"
Ruqiyah: Worte, Dhikr usw., die gesprochen werden, um
Heilung oder Schutz vor schädlichen Einflüssen zu
erlangen. Dies kann begleitet werden von Streichen mit
den Händen oder Blasen.

Es ist sehr gut, wenn jemand ungefragt für andere
Ruqiyah macht. Es ist aber vorzuziehen, selbst andere
nicht um Ruqiyah zu bitten. Denn Heilung kommt
letztendlich von Allah. Denn:

Der Gesandte Allahs, salla-llahu 'alaihi wa Sallam, sagte:
„70.000 meiner Ummah werden ins Paradies eintreten,
ohne zur Rechenschaft gezogen zu werden. Es sind jene,
die keine Ruqiyah verlangen, oder an schlechte
Vorzeichen glauben, oder Brenneisen verwenden. Und
sie vertrauen voll auf Ihren Herrn." (Hadiith Sahiih al-
Buchaari und Muslim)

Man soll aber durchaus zum Arzt gehen, das ist nicht
dasselbe wie Ruqiyah!
(Meiner persönlichen Meinung und Erfahrung nach ist es
besser, nicht wegen jeder Kleinigkeit zum Arzt zu gehen!

Denn: das Immunsystem stärkt sich durch die Bildung von Antikörpern gegen Krankheiten, nicht durch die Unterdrückung von Krankheitssymptomen! Das Immunsystem ist fähig, sogar mit Krebs fertig zu werden bzw. ihn gar nicht erst entstehen zu lassen, wenn es in ausgezeichnetem Zustand ist. Mit Allahs Erlaubnis! Heutzutage ist es leider nicht leicht, sein Immunsystem perfekt in Schwung zu halten, wegen der vielen chemischen Beigaben in unserer Kost, wegen Elektrosmog, Abgasen usw. Das ist bekannt. Man kann sein Immunsystem stärken, indem man versucht, hin und wieder Obst und Beeren von naturbelassenen Streuwiesen zu essen, viele Paprika, Zitronen, Rettich, Löwenzahnsalat, und was sonst noch viel Vitamin C bringt. Und indem man außerdem versucht, viele Vitamine und Mineralien, immer wieder auch Vollwert, in seinen Speiseplan mit einzubauen. Gerste ist Sunnah! Ebenfalls empfehlenswert ist, ab und zu auch Gemüse roh zu essen, also Rohkost, oder sich nicht allzu lange gekochtes Gemüse anzugewöhnen. Für eine eher basische Ernährung, gesunde Zähne, eine schlanke Linie und um Diabetes vorzubeugen, hilft es sehr, seltener mit Zucker gesüßte Getränke, Transfette und Margarine zu sich zu nehmen. Olivenöl und Leinöl sind gesunde Öle. Man kann selbst hin und wieder in einer sauberen Gegend Kräuter für Kräutertees sammeln, wie Kamille, Thymian, Lavendel, Salbei usw. Sogar Brennnesseln und Brombeerblätter, nichts brennt und piekt mehr nach dem Aufkochen. Auch Gänseblümchen oder selbst gezogene Linsenkeimlinge aufs Butterbrot sind gesund! Es empfiehlt sich außerdem, gute Quellen für Mineralwasser ausfindig zu machen

'Aìschah, radia-llahu 'anha berichtete: „Dschibriil

versprach dem Gesandten Allahs, salla-llahu 'alaihi wa Sallam, zu einer bestimmten Stunde zu kommen. Doch jene Stunde verstrich und er kam nicht! Der Gesandte Allahs, salla-llahu 'alaihi wa Sallam, hatte einen Stock in seiner Hand, den warf er hin und sagte: ‚**Allah bricht Sein Versprechen nicht, auch nicht Seine Gesandten!** ' Dann wandte er sich ab, wobei sein Blick auf einen kleinen Hund unter seinem Bett fiel. Er, salla-llahu 'alaihi wa Sallam, sagte mir: ‚Wann kam dieser Hund herein?' Ich sagte: ‚Bei Allah, ich habe ihn nicht wahrgenommen!' Er, salla-llahu 'alaihi wa Sallam, befahl, den Hund hinauszubringen. Und sogleich kam Dschibriil zu ihm. Der Gesandte Allahs, salla-llahu 'alaihi wa Sallam, klagte: ‚Du hast mir (zu kommen) versprochen, und ich saß wartend. Aber du kamst nicht?' Darauf sagte er: ‚Wir (Engel) **betreten kein Haus, in dem sich ein Hund oder ein Bild befindet.**'" (Hadiith Sahiih Muslim)

Andere Ahadiith präzisieren, dass mit Bild gemeint ist: von lebenden Wesen, Skulpturen usw. Ibn 'Abbas, radiallahu 'anh, berichtete: „Ich hörte den Gesandten Allahs, salla-llahu 'alaihi wa Sallam, sagen: ‚Jeder Bilderhersteller kommt ins Höllenfeuer!' Ibn 'Abbas fügte hinzu: ‚Wenn du dies (das Bildermalen) aber unbedingt tun musst, dann stelle Pflanzen und leblose Gegenstände dar.'" (Hadiith Sahiih Muslim, Riyaad us-Saalihiin, Nr. 1680)

Der Gesandte Allahs, salla-llahu 'alaihi wa Sallam, hat gesagt: „Wahrlich, diejenigen, die diese Bilder herstellen, werden am Tag der Auferstehung bestraft. Es wird ihnen gesagt: ‚Haucht Leben in das ein, das ihr geschaffen habt!'" (Hadiith Sahiih Muslim, Riyaad us-Saalihiin, Nr. 1678)

'Aìschah, radia-llahu 'anha berichtet: „Der Prophet, salla-llahu 'alaihi wa Sallam, sagte zu mir: ‚Hier ist Dschibriil! Er lässt dich mit dem Salaam grüßen!' Ich erwiderte: ‚Wa 'alaikum Salaam wa Rahmatu-llah! Du (oh Prophet) siehst doch, was ich nicht sehe!'" (Hadiith Sahiih al-Buchaari) Salaam: Friedensgruß: as-Salaamu `alaikum, Friede sei auf dir. Wa `alaikum Salaam wa Rahmatu-llah, und auf dir seien auch Friede und das Wohlgefallen Allahs.

Der Prophet, salla-llahu 'alaihi wa Sallam, sagte: „Wenn Allah einen (seiner Gottes-)**Diener liebt, so ruft er Dschibriil** zu, dass Allah, Der Erhabene, den Soundso liebt, und dass er ihn auch lieben soll. Dschibriil beginnt, ihn auch zu lieben und sendet einen Aufruf durch die Himmel, mit der Ermahnung an die Verweilenden: ‚Allah liebt den Soundso, liebe ihn also auch!' Dann beginnen die Bewohner der Himmel, ihn auch zu lieben, und er wird einen angenehmen Aufenthalt auf Erden haben." (Hadiith Sahiih al-Buchaari und Muslim, Riyaad us-Salihiin Nr. 387)

In einer ähnlichen Version im Sahiih Muslim gibt es noch den Zusatz am Ende: „…Wenn Allah einen (seiner Gottes-)Diener verabscheut, ruft er den Engel Dschibriil und sagt zu ihm: ‚Ich verabscheue den Soundso, somit sollst auch du ihn verabscheuen!' Dann wird Dschibriil ihn auch verabscheuen und den Bewohnern des Himmels zurufen, dass Allah den Soundso verabscheut. Dann werden ihn die Bewohner des Himmels verabscheuen und er wird einen unangenehmen Aufenthalt auf Erden haben."

„… als er (der Prophet, salla-llahu 'alaihi wa Sallam, eine (Sitz)Runde seiner Gefährten in der Moschee erblickte, da fragte er sie: ‚Aus welcher Veranlassung heraus habt ihr euch so (zusammen)gesetzt?' Sie sagten: ‚Wir sitzen zusammen, **um Allahs zu gedenken, Ihn zu preisen, Ihn für Seine Gnade und dass er uns zum Islaam geleitet hat zu loben.**' Er, salla-llahu 'alaihi wa Sallam, fragte sie: ‚(Schwört ihr) bei Allah, dass ihr nur deswegen zusammensitzt?' Sie sagten: ‚Bei Allah, nichts außer diesem Grund ließ uns zusammensitzen!' Er, salla-llahu 'alaihi wa Sallam, erwiderte: ‚Gewiss ließ ich euch schwören. Nicht, weil ich einen Argwohn gegen euch habe. Sondern weil Dschibriil, 'alaihi-s-Salaam, zu mir kam und mir erzählte, dass **Allah euch bei den Engeln lobt.**"" (Hadiith Sahiih Muslim, Riyaad us-Saalihiin Nr. 1450)

Trägerengel:
- Hamalat-ul-'Arsch, Thronträgerengel, den Thron Allahs tragende Engel:
„Diejenigen, die den Thron tragen, und diejenigen, die ihn umringen, preisen das Lob Ihres Herrn und glauben an Ihn, und erbitten Vergebung für jene, die gläubig sind: 'Unser Herr, Du umfasst alles in Deiner Barmherzigkeit und Deinem Wissen. So vergib denjenigen, die bereuen und Deinem Weg folgen. Und bewahre sie vor der Strafe der Dschahiim.'" (Sure 40:7) Der Thron Allahs ist Seine größte Schöpfung: „Sein Thron umfasst die Himmel und

105

die Erde." (Sure 2:255)

- Taabuut tragende Engel, die Bundeslade tragende
Engel: „Die Bundeslade… und ein Vermächtnis von
dem, was die Nachkommen von Muusa und die
Nachkommen von Haaruun hinterlassen haben: sie wird
von Engeln getragen. Wahrlich, darin ist ein Zeichen für
euch, wenn ihr Gläubige seid." (Sure 2:248)
Muusa: Moses, Haaruun: Aaron. Allahs Frieden auf
ihnen beiden.

Der Prophet, salla-llahu 'alaihi wa Sallam, sagte:
„Mir wurde Erlaubnis gegeben, über einen der Engel zu
sprechen, die Allahs Thron tragen. Der Abstand von
seinen Ohrläppchen zu seinen Schultern ist so groß wie
eine Reise von 700 Jahren." (Hadiith sahiih, überliefert
von Abu Daawuud). Nach einer Version von at-
Tabaraani:
„… die Entfernung von seinem Ohrläppchen zu seiner
Schulter ist wie die eines 700 Jahre fliegenden Vogels
…"

Schreiberengel, Kaatibiin: hinter der rechten und linken
Schulter jedes lebenden Menschen. Der Rechte schreibt
die Hasanaat, also guten Taten, auf, der Linke die
Sayi`aat, die schlechten Taten.

„Und über euch sind wahrlich Haafidhiin, **kiraamin
Kaatibiin**, die aufschreiben und die wissen, was ihr tut."
(Sure 82:10-12)
Haafidhiin: Hüter, Plural von Haafidh. Kiraamin
Kaatibiin: edle Schreibende.

„... Und unsere Boten sind bei ihnen und schreiben auf." (Sure 43:80)

„Wir haben ja den Menschen erschaffen und wissen, was sein Nafs einflüstert. Und Wir sind ihm (dem Menschen) näher als seine Halsschlagader, wo die beiden (Taten-)Empfänger empfangen, zur Rechten und zur Linken sitzend. Kein Wort äußert er, ohne dass bei ihm ein Raqiibun 'Atiid wäre." (Sure 50:16-18)
Nafs: Seele, Inneres. Raqiibun 'Atiid: Beobachter, Aufpasser, Wärter.

Der Prophet, salla-llahu 'alaihi wa Sallam, sagte:
„Der Engel der linken Seite hält seinen Qalam sechs Stunden lang erhoben (hält ihn zurück, ohne etwas aufzuschreiben), nachdem ein muslimischer (Gottes-)Diener eine schlechte Tat begangen hat. Falls er sie bereut und Allah um Vergebung bittet, dann lässt er sie fallen (schreibt sie nicht nieder), andernfalls schreibt er sie als eine schlechte Tat auf." (Hadiith hasan überliefert von at-Tabaraani)
Qalam: Schreibfeder, Schreibrohr, Stift.

Keiner kann sich dem entziehen:

„Es ist gleich, ob jemand von euch seine Worte geheim hält, oder sie laut vernehmbar spricht. Und ob jemand sich nachts verbirgt oder tagsüber offen hervorkommt." (Sure 13:10)

Spähengel: suchen auf den Wegen und in (Gesprächs- und Versammlungs-)Runden nach Menschen, die Allahs gedenken, um sie mit ihren Flügeln zu bedecken und für sie um Vergebung zu bitten.

Der Gesandte Allahs, salla-llahu 'alaihi wa Sallam, sagte: „Fürwahr, Allah hat mit Gewissheit Spähengel auf Erden, deren Auftrag es ist, den (Lern-/ Gendenk-)**Runden Allahs zu folgen**. Stoßen sie auf eine Runde, in der Allahs gedacht wird, so **setzen sie sich direkt zu den Betenden, Flügel an Flügel**. Bis sie den Raum zwischen ihnen und dem untersten Himmel (die unterste der sieben Himmelssphären) füllen. Wenn sich die Runde zerstreut, steigen die Engel zum Himmel empor. Allah, erhaben und mächtig ist Er, fragt sie ... sie erwidern: ‚Und sie bitten Dich um Vergebung!' Er sagt: ‚Ich habe ihnen schon vergeben, ihre Bitten erhört, und ihnen Meinen Schutz gewährt.' Sie erwiderten: ‚Oh Herr! Unter ihnen ist Soundso, der immer gesündigt hat. Er kam nur vorbei und saß bei ihnen!' Er sagt: ‚Auch ihm habe Ich vergeben! Denn **sie sind die wahren Diener**, deswegen soll ihr Gefährte nicht leiden.'" (Hadiith Sahiih Muslim, Riyaad us-Saalihiin Hadiith Nr. 1447), und:

„Immer wenn sich Leute in einem Haus der Häuser Allahs (Moschee) versammeln, um Allahs Buch (Qur`aan) zu rezitieren und zu studieren, wird die **Sakiinah** (friedvolle Ruhe) in ihre Herzen einkehren, Seine Gnade wird sie umhüllen, die Engel werden sich um sie scharen und Allah erwähnt sie vor denen, die bei Ihm sind." (Hadiith Sahiih Muslim, Riyaad us-Saalihiin Nr. 1023), und:
„Nie versammeln sich Leute in einem Haus der Häuser

Allahs, um Allahs zu gedenken, ohne dass die Engel sie mit ihren Flügeln (beschützend) umgeben, (Allahs) Barmherzigkeit sie bedeckt, Allahs Sakiinah auf sie herabkommt und Allah ihrer gedenkt vor denen, die bei Ihm sind." (Hadiith Sahiih Muslim, Riyaad us-Saalihiin Nr. 1448), und:

„Wer einem Gläubigen eine Sorge von den Sorgen dieser Welt abnimmt, dem wird Allah eine Sorge von den Sorgen des Tages des Gerichtes abnehmen. Und wer einem Menschen in Bedrängnis Erleichterung verschafft, dem wird Allah in dieser Welt und im Jenseits Erleichterung verschaffen. Und wer einen Menschen schützt, den wird Allah schützen, im Diesseits und im Jenseits. Allah steht Seinem Diener bei, solange Sein Diener seinem Bruder beisteht.
Kein Volk versammelt sich in einem der Häuser Allahs, um den Qur`aan vorzutragen und miteinander zu studieren, ohne dass Sakiina auf sie herabkommt, Barmherzigkeit sie umhüllt, die **Engel sie umgeben**, und Allah sie denen gegenüber erwähnt, die bei Ihm sind. Wer durch seine Taten (auf dem Weg zum Paradies) behindert ist, wird durch seine Herkunft nicht befördert." (Hadiith Sahiih Muslim, Riyaad us-Saalihiin Nr. 245), und:

Engel blasen die Seele in den Körper des Ungeborenen ein:

„… Der Gesandte Allahs, salla-llahu 'alaihi wa Sallam, und er ist der Wahrhaftige und Glaubwürdige, erzählte uns Folgendes: ,Jeder von euch bleibt 40 Tage lang als

Samentropfen (Nutfah) im Leib seiner Mutter. Dann weitere 40 Tage lang als ein besonderer Blutpfropf ('Alaqah, Anhängsel). Dann weitere 40 Tage lang als ein besonderer Klumpen Fleisch (Mudghah). Zuletzt wird ein Engel gesandt, der die Seele einbläst und auch angewiesen ist, Viererlei niederzuschreiben, nämlich: die Art seines Unterhalts, seine Lebensdauer, seine Taten und ob er ein unglücklicher oder glücklicher Mensch sein wird …'" (Hadiith Sahiih al-Buchaari, Riyaad us-Saalihiin Nr. 396)

Es wird gesagt, dass sich der werdende Mensch im Bauch seiner Mutter tatsächlich erst ab diesem Zeitpunkt bewegt. Also nach dreimal 40 Tagen, wa-llahu 'alam, und Allah weiß es am besten.

Schutzengel, Hüterengel: „Es gibt keine Seele, über der nicht ein Haafidh eingesetzt ist." (Sure 86:4)
Haafidh: Hüter.

„Und Er (Allah) ist es, der alle Macht über Seine Diener hat. Er **sendet Hüter über euch.** Bis dann, wenn zu einem von euch der Tod kommt, ihn Unsere Gesandten abberufen, und sie vernachlässigen nichts." (Sure 6:61)

„Er (der Mensch) hat Mu'aqqibaat **vor und hinter sich:**
sie beschützen
(/ **behüten**) **ihn** auf Allahs Anordnung. Gewiss, Allah ändert die (gute) Lage eines Volkes nicht, ehe sie (die Leute) nicht selbst ändern, was (an Gutem) in ihren Herzen ist. Und wenn Allah einem Volk etwas Übles

zufügen will, so gibt es dagegen keine Abwehr. Und sie haben außer Ihm (Allah) keinen Waal (Sure 13:11).
Mu'aqqibaat: Begleiter. Waal: Helfer, Interessenvertreter.

Ibn Kathiir schreibt in seinem Tafsiir (2/ 504): „Zwei weitere Engel bewachen und beschützen ihn, einer von vorne und einer von hinten. Somit sind es vier bei Tage, und vier bei Nacht."
Zwei weitere Engel bewachen und beschützen ihn: zusätzlich zu den zwei anwesenden Schreiberengeln. Somit sind es bei Tage vier Engel, die einen Menschen begleiten. Und bei Nacht auch vier.

Auch die Propheten sind nur Menschen, und haben nicht die Fähigkeiten von Engeln:
„Wenn ihr **ihm** nicht helft, so (wisst, dass) Allah ihm damals half, als die Glaubensverweigerer ihn vertrieben haben, und er zu seinem Begleiter sagte: ‚Sei nicht traurig! Denn Allah ist mit uns!' Da ließ Allah Seine Sakiinah (innere Ruhe) auf ihn herab, und **stärkte ihn mit Heerschaaren, die ihr nicht seht**, und erniedrigte das Wort derjenigen die verleugnen (/ verbergen). Und Allahs Wort ist das Höchste! Und Allah ist Erhaben, Weise." (Sure 9:40)
Ihm: dem Propheten Muhammad, salla-llahu 'alaihi wa Sallam. Sein Begleiter: Abu Bakr, radia-llahu 'anh, bekannter Prophetengefährte. Sakiinah: innere Ruhe.
Beide haben gemeinsam und erfolgreich, zu dem Zeitpunkt, den Allah für sie bestimmt hatte, die Hidschrah von Makkah nach Yathrib vollzogen. Hidschrah: Auswanderung von Makkah nach Yathrib, die Stadt hieß seither Madinha. Das ist die Kurzform von: Madinat un-

Nabi: Medina, die Stadt des Propheten, s̲alla-llahu 'alaihi wa Sallam.

„… ich sage nicht: ‚Ich bin ein Engel!' Ich folge nur dem, was mir offenbart wurde …" (Sure 6:50)

„Sag: ‚Wenn es auf der Erde Engel gäbe, die in Ruhe umherwandelten, hätten Wir ihnen vom Himmel wahrlich einen Engel als Gesandten hinabgesandt.'" (Sure 7:95)

Mit einem Engel als Verkünder hätten die Menschen aber bestimmt gesagt, sie könnten natürlich nicht wie die Engel sein. Also bekamen die Menschen stets Menschen als Propheten.

Es folgt eine lange Geschichte über die Entstehung des Brunnens Zamzam. An ihrem Ende erscheint, auf Allahs Befehl, ein Engel als Helfer.

- Saarah und ihr Mann, der Prophet Ibrahiim, 'alaihi-s-Salaam, waren über lange Ehejahre hinweg kinderlos geblieben. Sie hatten keine Nachkommen, die sie im fortgeschrittenen Alter versorgen könnten, wenn sie beide dazu nicht mehr selbst in der Lage sein sollten. Damals war es üblich, dass ein Mann mehrere Frauen hatte, und so schlug Saarah ihrem Mann vor, sich Haadschar, die ihr von dem damaligen ägyptischen Herrscher geschenkt worden war, als zweite Frau zu nehmen. (Von dieser früherer Begebenheit berichtet ein weiteres H̲adiith).

Doch als Haadschar wirklich schwanger wurde und schließlich Isma'iil gebar, wurde Saarah immer eifersüchtiger und ertrug ihre Nähe nicht mehr. Es kam dazu, dass Haadschar sich bedroht fühlte.

Ibn 'Abbaas, ra<u>d</u>ia-llahu 'anh, erzählte:
„Die erste Frau, die einen Gürtel benutzte, war die Mutter
von Isma'iil, 'alaihi-s-Salaam: Sie benutzte einen Gürtel,
um ihre Spuren vor Saarah zu verbergen."
Dies war, um mit einem hinter ihr herschleifenden Tuch
ihre Spuren zu verwischen, falls Saarah folgen sollte.
Und Allah weiß es am besten. Weiter im <u>H</u>adiith:

„Ibrahiim, 'alaihi-s-Salaam, brachte Umm Isma'iil (die
Mutter von Isma'iil) und ihren Sohn Isma'iil, als sie ihn
noch stillte, bis zu der (ehemaligen Stelle der) Kaa'ba
(dem altehrwürdigen, würfelförmigen Haus in Makka,
das von Aadam, 'alaihi-s-Salaam, erbaut, aber zu der Zeit
schon wieder zerfallen war), und ließ sie dort zurück.
Während dieser Zeit wohnte niemand in Makka, noch
gab es dort Wasser. Er ließ einen Lederbeutel mit Datteln
(wichtigstes Grundnahrungsmittel der Wüstenvölker
dieser Zeit) und einen kleinen Lederschlauch mit Wasser
bei ihnen, und ging weg.
Umm Isma'iil folgte ihm und sagte: ‚Oh Ibrahiim, wohin
gehst du und lässt uns in diesem menschenleeren Tal, wo
(doch überhaupt) nichts ist, allein?' Sie fragte dies
mehrmals, aber er, 'alaihi-s-Salaam, schaute nicht zu ihr
zurück. Da fragte sie ihn: ‚Hat Allah dir das so
angeordnet?' Er sagte: ‚Ja!' Sie antwortete: ‚Dann wird
Er uns nicht vernachlässigen!' Und sie kehrte zurück,
während Ibrahiim weiterging. Als er die Thaaniya (ein
bekannter Bergpass von Makkah) erreichte, wo sie ihn
nicht mehr sehen konnte, wandte er sich mit dem Gesicht
zur Ka'bah, und flehte Allah mit erhobenen Händen mit
folgendem Bittgebet an: ‚Rabbana (Unser Herr), ich habe

einen Teil meiner Nachkommenschaft in einem unfruchtbaren Tal nahe Deinem Heiligen Haus angesiedelt, Rabbana, damit sie das Gebet verrichten. So lasse die Herzen einiger Menschen sich ihnen zuneigen. Und versorge sie mit Früchten, damit sie dankbar sein mögen. ' (14:37)

Umm Isma'iil begann, ihren Sohn zu stillen und von dem Wasser zu trinken, das Ibrahiim, 'alaihi-s-Salaam, ihr dagelassen hatte. Als das Wasser im Wasserschlauch (aber irgendwann) aufgebraucht war, bekam sie Durst. Und ihr Sohn ebenso. Sie schaute ihn an, wie er sich leidend krümmte (/ verzweifelt mit den Füßen strampelte). Da ließ sie ihn liegen, da sie (es schließlich) nicht mehr ertragen konnte, ihn so zu sehen, um nach Menschen und Wasser Ausschau zu halten.

Sie bemerkte, dass der Berg(hügel) Safa der ihr nächste Berg(hügel) war. Und stieg hinauf, und schaute ins Tal, hoffend jemand zu erblicken. Doch sie sah niemanden. Sie stieg (dann) von as-Safa bis ins Tal hinunter, hob dabei den Saum ihres Kleides, und ging im Laufschritt eines erschöpften Menschen, durchlief so das Tal. Kam dann (zum Berghügel) al-Marwa und stieg hinauf. Und schaute umher, hoffend, jemanden zu sehen. Doch sie erblickte niemanden. Dies wiederholte sie sieben Mal … - darauf geht der Laufschritt der Pilger zwischen den beiden (Hügeln) zurück (man spricht im Haddsch davon als „as-Sa'i" „laufen, eilen, streben").

Als sie dann (auf diese Weise nach dem siebten Mal) den Berg Marwah erreichte, vernahm sie eine Stimme! Und sie sprach zu sich selbst: ‚Nur ruhig bleiben! ', und lauschte gespannt. Bis sie es (dieses Geräusch) wieder hörte: ‚Ich kann dich hören! Hast du etwas, um mir zu helfen?' Plötzlich sah sie einen **Engel**, und er pochte mit seiner Ferse – oder … mit seinen Flügeln – **auf den Boden, bis Wasser hervorquoll.** Und sie begann mit ihrer Hand einen (Becken)Wall aus Erde zu formen, und füllte dann ihren Schlauch. Und dann sprudelte es immerfort…

Der Prophet, s̲alla-llahu 'alaihi wa Sallam, sagte: ‚Allah erbarme sich Umm Isma'iil! Hätte sie Zamzam frei fließen lassen … wäre Zamzam eine strömende Wasserquelle geworden! '– … So trank sie, und stillte ihren Sohn. Darauf sagte der Engel zu ihr: ‚Sorge dich nicht! Denn hier entsteht ein Haus für Allah, welches dieser Junge und sein Vater errichten werden. Und Allah vernachlässigt Seine Leute nicht!'

Die Ka'bah war (einst) auf einer hügelartigen Anhöhe errichtet, so dass die Regengüsse rechts und links von ihr abwärts flossen.

Einige Zeit verging, bis eine Gruppe oder eine Sippe aus dem Stamm Dschurhum (beduinische Nomaden von Jemen her) aus der Richtung Kada' am Ort vorüberkam, und unterhalb Makkas rastete. Als sie einen Vogel sahen, wie er Kreise flog, sagten sie: ‚Dieser Vogel kreist über einer Wasserstelle! Doch wir wissen schon, dass es in diesem Tal kein Wasser gibt!' Sie entsandten einen oder zwei Kundschafter, und (diese) sahen das Wasser (mit eigenen Augen). So kehrten sie zurück und informierten sie.

Sie kamen, als Umm Isma'iil beim Wasser war, und fragten sie: ‚Gestattest du, dass wir uns in deiner Gegend ansiedeln?' Sie sagte: ‚Ja!' …

Der Prophet, s̲alla-llahu 'alaihi wa Sallam, sagte: ‚Dies war Umm Isma'iil recht, denn sie mochte Gesellschaft.' Sie ließen sich nieder, sandten Boten zu ihrer Sippe, die sich ihnen anschloss, wurden sesshaft und vermehrten sich.

Währenddessen wuchs Isma'iil (unter ihnen) als ihr Liebling heran, lernte die arabische Sprache von ihnen, und sie hatten ihr Wohlgefallen an ihm. Als er erwachsen wurde, heiratete er eine Frau von ihnen, und etwas später verstarb Umm Isma'iil ..." (Hadiith Sahiih al-Buchaari Riyaad us Saalihiin Nr. 1867)

Umm Isma'iil: Mutter von Isma'iil. Ka'ba: das altehrwürdige, würfelförmige Haus in Makkah, was zu der Zeit zerfallen war. Während dieser Zeit wohnte niemand in Makkah. Datteln: wichtigstes Grundnahrungsmittel der Wüstenvölker dieser Zeit. Lederschlauch: früher wurden gegerbte Lederhäute für den Trinkvorrat unterwegs benutzt, in Deutschland waren auch Schweineblasen üblich.

Ein weiterer Zeitsprung, nach Makkah in der Endzeit:

Der Gesandte Allahs, salla-llahu 'alaihi wa Sallam, sagte: „Es gibt keine Region, die der (Daddschaal) nicht heimsuchen wird, außer **Makkah und Madinah**. Und es wird keine Eingänge zu ihnen (Makkah und Madinah) geben, ohne dass **Reihen von Engeln sie bewachen** werden. Dann wird er (der Daddschaal) sich auf einem kargen Ort (außerhalb von Madinah, siehe andere Ahadiith) niederlassen, und Madinah wird dreimal beben ... " (Hadiith Sahiih Muslim, Riyaad us-Saalihiin Nr. 1811)

Daddschaal: Endzeitfigur, auch „der große Lügner" oder „der Lügen-Messias" genannt. Er behauptet zuerst, ein Herrscher zu sein, dann Gott. Und er reist überall hin.

Nur nach Makkah und Madinah kann er nicht eindringen.

„...An den Eingängen von Madinah befinden sich Engel.
Daher dringen weder die Pest noch der Daddschaal
hinein." (Ḥadiith Ṣaḥiiḥ al-Buchaari)

Miikaa`iil (Michael), 'alaihi-s-Salaam: der Beauftragte
über die Engel für Regen und Winde
(Wind, Wolken, Schiffe, schnell fahrend: Engel verteilen
den Anteil an Rizq, nach Allahs Befehl).
„Bei den heftig Zerstreuenden, dann den eine Last
Tragenden; dann bei den leicht Dahinziehenden; dann bei
den (die) Befehle Austeilenden." (Sure 51:1)
Tafsiir Ibn Kathiir erläutert dazu, aufgrund von Aussagen
von 'Ali und 'Umar, raḍia-llahu 'anhumaa (die aber
beide nicht ṣaḥiiḥ belegt sind): die heftig Zerstreuenden
sind die Wolken, die Last Tragenden sind die Regen
tragenden Wolken. Die leicht Dahinziehenden sind die
schnell fahrenden Schiffe. Die den Befehl Allahs
Austeilenden sind die Engel.

„Der Prophet, ṣalla-llahu 'alaihi wa Sallam, hatte
Dschibriil, 'alaihi-s-Salaam, gefragt: ‚Über was ist
Miikaa`iil ein Beauftragter?' Er antwortete: ‚Über die
Pflanzen und den Regen.'" (Ḥadiith ḥasan, überliefert
von at-Ṭabaraani). „Und er, ṣalla-llahu 'alaihi wa Sallam,
habe ihn gefragt: ‚Warum sehe ich Mikaa'iil nie lachen?'
Er (Dschibriill, 'alaihi-s-Salaam) antwortete: ‚Mikaa`iil
hat nicht gelacht, seitdem das Feuer erschaffen wurde.'"
(Ḥadiith ḥasan, überliefert im Musnad Aḥmad)

„Die Juden kamen zum Propheten, salla-llahu 'alaihi wa
Sallam, und sagten ihm: ‚Ya Abu l-Qaasim, informiere
uns über den Donner: was ist er?' Er, salla-llahu 'alaihi
wa Sallam, sagte: ‚Es ist ein **Malak min Malaa`ikah**, er
ist über die Wolken beauftragt. Er trägt einen **Michraaq**
aus Feuer (/ Feuerstab), mit dem er die Wolken dorthin
treibt, wo Allah es will.' Dann sagten sie: ‚Was ist das
für ein Geräusch, das wir da hören?' Er, salla-llahu
'alaihi wa Sallam, antwortete: ‚Das ist sein Verweis an
die Wolken, wenn er sie an den Ort getrieben hat, den
Allah angeordnet hat, dass sie hier anhalten.' Darauf
sagten sie: ‚Du hast die Wahrheit gesagt!'..." (Hadiith
sahiih ghariib, überliefert von at-Tirmidhi)
Abu l-Qaasim: Vater von Qaasim, Qaasim war sein
erstgeborener Sohn.
Malak min Malaa`ikah: Engel von den Engeln, er ist über
die Wolken beauftragt. Michraaq: Stab. Verweis an die
Wolken: Schlagen der Wolken, nach anderen Ahadiith.
Offenbarung und Wissenschaft ergänzen sich hier wieder
in Ursache und Wirkung. Elektromagnetische Ladungen
in Wolken gehen Hand in Hand mit diesem Bericht!

„Und Er ist es, der euch den Blitz … sehen und die
(regen)schweren Wolken entstehen lässt. Und der Donner
lobpreist Ihn, und die **Engel, aus Furcht vor Ihm.** Und
Er sendet die Blitzschläge und trifft damit, wen Er will
…" (Sure 13:12-13)

Wenn man den Donner hört, so spricht man: „Subhana-
llahi-lladhi yusabbihu Ra'du bi Hamdihi, wa l-
Malaa`ikatu, min Chiifatihi" (Hisn ul-Muslim, Kapitel
62: Du'a beim Donner) „Gepriesen sei Der, den der
Donner mit seinem Lob preist, und die Engel, aus Furcht

vor Ihm."

Dies beruht darauf: „'Abdullah ibn az-Zubair, radi-llahu
'anh (Allahs Wohlgefallen auf ihm) hörte zu reden auf,
wenn er Donner hörte, und er sagte: ‚Subhana-llahi-lladhi
yusabbihu Ra'du bi-Hamdihi wa l-Malaa`ikatu min
Chiifatihi. ' Dann sagte er: ‚Dies ist eine ernsthafte
Mahnung an die Menschen der Erde.'" (Hadiith Sahiih
al-Buchaari)

Der Prophet, salla-llahu 'alaihi wa Sallam, sagte:
„Zwei werden nicht zurückgewiesen: Du'a zur Zeit des
Gebetsrufes, und Du'a wenn es regnet." (Hadiith sahiih,
überliefert von al-Haakim und at-Tabaraani), und:

„Wenn er (der Prophet Muhammad, salla-llahu 'alaihi wa
Sallam) in der Nacht aufstand, begann er sein Gebet mit
den Worten: ‚Oh Allah, Herr von Dschibra'iil, Mikaa'iil
und Israfiil, Erschaffer der Himmel und der Erde, Kenner
des Verborgenen und des Offenkundigen! Du bist der
Richter in den Angelegenheiten, in denen Deine Diener
uneins sind! Du leitest, wen Du willst, zu einem geraden
Weg.'" (Hadiith Sahiih Muslim)
Dschibra`iil: Gabriel, Mikaa`iil: Michael, Allahs Frieden
sei auf ihnen beiden.

„Sprich: ‚Wer auch immer Dschibriil zum Feind nimmt,
so hat er ihn doch mit Ermächtigung Allahs in dein Herz
hinabgesandt: als Bestätigung dessen, was vor ihm war.
Und als Rechtleitung und frohe Botschaft für die
Gläubigen. Wer auch immer zum Feind gegen Allah, und

Seine Engel, und Seine Gesandten wurde, und Dschibriil und Mika`iil, so ist wahrlich Allah den Kaafiriin ein Feind.'" (Sure 2:97)

Allah hat ihn in dein Herz hinabgesandt: den Qur`aan.

Kaafiriin: Ableugner der Wahrheit, Verstecker, Einzahl ist Kaafir.

„'Abdullah ibn Salaam wurde von den Prophetengefährten gefragt: ‚Allah hat niemanden erschaffen, der Ihm lieber wäre als Muhammad', also sagte man ihm: ‚Auch nicht Dschibriil und Mikaa`iil?' Er antwortete: ‚Weißt du, wer Dschibriil und Mikaa`iil in Wahrheit sind? Sie sind nur **unterworfene Geschöpfe, wie die Sonne und der Mond**. Somit hat Allah nichts erschaffen, das ihm lieber wäre, als Muhammad.'"
(Hadiith sahiih, überliefert von al-Haakim)

'Abdullah ibn Salaam: konvertierter Rabbiner zur Zeit des Propheten Muhammad, salla-llahu 'alaihi wa Sallam.

„... Sprich: Sind denn jene, die wissen, und jene, die nicht wissen, gleich? Doch bedenken nur diejenigen, die Verstand besitzen." (Sure 39:9)

Wächter-Engel über Ungeborene im Mutterleib (es geschieht das, was Allah bestimmt hat):

Der Prophet, salla-llahu 'alaihi wa Sallam, sagte: „Allah hat einen Engel über den Mutterleib eingesetzt, der sagt: ‚Oh Herr, ein Samentropfen! Oh Herr, ein 'Alaqa! Oh Herr, ein Mudgha!' ... der Engel fragt: ‚Männlich oder weiblich?' ..." (Hadiith Sahiih al-Buchaari)

'Alaqa: Anhängsel, ein Entwicklungsstadium des werdenden Menschen im Mutterleib. Mudgha: Bissen, gekautes Fleischklümpchen. Gegen Ende der vierten Woche sieht der menschliche Embryo wie ein Fleischstückchen mit Zahnabdrücken aus. Das Aussehen resultiert aus den Somiten, die Zahnspuren ähneln. Die Somiten repräsentieren die Anfänge der Wirbel.

Engel der Berge: der Gesandte Allahs, salla-llahu 'alaihi wa Sallam, sagte:
„…Darauf rief der Engel der Berge mir zu, grüßte mich mit Salaam und sagte: ‚Ya Muhammad, befehle was du willst! Wenn du willst, lasse ich die zwei Berge über sie stürzen!' Ich sagte aber: ‚Nein! Vielmehr hoffe ich, dass Allah aus ihren Lenden solche entstehen lässt, die Allah allein dienen und Ihm nichts beigesellen.'" (Hadiith sahiih al-Buchaari) Salaam: der Friedensgruß „as-Salaamu `alaikum", „Friede sei auf dir!"

Todesengel: Malak al-Maut, „Sag: ‚Al-Malak al-Maut (der Engel des Todes), der für euch zuständig gemacht wurde, wird eure (Seelen) vollständig entnehmen. Dann werdet ihr zu Eurem Herrn zurückgebracht.'" (Sure 32:11)
Malak al-Maut: Engel des Todes, Todesengel.

Abu Hureirah, radia-llahu 'anh, berichtete, dass der Prophet, salla-llahu 'alaihi wa Sallam, sagte: „Der Todesengel wurde zu Muusa, 'alaihi-s-Salaam, entsandt. Als er zu Muusa, 'alaihi-s-Salaam kam, schlug Muusa

ihn heftig aufs **Auge**, sodass es ausgeschlagen wurde.
Der Engel kam zu Allah, subhaana-Hu wa ta'aala, zurück
und sagte: ‚Du hast mich zu einem Diener entsandt, der
nicht sterben will!‘ Allah, subhaana-Hu wa ta'aala, stellte
sein Auge wieder her und sagte (dem Engel): ‚Kehre zu
ihm zurück und sage ihm, dass er seine Hand auf den
Rücken eines Ochsen legt. Und für jedes Haar, das sich
darunter befindet, erhält er ein (weiteres) Jahr Leben.‘
Muusa, 'alaihi-s-Salaam, fragte: ‚Oh Herr! Und was
kommt dann?‘ Allah, subhaana-Hu wa ta'aala antwortete:
‚Der Tod!‘ Muusa, 'alaihi-s-Salaam, entschied: ‚(lass es)
jetzt (sein)!‘ Muusa, 'alaihi-s-Salaam, bat Allah,
subhaana-Hu wa ta'aala, dann, ihn nahe dem Heiligen
Land sterben zu lassen, nahe der Masdschid al-Aqsa,
sodass er einen Steinwurf davon entfernt sein würde. Abu
Hureirah, radia-llahu 'anh, fügte hinzu: ‚Der Prophet,
salla-llahu 'alaihi wa Sallam, sagte dann: ‚Wenn ich dort
wäre, würde ich euch sein Grab zeigen, unter dem roten
Sandhügel auf der Seite der Straße.‘‘‘ (Hadiith Sahiih al-
Buchaari)
Warum schlug Muusa, 'alaihi-s-Salaam, denn Malak al-
Maut aufs Auge? Er dachte, ein fremder Mann sei in sein
Haus eingedrungen. Masdschid: Moschee, wörtlich: Ort
der Niederwerfung.

Malak al-Maut hat beigeordnete Engel, über die er der
verantwortliche Engel ist:

„…wenn die Engel ihre **Hände** ausstrecken: ‚Liefert eure
Seelen aus!‘…“ (Sure 6:93)

Die Plageengel entreißen die Seelen der
Glaubensverweigerer mit Gewalt, und die Gnadenengel

entziehen die Seelen der Gläubigen sanft (siehe auch das Ḥadiith im neunten Kapitel).

„Bei den mit Heftigkeit Entreißenden, und den leicht Herausziehenden." (Sure 79:1)

„Könntest du nur sehen, wie die Engel die Seelen der Glaubensverweigerer hinwegnehmen, während sie ihnen Gesicht und Rücken schlagen. Und (sprechen): ‚Kostet die Strafe des Verbrennens!' Dies um dessentwegen, was eure Hände vorausgeschickt haben. Und wisst, dass Allah niemals ungerecht gegen die Diener ist." (Sure 8:50-51) In Surat an-Naazi'aat ist gleich zu Anfang sehr eindringlich von Malaa'ikah die Rede:

„Bei den heftig Entreißenden. Und den leicht Herausziehenden. Und den unbeschwert Schwimmenden. Dann den eifrig Voraneilenden ..." (Sure 79:1-4) Entreißenden, leicht Herausziehenden, unbeschwert Schwimmenden, eifrig Voraneilenden: Nach der Aussage von Prophetengefährten, wie ibn Mas'ud, ibn 'Abbas, 'Ali und Taabi'iin wie Masruuq und Ḥasan al-Basri, sind damit die Engel gemeint (Tafsiir Ibn Kathiir).
Taabi'iin: die Generation nach dem Tod des Gesandten Allahs, ṣalla-llahu 'alaihi wa sallam, die von bekannten Prophetengefährten gelernt hat. So hat Masruuq u. a. von 'Abdullah ibn Mas'uud, radia-llahu 'anhuma, gelernt, Ḥasan al-Basri u. a. von 'Uthmaan, radia-llahu 'anhuma.

„Er (Allah) ist der Bezwinger über Seinen Dienern. Er sendet Hüter über euch. Bis, wenn dann zu einem von euch der Tod kommt, ihn Unsere Gesandten **abberufen**, und sie vernachlässigen nichts." (Sure 6:61)

„Diejenigen, die **von den Engeln abberufen** werden …
sagen: ‚Wir pflegten ja nichts Böses zu tun!' Nein,
wahrlich, Allah weiß wohl was ihr zu tun pflegtet." (Sure
16:28)

Der Gesandte Allahs, ṣalla-llahu 'alaihi wa Sallam, hat
gesagt:
„Wenn das Kind eines Dieners Allahs stirbt, sagt Allah
zu Seinen Engeln: ‚Habt ihr die Seele des Kindes meines
Dieners hinweggenommen?' Sie antworten: ‚Ja!' Er wird
sagen: ‚Habt ihr seines Herzens Frucht abgepflückt?' Sie
antworten: ‚Ja!' Er wird fragen: ‚Und was hat mein
Diener gesagt?' Sie sagen: ‚Er bat: „Preis sei Allah!
Wahrlich, zu Allah gehören wir, und zu Ihm kehren wir
zurück!" – Daraufhin wird Allah ta'aala sagen: ‚Errichtet
für ihn ein Haus im Paradies, und nennt es Bait al-
Ḥamd.'" (Ḥadiith ḥasan, überliefert von at-Tirmidhi,
Riyaaḍ us-Ṣaaliḥiin Nr. 922).
Bait al-Ḥamd: Haus der Lobpreisung

„Wer ist frevelhafter als derjenige, der eine Lüge gegen
Allah erdichtet, und Seine Zeichen der Lüge bezichtigt?
Denen soll das bestimmte Los (zuteil) werden. Bis
unsere Boten zu ihnen kommen, um ihnen den Tod zu
bringen. Sie werden sprechen: ‚Wo ist nun das, was ihr
anstatt Allah anzurufen pflegtet?' Sie werden antworten:
‚Wir können sie nicht finden!' Und sie werden gegen
sich Zeugnis ablegen, dass sie Glaubensverweigerer
waren." (Sure 7:3)

Wie viel verdienstvoller ist es doch, Menschen das Gute zu lehren! Und jeder von uns kann etwas weiterlehren, das er gut gelernt hat, auch wenn er kein Gelehrter ist. Doch ist es gut, sich an die anerkannten Gelehrten zu halten. Denn sie haben den Überblick über die Vielzahl der Überlieferungen, die sich gegenseitig ergänzen.

Daher erfahren wir vom Gesandten Allahs, s̲alla-llahu 'alaihi wa Sallam, dass er gesagt hat:

„Der Rang des Gelehrten dem (einfachen) Betenden gegenüber ist wie mein Rang dem gewöhnlichsten Menschen unter euch gegenüber … Wahrlich, Allah, **Seine Engel**, und all die Geschöpfe im Himmel und auf der Erde, sogar die Ameise in ihrem Loch und die Fische **beten für solche Lehrer,** die die Menschheit das Verrichten des Guten lehren." (H̲adiith hasan, überliefert von at-Tirmidhi, Riyaad̲ us-S̲aalih̲iin Nr. 1387)
Fisch: auf Arabisch umfasst dieses Wort alles, was an Getier im Wasser schwimmt.

Munkar und **Nakiir**: Zwei Engel, die im Grab zu dem Gestorbenen kommen, um ihm Fragen über den Islaam zu stellen.
„… der Gesandte Allahs, s̲alla-llahu 'alaihi wa Sallam, sagte: ‚Wenn der Verstorbene – oder einer von euch – in sein Grab gelegt wird, dann kommen zwei Engel, schwarz und blau, zu ihm. Einer von ihnen heißt al-Munkar, der andere an-Nakiir. Sie sagen: ‚Was pflegtest du über diesen Mann zu sagen?' Und er sagt, was er zu

sagen pflegte: ‚Er ist der Diener Allahs und Sein Gesandter. La ilaaha illa-llah, Mu<u>h</u>ammad Rasuulu-llah. ' Sie sagen: ‚Wir wussten, dass du dies sagen würdest.' Dann erweitern sie sein Grab für ihn 70 mal 70 Armlängen. Und es wird für ihn erleuchtet. Dann wird ihm gesagt: ‚Schlafe!' Und er sagt: ‚Geht zu meiner Familie und sagt ihnen Bescheid!' Sie sagen: ‚Schlafe wie ein Bräutigam, den niemand aufweckt außer seine Liebsten für ihn von der Familie.' Bis Allah ihn von diesem seinen Ruheplatz auferweckt.

Aber wenn er ein Heuchler ist, sagt er: ‚Ich hörte die Leute etwas sagen, so sagte ich etwas wie sie. Ich weiß nicht.' Sie sagen: ‚Wir wussten, dass du das sagen würdest. ' Dann wird der Erde gesagt: ‚Quetsche ihn!', so quetscht sie ihn, bis dass seine Rippen ineinandergeschoben werden. Und er wird weiterhin darin bestraft werden, bis ihn Allah von diesem seinen Ruheplatz auferweckt." (<u>H</u>adiith <u>h</u>asan, überliefert von at-Tirmidhi)

La ilaaha illa-llah, Mu<u>h</u>ammad Rasuulu-llah: „Es gibt keinen Gott außer Allah, und Mu<u>h</u>ammad ist sein Gesandter" Das ist die Schahaada, das uslimische Glaubensbekenntnis. Und: „Wenn ein gläubiger Diener in sein Grab gelegt wird, und seine Gefährten (die bei seiner Beerdigung anwesend waren) sich (wieder) entfernen, und er **noch das Geräusch ihrer Schritte hört, kommen zwei Engel zu ihm, setzen ihn auf und sagen: ‚…'**" (<u>H</u>adiith <u>Sah</u>ii<u>h</u> al-Buchaari, Inhalt ähnlich wie oben).

„Al-Baraa` Ibn ’Aazib, ra<u>d</u>ia-llahu ’anh, sagte: ‚Wir gingen mit dem Gesandten Allahs, <u>s</u>alla-llahu ’alaihi wa Sallam hinaus, zur Beerdigung eines Mannes der Ansaar.

Wir kamen zum Grab. Und während des Platzierens (des Verstorbenen) in den Lahd setzte sich der Gesandte Allahs, salla-llahu 'alaihi wa Sallam, nieder. Und wir setzten uns um ihn herum, als seien Vögel auf unseren Köpfen. In seiner Hand hatte er einen Stab, mit dem er auf dem Boden kratzte. Dann hob er den Kopf und sagte zwei- oder dreimal: ‚Nehmt Zuflucht bei Allah vor der Bestrafung im Grab!‘ Dann sagte er:
‚**Wenn der gläubige Diener dabei ist, diese Erde zu verlassen**, um ins Jenseits einzutreten, dann kommen **Engel mit weißen Gesichtern,** (strahlend) wie die Sonne, vom Himmel herab. Und sie setzen sich um ihn herum, soweit das Auge sehen kann. Sie haben Leichentücher vom Paradies mitgebracht, und Parfüm vom Paradies! Dann kommt der **Malak al-Maut** und setzt sich an seinen Kopf, und er sagt: – Oh gute Seele! Komme heraus zur Vergebung von Allah uns Seinem Wohlgefallen! – Dann gleitet seine Seele so leicht heraus, wie ein Wassertropfen aus dem Mund des Lederschlauchs. Wenn er sie ergreift, so lassen sie sie (die Seele) nicht einen Augenblick in seiner Hand ohne sie zu nehmen und in diese Leichentücher mit diesem Parfüm zu stecken. Und so kommt von ihr ein Geruch nach dem feinsten Misk der Erdoberfläche.
Dann steigen sie auf, und sie kommen nicht bei einer Gruppe von Engeln vorüber, ohne dass sie sagen: ‚Wer ist diese gute Seele?‘, und sie sagen: ‚Es ist Soundso, der Sohn von Soundso‘, indem sie ihn bei den schönsten Namen nennen, unter denen er im Diesseits bekannt war. Bis dass sie den untersten Himmel erreichen. Sie bitten um Einlass, und sie werden eingelassen. Und (die Seele) wird willkommen geheißen und bis zum nächsten Himmel begleitet, von denen, die Allah am nächsten

stehen. Bis sie den siebten Himmel erreichen.

Dann sagt Allah: ‚Verzeichnet das Buch Meines Dieners in 'Illiyyuun im siebten Himmel, und bringt ihn zur Erde zurück: „Denn aus ihr habe Ich ihn erschaffen, und zu ihr werde Ich ihn zurückverwandeln, und aus ihr werde Ich ihn erneut hervorbringen."' So wird diese Seele mit ihrem Körper wiedervereinigt. Und dort kommen dann zwei Engel, die heißen ihn aufsetzen. Und sie sagen zu ihm: ‚**Wer ist Dein Herr**?' Er sagt: ‚Allah!', sie sagen: ‚**Was ist dein Diin**?' Er sagt: ‚Mein Diin ist der Islaam!' Sie sagen: ‚**Wer ist dieser Mann, der unter euch entsandt wurde**?' Er sagt: ‚Er ist der Gesandte Allahs, ṣalla-llahu 'alaihi wa Sallam!' Sie sagen: ‚**Was hast du gemacht**?' Er sagt: ‚Ich las das Buch Allahs und ich glaubte daran.' Dann ruft eine Stimme vom Himmel: ‚Mein Diener hat die Wahrheit gesprochen! So bereitet für ihn ein Bett vom Paradies, und kleidet ihn vom Paradies, und öffnet ihm ein Tor zum Paradies!' Dann erreicht ihn etwas von seinem Duft, und sein Grab wird erweitert, soweit er sehen kann. Dann kommt ein Mann mit schönem Gesicht und schöner Kleidung zu ihm, der sagt: ‚Empfange die frohe Botschaft, die dir heute Freude bereiten wird!' Er sagt: ‚Wer bist du? Dein Gesicht ist ein Gesicht, das gute Nachricht verspricht!' Er sagt: ‚Ich bin deine rechtschaffenen Taten!' Er sagt: ‚Oh mein Herr, lass die Stunde schnell anbrechen, so dass ich mit meiner Familie und meinem Besitz wiedervereinigt werde!'

Aber **wenn der glaubensableugnende Diener dabei ist, diese Erde zu verlassen** um ins Jenseits einzutreten, dann kommen zu ihm **Engel mit schwarzen Gesichtern** vom Himmel herab. Sie bringen Sackleinen mit, und sie setzen sich um ihn herum, soweit das Auge sehen kann.

Dann kommt der **Malak al-Maut** und setzt sich an seinen Kopf und sagt: ‚Oh du üble Seele, komme heraus zum Ärger Allahs und Seinem Zorn.' Dann verbirgt sich seine Seele hier und da im Körper, und kommt dann heraus, indem sie Venen und Nerven durchbohrt, wie ein Spieß durch nasse Wolle dringt. Wenn er sie ergreift, so lassen sie sie nicht einen Augenblick in seiner Hand, ohne sie zu packen und in diese Sackleinen zu stecken. Und davon kommt ein Gestank wie der fauligste Gestank eines toten Körpers auf der Erdoberfläche. Dann steigen sie auf, und sie kommen nicht an einer Gruppe von Engeln vorbei, ohne dass diese sagen: ‚Wer ist diese üble Seele?' Und sie sagen: ‚Es ist Soundso, der Sohn von Soundso', indem sie ihn mit den schlimmsten Namen nennen, unter denen er im Diesseits bekannt war. Bis dass sie den untersten Himmel erreichen. Sie bitten um Einlass, aber er wird nicht gewährt.' Dann rezitierte der Gesandte Allahs, ṣalla-llahu 'alaihi wa Sallam: ‚Für sie werden die Tore des Himmels nicht geöffnet werden. Und sie werden das Paradies nicht betreten, bis ein Kamel durch ein Nadelöhr geht.' (Sure 7:40)
Er sagte: ‚Dann sagt Allah: „Verzeichnet das Buch Meines Dieners in Sidschiin, im tiefsten Abgrund! Und bringt ihn zur Erde zurück. Denn aus ihr habe Ich ihn erschaffen, und zu ihr werde Ich ihn zurückverwandeln, und aus ihr werde Ich ihn erneut hervorbringen."' So wird diese Seele niedergeworfen. Dann rezitierte der Gesandte Allahs, ṣalla-llahu 'alaihi wa Sallam: ‚Und wer auch immer Allah Partner zur Seite setzt, so ist es als ob er vom Himmel gefallen sei, und die Vögel hätten ihn aufgeschnappt. Oder als habe der Wind ihn an einen fernen Ort verweht.' (Sure 22:3) Er sagte: ‚Dann wird diese Seele mit ihrem Körper wiedervereinigt. Und zwei

Engel kommen zu ihm, die ihn aufsitzen heißen, und die ihm sagen: ‚Wer ist Dein Herr?‘ Er sagt: ‚Oh, oh, ich weiß nicht!‘ Dann ruft eine Stimme vom Himmel: ‚Bereitet für ihn ein Bett der Hölle, und kleidet ihn mit Kleidung der Hölle. Und öffnet für ihn ein Tor zur Hölle.‘ Dann erreicht ihn ein übler Geruch und heiße Winde. Und sein Grab wird verengt und presst ihn, bis dass seine Rippen ineinandergeschoben werden. Dann kommt ein Mann mit hässlichem Gesicht und hässlichen Kleidern und fauligem Geruch zu ihm, der sagt: ‚Empfange die schlechte Nachricht: Dies ist der dir verheißene Tag!‘ ‚Er sagt: ‚Wer bist du? Dein Gesicht ist ein Gesicht, das Übles ankündigt!‘ Er sagt: ‚Ich bin deine schlechten Taten.‘ Er sagt: ‚Oh Herr, lass die Stunde nicht anbrechen, lass die Stunde nicht anbrechen!‘“ (Hadiith Sahiih, überliefert von Abu Daawud und Ahmad)
Lahd: Grabnische in Richtung Qiblah nach der Sunna, so dass die lockere Erde nicht auf das Gesicht des Toten geschüttet wird, sondern er in die Nische gelegt wird. Besteht der Boden aus purem Wüstensand, sodass keine Nische gemacht werden kann, lässt man sie weg.
Als seien Vögel auf unseren Köpfen: ganz ruhig und still.
Malak al-Maut: Todesengel. Diin: Religion.

Israfiil: bläst zum Auftakt des Tages der Auferstehung zweimal ins Horn (Blashorn). „Der Gesandte Allahs, salla-llahu ’alaihi wa Sallam, sagte: ‚Wie kann ich mich glücklich wähnen, wenn der Saahib al-Qarn es schon an die Lippen gesetzt hat, in Erwartung des Befehls, hineinzublasen.‘ Das betrübte seine Gefährten so sehr, dass er sie tröstete, indem er ihnen befahl: ‚Sagt: Hasbuna-llah wa ni’ma-l-Wakiil.‘“

(Hadiith hasan, überliefert von at-Tirmidhi)
Hasbuna-llah: wir vertrauen auf Allah. Wa ni'ma-l-
Wakiil: und welche Wohltat ist Er als Interessenvertreter.
Und:
„Wie kann ich beruhigt sein, wenn taqama Saahib al-
Qarn, seine Stirn nach vorne gebeugt und sein Ohr
geneigt hält, in Erwartung der Anordnung,
hineinzublasen?" (Hadiith sahiih, überliefert von at-
Tirmidhi)
Saahib al-Qarn: der mit dem Horn. Taqama: etwas an die
Lippen oder den Mund setzen, zwischen den Lippen
halten. Qarn: Art Blashorn, dessen Ertönen den Beginn
des Tages der Auferstehung einleitet. Es wird auch
„Naaquur" (Sure 74:8) genannt,
„Wenn dann in den Naaquur gestoßen wird" und „Suur",
„Und den Tag, da ins Horn geblasen wird …" (Sure
27:87), „Und es wird in den Suur geblasen … Darauf
wird nochmals hineingeblasen, da stehen sie sogleich auf
und schauen hin." (Sure 39:68) 'Abdullah bin 'Umar,
radia-llahu 'anh, sagte: „Ein Beduine sagte: ‚Oh
Gesandter Allahs, was ist as-Suur?' Er sagte: ‚Ein Horn,
in das hineingeblasen wird.'" (Hadiith sahiih, überliefert
von at-Tirmidhi und anderen).
Hasbuna-llah, wa ni'ma-l-Wakiil: Allah genügt uns, und
Er ist ein vortrefflicher Beschützer.

Und:
„Allahumma, Rabba Dschibra`iil und Mikaa`iil und
Israafiil, Hervorbringer der Himmel und der Erde,
Kenner des Sichtbaren und Unsichtbaren, du bist der
Richter zwischen Deinen Dienern. Gewähre mir
Rechtleitung in dem, worüber Uneinigkeit über die
Wahrheit herrscht. Wahrlich, Du leitest, wen Du willst,

auf den geraden Weg." (Ḥadiith Ṣaḥiiḥ Muslim)

Zabaaniyah, Fessel-, Stoßengel, Hineinstoßende: Die für die Hölle vorgesehenen Sünder werden von den Zabaaniyah in Fesseln und Handschellen gelegt, abgeführt, und ins Höllenfeuer gestoßen:
„Keineswegs! Wenn er nicht aufhört, werden Wir ihn ganz gewiss an der Stirnlocke packen und ziehen – einer lügnerischen, verfehlt handelnden Stirnlocke. So soll er doch seine Genossen rufen. Wir werden die Zabaaniyah rufen!" (Sure 96:15-18 mit Tafsiir, und Tafsiir von Sure 89:25-26)

Höllenwächter: strenge, gewaltige Engel, die as-Saqar bewachen. Sie lassen sich nicht von den Höllenbewohnern zur Abmilderung der Qualen dort bewegen. As-Saqar: die extrem Heiße. Einer der Namen der Hölle. Wa na'uudhu bi-llah. Wir nehmen unsere Zuflucht zu Allah.

„Oh ihr, die ihr glaubt! Rettet euch und die euren vor einem Feuer …, worüber **strenge, gewaltige** (/ unnachgiebige, harte) Engel gesetzt sind, die Allah nicht ungehorsam sind in dem, was Er ihnen befiehlt. Und die alles vollbringen, was ihnen befohlen wird." (Sure 66:6)

„As-Saqar … wird von den Menschen aus großer Entfernung wahrgenommen … Sie **wird von 19 überwacht** – und Wir haben einzig und allein Engel zu Hütern des Höllenfeuers gemacht." (Sure 74:30-31)
Saqar: einer der Namen des Höllenfeuers. Von 19

überwacht: von 19 Höllenwächter-Engeln.

„Zur Hölle werden diejenigen getrieben, die ableugnend waren. Bis dann, wenn sie sie erreichen, ihre Tore geöffnet werden, und ihre Wächter ihnen sagen: ‚Sind nicht zu euch Gesandte von unter euch gekommen? Die euch die Zeichen eures Herrn verlasen, und euch warnend die Begegnung mit diesem, eurem Tag ankündigten?‘ Sie werden sagen: ‚Ja doch!‘ Aber das Wort der Strafe ist gegen die Ableugner unvermeidlich fällig geworden." (Sure 39:71)

„Und sie (die Höllenbewohner) rufen: ‚Oh **Maalik**! Dein Herr soll unserem Leben ein Ende setzen!‘ Er sagt: ‚Ihr werdet gewiss bleiben!‘" (Sure 43:77)

„… Der Gesandte Allahs, salla-llahu 'alaihi wa Sallam, erzählte … uns: ‚Vergangene Nacht erschienen mir zwei Besucher und sagten zu mir: „Los!" So ging ich mit ihnen los. Bis … wir zu einem sehr furchtbar hässlich aussehenden Mann kamen, während bei ihm Feuer brannte, das er eifrig entfachte und umkreiste … Sie (die Engel erwiderten dem Propheten Muhammad, salla-llahu 'alaihi wa Sallam, auf seine Anfrage, was alles dies bedeute, was er sah): „Was den furchtbar hässlichen Mann anbelangt, der beim Feuer ist und es entfacht und umkreist, so ist dieser Maalik, der **Höllenwächter** …"'" (Hadiith Sahiih al-Buchaari, Riyaad us-Saalihiin Nr. 1546)

Bis …: im Hadiith folgt eine Beschreibung über drei Seiten über die Zustände im Barzach.

Barzach: Abtrennung: Zwischenbereich, in dem die Seele zwischen dem Tod und dem Tag der Auferstehung verweilt. Der Bereich, in dem die Seelen nach dem Tod

verweilen, bis sie auferweckt werden. Es gibt kein dauerhaftes Zurück ins Duniya, das Diesseits, mehr! „Und vor ihnen ist ein Barzach, bis zum Tag, an dem sie auferweckt werden." (Sure 23:100)
Paradieswächter: Engel, die über das Paradies eingesetzt sind, ihr Anführer heißt Ri_d_waan.

„Und jene, die Ihren Herrn fürchteten, werden in Scharen zum Paradies getrieben, bis dass sie es erreichen, und seine Tore geöffnet werden und seine Wächter dann zu ihnen sagen: ‚Salaamun ' alaikum! Gut seid ihr gewesen! Und geht dort hinein auf ewig (darin zu verweilen)!'" (Sure 39:73)
Salaamun ' alaikum: (Allahs) Friede sei auf euch.

„… ein Araber vom Lande kam zum Propheten, _s_allallahu 'alaihi wa Sallam, und sagte: ‚Oh Gesandter Allahs, welche zwei Dinge machen Himmel und Hölle notwendig?' Er antwortete: ‚Wer stirbt, und Allah nichts beigesellt, der wird ins Paradies eintreten. Und wer stirbt und Allah etwas beigesellt, der wird ins Höllenfeuer kommen.'" (_H_adiith _S_a_h_ii_h_ Muslim)

8. Engel bezeugen das Gebet der Gläubigen, sind an der Gebetsstätte anwesend und reagieren auf Bittgebete, Fasten und Freigiebigkeit der Gläubigen

Abu Nudschaib 'Amru ibn 'Abasa as-Salami, ra<u>d</u>ia-llahu 'anh, erzählte folgende Geschichte:
„Bevor ich den Islaam angenommen hatte, war ich schon der Meinung, dass die Menschen in die Irre gegangen sind, und keiner wahren Religion folgen. Sie pflegten Götzen anzubeten.
Nach einiger Zeit hörte ich von einem Mann aus Makkah, der Neues erzählte. Ich bestieg mein Kamel und begab mich zu ihm. Ich kam zu ihm und stellte fest, dass er sich gerade von den unverschämten Verfolgern aus seinem eigenen Stamm fernhielt.
Mit einigem Geschick gelang es mir, ihn in Makkah zu treffen. Ich fragte ihn: ‚Wer bist du?‘, er sagte: ‚Ein Prophet!‘ Dann fragte ich: ‚Was ist ein Prophet?‘ Er sagte: ‚Allah, Der Erhabene, hat mich gesandt!‘ Ich fragte weiter: ‚Womit hat Er dich gesandt?‘ Er sagte: ‚Er hat mich gesandt, um die Verwandtschaftsbande zu pflegen, die Götzenbilder zu zerstören, und zu

verkünden, dass Allah ein Einziger ist, und dass es nichts Verehrungswürdiges neben Ihm gibt.' Ich fragte: ‚Wer sind deine Gefolgsleute?' Er sagte: ‚Ein Freier und ein Sklave!' – dies waren Abu Bakr und Bilaal, radia-llahu 'anhumaa (Allah sei ihnen beiden wohlgefällig).' Ich sagte: ‚Ich folge dir!', er sagte: ‚In der aktuellen Lage kannst du das nicht. Siehst du nicht meine derzeitige Lage und das Verhalten der Leute? Gehe zurück zu deinen Leuten. Und wenn du hörst, dass mein Auftrag gelungen ist, dann komm zu mir!' Ich kehrte also zu meinen Leuten zurück.

Und während ich bei ihnen war, siedelte der Prophet, salla-llahu 'alaihi wa Sallam nach Madinah über. Ich befragte die Leute weiterhin nach ihm, bis einige meiner Leute Madinah besuchten.

Als sie zurückkehrten fragte ich sie: ‚Was macht der Mann, der jüngst nach Madinah gekommen ist?' Sie sagten: ‚Die Leute laufen ihm zu (um seinen Glauben anzunehmen! Obwohl sein eigenes Volk versuchte, ihn zu töten, so gelang es ihnen doch nicht!'

Da begab ich mich nach Madinah, und zeigte mich dem Propheten, salla-llahu 'alaihi wa Sallam, und unterbreitete: ‚Ya Rasuulu-llah, erkennst du mich?', er sagte: ‚Ja, du bist derjenige, den ich in Makkah traf!' Ich sagte: ‚Ya Rasuulu-llah, erzähle mir das, was Allah dich gelehrt hat, und was ich nicht weiß! Erzähle mir über das Gebet!', er sagte: ‚Verrichte das ... Gebet ... **Das Gebet wird von den Engeln bezeugt ...**'" (Hadiith Sahiih Muslim und Riyaad us-Saalihiin Nr. 438)

Der Gesandte Allahs, salla-llahu 'alaihi wa Sallam, sagte: „Wollt ihr euch nicht **in Reihen** aufstellen, wie die Engel bei Ihrem Herrn?' Wir sagten: ‚Ya Rasuulu-llah, und wie stellen die Engel sich bei Ihrem Herrn auf?' Er, ṣalla-llahu 'alaihi wa Sallam, sagte: ‚**Sie füllen die vorderen Reihen, wobei sie sich lückenlos neben einander stellen.**'" (Hadiith Ṣaḥiiḥ Muslim und Riyaaḍ us-Saaliḥiin Nr.1082), und:

„Die Engel wechseln sich Tag und Nacht ab, um bei euch zu sein. Und sie treffen bei euch zusammen beim Fadschr-Gebet und beim 'Asr-Gebet. Die Engel, die bei euch übernachtet hatten, steigen zum Himmel auf. Danach fragt Allah sie, obwohl Er es doch am besten weiß: ‚Wie habt ihr meine Diener vorgefunden, als ihr sie verlassen habt?' Sie werden antworten: ‚Als wir sie verlassen haben, waren sie im Gebet. Und als wir zuvor zu ihnen kamen, waren sie im Gebet.'" (Hadiith Ṣaḥiiḥ al-Buchaari und Muslim, Riyaaḍ us-Saaliḥiin Nr. 1050) Fadschr-Gebet: Morgengebet. 'Asr-Gebet: Nachmittagsgebet.

„…Steht nicht aus der Reihe ab, damit eure Herzen nicht abweichen…Allah und Seine Engel **segnen die vordersten Gebetsreihen.**" (Hadiith ḥasan überliefert von Abu Daawud, Riyaaḍ us-Saaliḥiin Nr. 1090) **„Allah und Seine Engel segnen die rechten Seiten der Reihen.**" (Hadiith Riyaaḍ us-Saaliḥiin Nr. 1094)

Der Gesandte Allahs, ṣalla-llahu 'alaihi wa Sallam, sagte: „Die **Engel beten für** den von **euch**, der sich an seinem Gebetsplatz aufhält, solange er seine rituelle Reinheit durch den Ḥadath nicht verloren hat (er sein Wuḍu` beibehält), indem sie sagen: ‚Oh Allah vergib ihm, Oh Allah erbarme Dich seiner!'" (Hadiith al-Buchaari, Riyaad us-Saalihiin Nr. 1062)

Hadath: Windabgang. Wudu': rituelle Gebetswaschung.

In einem anderen Hadiith sagte ein Mann, der hinter ihm, salla-llahu 'alaihi wa Sallam, betete, als er seinen Kopf vom Ruku' erhoben und gesagt hatte: ‚Rabbana wa lakal Hamd', auch noch:

„Rabbana wa lakal-Hamd, Hamdan kathiran, tayyiban, mubaarakan fih, mubaarakan 'alaihi, kamaa yuhibbu Rabbuna wa yardaa.' Als der Gesandte Allahs, salla-llahu 'alaihi wa Sallam, das Gebet beendet hatte, sagte er: ‚Wer war jener, der eben gesprochen hat?' Der Mann sagte: ‚Ich war es, ya Rasuulu-llah!' Darauf sagte der Gesandte Allahs, salla-llahu 'alaihi wa Sallam: ‚**Ich sah über 30 Engel** sich beeilen, der Erste zu sein, der dies **niederschreibt.**'" (Hadiith Sahiih al-Buchaari, Maalik, Abu Daawud) „Unser Herr, und Dir sei aller Preis, so viel reiner Preis, überaus gesegnet, äußerlich gesegnet, wie Unser Herr es liebt und gerne sieht."

Rabbana wa laka-l-Hamd: Unser Allah, und Dir gebührt der Lobpreis.

Das Gebet endet mit Tasliim, dem Friedensgruß. Das Gebet wird jeweils mit Tasliim auf die rechte, dann die linke Seite beendet:

„...**Tasliim auf die nahestehenden Engeln**, und die Muslime und Mu`miniin." (Hadiith hasan überliefert von

138

at-Tirmidhi, Riyaad us-Saalihiin Nr. 1119).
Mu`miniin: die Imaan haben, also tiefen verinnerlichten Glauben.

„… und wenn der Imaam herauskommt und seinen Platz einnimmt, sind auch die Engel anwesend, um seinen Worten zuzuhören." (Hadiith Sahiih al-Buchaari und Muslim, Riyaad us-Saalihiin Nr. 1155),
Imaam: Vorbeter, er ist manchmal zugleich Moschee-vorstand. Wenn er herauskommt: hier ist gemeint, wenn er für die Chutbah und das anschließende Freitagsgebet herauskommt. Chutbah (englische Schreibweise: Khutbah): (Freitags-)predigt. Auch an den zwei 'Iid-Festen, einen Tag nach Ramadaan und drei Mondmonate danach, gibt es jeweils eine Chutbah, die der Imaam auf dem Mimbar hält, mit anschließendem Gebet.

Und:
„Wahrlich, **Allah und Seine Engel segnen** diejenigen, **die den Sahuur** (Suhuur) **zu sich nehmen**" (Hadiith hasan, überliefert von Ahmad), und: „Nehmt den Sahuur zu euch, denn im Sahuur gibt es wahrlich Segen."
(Hadiith Sahiih al-Buchaari und Muslim)
Gemeint ist, dass man im Fastenmonat Ramadaan noch eine Kleinigkeit essen sollte, bevor (bis) der Adhaan (Gebetsruf) zum Morgengebet ertönt. Darin liegt Segen, und es gibt Kraft für den Tag. „As-Sahuur ist die Mahlzeit (Essen und Trinken), die im letzten Teil der Nacht eingenommen wird. Sie wurde ‚Sahuur' genannt, weil sie zur Zeit des Sahuur verzehrt wird, und dies ist das Ende der Nacht." (Lisaan ul-'Arab)
„… Da sagte der Prophet, salla-llahu 'alaihi wa Sallam:

‚Die Engel beten für den Fastenden, solange man bei ihm isst, bis man mit dem Essen fertig ist.'" (Hadiith hasan, überliefert von at-Tirmidhi, Riyaad us-Saalihiin Nr. 1266) Und: „Wenn ein Mann seinen kranken, muslimischen Bruder besuchen geht, so schreitet er auf einem Weg des Paradieses, bis er sich setzt. Und wenn er sitzt, wird er von Gnade umhüllt. Wenn er am Morgen kommt, **beten 70.000 Engel für ihn** bis zum Abend. Und wenn er am Abend kommt, so beten 70.000 Engel für ihn bis zum Morgen." (Hadiith sahiih überliefert von at-Tirmidhi, Ibn Maadscha, Ahmad) Und:

„Solange ein Muslim beim Besuch seines kranken Glaubensbruders ist, genießt er die **Churfah des Paradieses**, bis er nach Hause zurückkehrt!" Man fragte ihn: „Ya Rasuulu-llah, was ist die Churfah des Paradieses?" Er antwortete: „Seine vollreifen Früchte." (Hadiith Sahiih Muslim, Riyaad us-Saalihiin Nr. 898)

'Ali, radi-llahu 'anh, berichtete:
„Ich hörte den Gesandten Allahs, salla-llahu 'alaihi wa Sallam, sagen: ‚Es gibt keinen Muslim, der seinen kranken muslimischen Glaubensbruder am Morgen besucht, ohne dass 70.000 Engel ihn segnen, bis zum Abend. Besucht er ihn am Abend, so segnen ihn 70.000 Engel bis zum Morgen. Und er wird **vollreife Früchte im Paradies** haben.'" (Hadiith hasan, überliefert von at-Tirmidhi, Riyaad us-Saalihiin Nr. 899)

'Aìschah, radia-llahu 'anha, berichtete:
„Der Prophet, salla-llahu 'alaihi wa Sallam, besuchte ein krankes Familienmitglied. Er strich mit seiner rechten Hand über sie und sprach: ‚Allahumma Rabb an-Naas,

adh-hib al-Baa`s, w-aschfi, anta sch-Schaafi, la Schifaa`a illa Schifaa`uk, Schifaa`an la yughaadiru Saqama." (Hadiith Sahiih al-Buchaari und Muslim, Riyaad us-Saalihiin Nr. 902) „Oh Allah, Herr der Menschen! Nimm das Leiden, bringe Genesung/ heile. Es gibt keine Heilung außer Deiner Heilung, eine Heilung, die keine Spuren der Krankheit zurücklässt."

In einem anderen Hadiith legte er, salla-llahu 'alaihi wa Sallam, dem an der Leber erkrankten Sa'ad zunächst seine Hand auf die Stirn, dann strich er ihm etwas über sein Gesicht und seinen Bauch, wobei er sagte: „Oh Allah, lass Sa'ad wieder gesund werden und vervollständige seine Auswanderung." (Hadiith Sahiih al-Buchaari)

Der Gesandte Allahs, salla-llahu 'alaihi wa Sallam, sagte: „Es beginnt kein Tag, den die Menschen am Morgen begrüßen, ohne dass zwei Engel (auf die Erde) hinabgesandt werden. Dabei sagt der eine von ihnen: ‚Oh Allah, Unser Gott, gib dem Geizigen Verderb (in seinem Besitz!). ' Und der andere sagt: ‚Oh Allah, Unser Gott, **gib dem Freigiebigen einen guten Ersatz!**'" (Hadiith Sahiih Muslim)
Guten Ersatz: im Diesseits und Jenseits. Und:

„... Wenn ihr einen Kranken oder Toten besucht, so sagt nur Gutes! Denn die **Engel sagen dazu: ‚Aamiin! (Oh Allah, nimm es an!) '"** (Riyaad us-Saliihin Nr. 920, siehe auch Hadiith Nr. 919)

„… Der Gesandte Allahs, salla-llahu 'alaihi wa Sallam,
pflegte zu betonen: ,Das Bittgebet eines Muslims für
seinen muslimischen Bruder in dessen Abwesenheit geht
in Erfüllung. Immer, wenn er für seinen Bruder um Gutes
bittet, erwidert der an seinem Kopf wachende, für ihn
zuständige Engel: **Aamiin. Und für dich dasselbe.**'"
(Hadiith Sahiih Muslim, Riyaad us-Saalihiin Nr. 1495)

9. Engel in Menschengestalt

Zu der Zeit, als die Stadt Babel bestand, gab es zwei Engel, namens Haaruut und Maaruut, die darüber erstaunt waren, dass die Menschen sich so begeistert dem Duniya widmeten. Sie konnten das nur schwer verstehen. Also gab Allah, Der Erhabene und Weise, ihnen die Gelegenheit, es selbst zu testen, indem er sie in Menschengestalt nach Babel hinabsandte, mit dem Auftrag, die Menschen zugleich zu warnen und in Versuchung zu führen:

„… Und sie (die beiden Engel Haaruut und Maaruut in Babel) unterwiesen niemanden (in der Zauberei), ohne zu sagen: ‚Wir sind nur eine Versuchung! So werde nicht ungläubig! ‘ Und so lernten sie (die Menschen) von ihnen das, womit man Zwietracht zwischen den Ehegatten stiftet … Und sie lernten, was ihnen schadet und nicht nutzt … Und wenn sie geglaubt hätten, und gottesfürchtig gewesen wären, so wäre eine Belohnung von Allah dafür wahrlich besser gewesen, hätten sie es nur gewusst!“ (Sure 2:102-103)

„… Es waren drei von Bani Israa'iil, die Allah prüfen wollte:
der Erste war ein Leprakranker, der Zweite ein Kahlköpfiger, und der Dritte war blind.
Er sandte einen **Engel in Menschengestalt** zu ihnen.
- Dieser ging zu dem Leprakranken und fragte: ‚Was möchtest du am liebsten?‘ Er antwortete: ‚Eine schöne Farbe, und hübsche Haut, und Heilung von dieser

Krankheit, die die Menschen mich meiden lässt!' Der Engel strich mit seiner Hand über seinen Körper, und seine Krankheit verschwand! Und sein Körper bekam eine schöne Farbe. Dann fragte ihn der Engel weiter: ‚Welchen Besitz hättest du am liebsten?' Der Mann sagte: ‚Kamele!' Darauf wurde dem Mann eine trächtige Kamelstute gegeben, und der Engel sagte: ‚**Möge Allah sie für dich segnen!**'

- Dann ging er zu dem kahlköpfigen Mann und fragte ihn: ‚Was möchtest du am liebsten?' Der Mann antwortete: ‚Schönes Haar und Ersatz für das Fehlende, weswegen die Leute mich verabscheuen!' Der Engel fuhr mit seiner Hand (über seinen Kopf), und seine Krankheit war geheilt, und er bekam schönes Haar. Daraufhin fragte ihn der Engel: ‚Welchen Besitz hättest du am liebsten!' Der Mann sagte: ‚Rinder!', worauf ihm eine trächtige Kuh gegeben wurde. Und der Engel sagte: ‚Möge Allah sie für dich segnen!'

- Sodann kam der Engel zu dem Mann, der blind war, und fragte ihn: ‚Was möchtest du am liebsten?' Er sagte: ‚Dass Allah mir mein Sehvermögen wiedergeben möge, damit ich die Leute um mich herum sehen kann!' **Der Engel strich ihm mit seiner Hand über die Augen, und Allah gab ihm sein Sehvermögen wieder.** Dann fragte ihn der Engel: ‚Welchen Besitz hättest du am liebsten?' Der Mann sagte: ‚Ziegen!' und ihm wurde eine trächtige Ziege gegeben.

Diese Tiere brachten ihre Jungen zur Welt, und bald hatte einer ein Tal voller Kamele, der andere ein Tal voller Kühe, und der Dritte ein Tal voller Ziegen.

- Nach einiger Zeit besuchte der Engel den Leprakranken in dessen ursprünglicher Gestalt, und sagte zu ihm: ‚Ich bin arm und habe alle Mittel zum Lebensunterhalt im Verlauf meiner Reise aufgebraucht. Und nun weiß ich nicht mehr, an wen ich mich wenden soll, außer an dich und Allah. Ich bitte dich im Namen Dessen, Der dir eine angenehme Farbe gegeben hat, und schöne Haut und Wohlstand, mich mit einem Kamel auszustatten, um meine Reise zu vollenden.‘ Er antwortete: ‚Ich habe viele Verpflichtungen zu erfüllen.‘ Da sagte der Engel: ‚Mir scheint, dass ich dich früher schon einmal gesehen habe! Warst du nicht ein Leprakranker, der von den Leuten gemieden wurde? Der arm war und den Allah reich machte?‘ Der Mann sagte: ‚Ich habe den Besitz von meinen Vorfahren geerbt!‘ Der Engel sagte: ‚**Wenn du eine Lüge sprichst, möge Allah dich in den Zustand, in dem du warst, zurückversetzen.**‘

- Dann kam er zu dem Kahlköpfigen, in dessen ursprünglicher Gestalt, wiederholte seine Bitte, und erhielt eine Antwort ähnlich derer, die er von dem Leprakranken erhalten hatte. Auch zu diesem sagte er: ‚Wenn du eine Lüge sprichst, möge Allah dich in den Zustand zurückversetzen, indem du warst!‘

- Darauf besuchte der Engel den blinden Mann in dessen früherer Gestalt und sagte zu ihm: ‚Ich bin ein armer Reisender. Meine Vorräte sind aufgebraucht. Und ich kann mein Reiseziel nicht erreichen, außer mit deiner oder Allahs Hilfe. Ich bitte dich im Namen Allahs, Der dir deine Sehfähigkeit zurückgegeben hat, mir eine Ziege zu geben die sich als Hilfe erweisen mag, mein Ziel zu erreichen.‘ Der Mann sagte: ‚Ich war tatsächlich blind.

Und Allah gab mir mein Augenlicht zurück. Du magst nehmen, was du willst. Und zurücklassen, was du willst. Bei Allah, ich werde dir nichts verweigern, was auch immer du im Namen Allahs, Des Mächtigen und Erhabenen, zu nehmen wünschst.' Der Engel sagte: ‚Behalte alles, was du hast! **Ihr wurdet alle drei versucht!** Allah ist wahrhaft über dich erfreut. Und erbost über deine Gefährten!' (Hadiith Sahiih al-Buchaari und Muslim, Riyaad us-Saalihiin Nr. 65)

Bani Israa'iil: Volk Israel. Kamele: auf Arabisch steht „al-Ibl". Damit sind oft Kamele gemeint. Das Wort umfasst aber alle großen Huftiere, also auch Kühe. Aufgrund der Fortsetzung des Hadiith ist es am logischsten, dass hier Kamele gemeint sind.

„… der Gesandte Allahs, salla-llahu 'alaihi wa Sallam, erzählte, dass es in der Vergangenheit einen Mann gab, der 99 Menschen getötet hatte. Dieser fragte nach dem gelehrtesten Menschen, den es auf der Welt gäbe. Ihm wurde ein Mönch genannt. Und er ging zu ihm, und sagte: ‚Ich habe 99 Menschen getötet. Gibt es eine Art von Buße für mich?' Er antwortete: ‚Nein!' Darauf tötete er auch ihn und vervollständigte damit die Zahl seiner Opfer auf 100.

Der Mörder fragte erneut: ‚Wer ist der gelehrteste Mensch auf der Welt?' Man verwies ihn an einen gelehrten Menschen. Er ging also zu ihm und sagte: ‚Ich habe 100 Menschen getötet! Gibt es irgendeine Art von Buße für mich?' Der gelehrte Mann sagte: „Ja! Und wer kann zwischen ihm und der Reue stehen? Begib dich zu dem-und-dem Land. In diesem Land gibt es (fromme) Leute, die Allah, Den Erhabenen, anbeten. Schließe dich ihnen an, diene Allah, und kehre nicht in dein

Heimatland zurück, denn es ist eine schlimme Gegend!'
Der Mann brach zu diesem Land auf. Er hatte gerade die
Hälfte des Weges hinter sich gebracht, als er starb. Nun
entstand ein Streit zwischen dem Gnadenengel und dem
Plageengel darüber, wer die Verwahrung seiner Seele
übernehmen sollte. Der **Gnadenengel** sprach: ‚Er hat
sich reumütig Allah zugewandt!' Der **Plageengel**
entgegnete: ‚Er hat niemals etwas Gutes getan!' Da kam
ein **Engel in Menschengestalt**, und sie setzten ihn als
Schiedsrichter zwischen ihnen ein. Er wies sie an, die
Entfernung zwischen den zwei Ländern auszumessen,
welchem Land er näher sei: zu dem solle er gehören. Sie
führten also die Messung durch und fanden, dass er **dem
Land näher war, zu dem er gehen wollte.** Also
übernahmen ihn die Gnadenengel." (Hadiith Sahiih
Muslim, al-Buchaari, Riyaad us-Saalihiin Nr. 20)
Gnadenengel: Engel der Barmherzigkeit. Plageengel:
Engel der Bestrafung.

Der Prophet, salla-llahu 'alaihi wa Sallam, erzählte:
„Ein Mann machte sich auf, einen Bruder in einem
anderen Dorf zu besuchen. Allah, der Erhabene, sandte
ihm einen Engel auf seinen Weg. Als der Mann
unterwegs den Engel traf, fragte ihn dieser: ‚Wohin gehst
du?', er antwortete: ‚Ich will meinen Bruder besuchen,
der in diesem Dorf lebt.' Er fragte: ‚Hast du bei ihm
etwas (Bestimmtes) zu erledigen?' Der Mann sagte:
‚Nein. Nichts, außer dass ich ihn um Allahs Willen
liebe!'
Er (der Engel) sagte zu ihm: ‚Ich bin ein **Bote Allahs,
gesandt um dir zu sagen, dass Allah dich liebt, wie du
deinen Bruder um Allahs Willen liebst.'"** (Hadiith
Sahiih Muslim, Riyaad us-Saalihiin Nr. 36

10. Weitere praktische Vorsichtsmaßnahmen gegen die Schaiyaatiin

Der Gesandte Allahs, salla-llahu 'alaihi wa Sallam, sagte:
„Wenn jemand den Namen Allahs, des Erhabenen, anruft, wenn er sein Haus betritt und wenn er isst, dann sagt der Schaitaan seinen Gefährten: ‚Lasst uns gehen: es gibt hier keinen Schlafplatz für euch und kein Essen!' Wenn er sein Haus betritt, ohne Allah, den Erhabenen, anzurufen sagt der Schaitaan: ‚Wenigstens habt ihr Unterschlupf erhalten.' Dann, falls er auch beim Essen nicht den Namen Allahs anruft, sagt er (der Schaitaan): ‚Ihr habt beides erreicht, Unterkunft und Verpflegung.'"
(Hadiith Sahiih Muslim, Riyaad us-Saalihiin, Hadiith Nr. 730)
Den Namen Allahs anruft: in dem Fall mit „**bismi-llah**".
Das ist die Sunnah vor dem Essen.

Hudhaifa, radi- llahu `anh, berichtete: „Immer, wenn wir die Gelegenheit hatten, beim Propheten, salla-llahu 'alaihi wa Sallam, zum Essen zu sein, fingen wir nie an, bis der Gesandte Allahs, salla-llahu 'alaihi wa Sallam, angefangen hatte.
Bei einer solchen Gelegenheit, als wir beim Propheten, salla-llahu 'alaihi wa Sallam, waren, kam ein Mädchen angelaufen. Da sie sehr hungrig war, wollte sie sogleich essen. Aber der Prophet, salla-llahu 'alaihi wa Sallam,

hielt ihre Hand fest. Dann kam ein Araber vom Lande herein, und auch er stürzte sich auf das Essen, da er sehr hungrig war. Doch der Prophet, salla-llahu 'alaihi wa Sallam, hielt auch seine Hand fest. Da sagte der Gesandte Allahs, salla-llahu 'alaihi wa Sallam: ‚Gewiss mag der Schaitaan die Nahrung, über die der Name Allahs nicht ausgesprochen wurde! Er brachte dieses Mädchen, um es (das Essen) durch sie für sich selbst genehm zu machen. Doch ich packte ihre Hand. Dann brachte er diesen Araber vom Lande, um es (das Essen) für sich selbst genehm zu machen. Doch packte ich auch seine Hand. Bei Allah, in Dessen Händen meine Seele ist, gewiss habe ich auch die Hand des Schaitaan in meinem Griff, zusammen mit ihren Händen.' Dann sprach er den Namen des Erhabenen und begann zu essen." (Hadiith Sahiih Muslim, Riyaad us-Saalihiin Nr. 731)
Ich packte ihre Hand: als sie gerade anfangen wollte, zu essen ohne zuvor ‚Bismi-llah' zu sagen.
Im (/ mit dem) Namen des Erhabenen: ‚Bismi-llah', zusammengesetzt aus Bi-ism-i-Allah. „Bi" heißt „mit", „Ism": „Name".

Anas, radia-llahu 'anh, berichtete: „Der Gesandte Allahs, salla-llahu 'alaihi wa Sallam, pflegte beim Essen seine drei Finger abzulecken und zu sagen: ‚Wenn einem von euch ein Bissen (Essen) herunterfällt, soll er ihn aufheben, ihn von Staub usw. reinigen und ihn essen. Und ihn nicht dem Schaitaan lassen.'" (Hadiith Sahiih Muslim, Riyaad us-Saalihiin Nr. 753)

Muslime waschen sich sehr häufig die Hände. Die rechte Hand wird ausschließlich für saubere Dinge, auch zum Essen, verwendet. Während die linke Hand für alle unsauberen Dinge ist, wie die Reinigung auf der Toilette usw. Nach der Sunna isst man auf einem Tuch oder einer Platte am Boden, sodass, was einem beim Essen auf den Boden fällt, auf das Tischtuch oder die Platte fällt. Siehe auch Ahadiith 164, 608, 753 im Riyaad us-Saalihiin).

Du'a, siehe „Hisn ul-Muslim", Kapitel: **„Bittgebet beim Eintritt in ein Dorf oder eine Stadt"**:
„Allahumma Rabb as-Samaawaati-s-Sab'i, wa maa adhlalna. Wa Rabb al-`Araadiina- s-Sab'i, wa maa aqlalna. Wa Rabb asch-Schaiyaatiina wa maa adlalna. Wa Rabb ar-Riyahi wa maa dharaaina. As`aluka Chaira hadhi-hi-l-Qaryati, wa Chaira Ahli-ha, wa Chaira ma fii-ha. Wa 'auudhu bika min Scharri-ha wa Scharri Ahli-ha, wa Scharri maa fii-ha."
(Hadiith sahiih, überliefert von al-Haakim)
„Oh Allah, Herr der sieben Himmel und was sie bewahren. Und Herr der sieben Erden und was sie tragen. Und **Herr der Satane und dem, was sie in die Irre geführt haben.** Und Herr der Winde und was sie davonwehen. Ich bitte dich um das Gute dieser Ortschaft, und um das Gute seiner Leute, und das Gute, das in ihr ist. **Und ich nehme Zuflucht bei Dir vor ihrem Schlechten, und dem Schlechten ihrer Leute, und vor dem Schlechten, das in ihr ist."**

Abu Darda`, radia-llahu 'anh, berichtet: „Ich hörte den Propheten, salla-llahu 'alaihi wa Sallam, sagen: ‚Es gibt kein Dorf (/ Stadt) oder Landstrich mit drei Personen, wo das *Gemeinschaftsgebet unterlassen* wird, ohne dass der Schaitaan auf diese Personen einen starken Einfluss ausübt. **Haltet fest an der Gemeinschaft**, denn der Wolf ergreift das Schaf, das sich von der Gemeinschaft entfernt hat." (Hadiith Sahiih al-Buchaari und Muslim)

Ibn Mas'uud, radia-llahu 'anh, berichtete, dass man vor dem Propheten, salla-llahu 'alaihi wa Sallam, einen Mann erwähnte, der bis zum Morgen durchschlief und nicht zum Gebet aufstand. Darauf sagte er, salla-llahu 'alaihi wa Sallam: „Das ist einer, in dessen Ohr – oder er, salla-llahu 'alaihi wa Sallam, sagte: Ohren – der Schaitaan urinierte." (Hadiith Sahiih al-Buchaari und Muslim)

„Der Gesandte Allahs, salla-llahu 'alaihi wa Sallam, pflegte Zuflucht zu Allah zu nehmen vor dem *bösen Auge* (Eifersucht) der Dschinn und der Menschen. Als die Mu'awwidhataan offenbart wurden, begann er, sie zu rezitieren, und unterließ es, anderes (zu genanntem Anlass) zu rezitieren." (Hadiith Sahiih Muslim, Kitaab at-Tafsiir)
Al-Mu'awwidhataan: Suren 113 und 114.

Der Prophet, salla-llahu 'alaihi wa Sallam, sagte: „Wenn einer von euch **gähnt, soll er seine Hand vor den Mund halten**, sonst geht der Schaitaan hinein." (Hadiith Sahiih Muslim)

Und:
„Wahrlich, Allah liebt das Niesen und hasst das Gähnen. Wenn einer niest und Allah dafür lobt, so ist es für jeden

Muslim, der ihn gehört hat, Pflicht, ihm ,Yarhamuk Allah', also „Allah möge dir Barmherzigkeit erweisen", zu wünschen. Was aber das Gähnen anbetrifft, so ist dies vom Schaitaan, und er (der Muslim) soll es von sich abweisen, soweit er kann. Denn wenn er ,Haaa' macht, lacht Schaitaan darüber." (Hadiith Sahiih al-Buchaari) Von sich abweisen: unterdrücken, mit geschlossenem Mund gähnen.

Die Antwort auf ,Yarhamuk Allah' ist: ,Yahdiikumu-llah wa yusli-hu baalakum.' (Möge Allah euch rechtleiten und eure gute Lage wiederherstellen).

Der Gesandte Allahs, salla-llahu 'alaihi wa Sallam, sagte: **„Wenn die Nacht anbricht, oder es Abend ist, so holt eure Kinder ins Haus.** Denn die Schaiyaatiin begeben sich um diese Zeit überall hin. Wenn aber eine Zeitspanne der Nacht vorüber ist, so lasst eure Kinder ruhen, schließt eure Türen und gedenkt des Namens Allahs. Denn *Schaitaan kann keine geschlossenen Türen öffnen."* (Hadiith Sahiih al-Buchaari), und:
Es gibt **drei Arten von Träumen**: rahmaani (die von Allah kommen), schaitaani (die vom Schaitaan kommen) und nafsaani (kommen aus dem Unterbewusstsein einer Person).

Die Träume der Propheten sind Wahi (Offenbarung), denn die Propheten haben einen Schutz vor Schaitaan.

Der Prophet Muhammad, salla-llahu 'alaihi wa Sallam, sagte:
„Es gibt drei Arten von Träumen: einen Traum von Allah, einen Traum, der einen durcheinanderbringt und

der vom Schaitaan kommt, und einen Traum, der von etwas herrührt, über das eine Person im Wachzustand nachdenkt, und das er dann im Traum sieht." (Hadiith Sahiih al-Buchaari und Muslim), und:

„Wenn jemand von euch **etwas im Traum sieht,** das er gernhat (von den erlaubten Dingen), so ist dies von Allah. Er soll Allah dafür lobpreisen und anderen Menschen (nur denen, die er liebt) davon erzählen. Sieht er etwas Anderes, das er nicht mag, so ist dies von Schaitaan. Er soll dann seine Zuflucht (zu Allah) von dem Übel dieses Traumes suchen und niemand davon erzählen. So wird ihm kein Schaden entstehen." (Hadiith Sahiih al-Buchaari und Muslim, Riyaad us Saalihiin Nr. 841), und:

Der Gesandte Allahs, salla-llahu 'alaihi wa Sallam, sagte: „Wenn jemand von euch einen Traum sieht, den er nicht mag, so soll er dreimal Nafatha auf seine linke Seite machen. Und dreimal Zuflucht zu Allah vor dem Schaitaan nehmen. Und sich (zum Weiterschlafen) auf die andere Seite drehen." (Hadiith Sahiih Muslim, Riyaad us-Saalihiin Nr. 843)
Nafatha: trockenes Spucken, man hört nur den Ton „t-t-t" (dreimal direkt hintereinander auf die linke Seite).
Zuflucht zu Allah nehmen: man sagt: „'Auudhuu bi-llah" oder „'Auudhuu bi-llahi min asch-Schaitaan ar-radschiim", „Ich nehme meine Zuflucht zu Allah, vor dem (mit Steinen) beworfenen/ verfluchten Schaitaan."
Und:

„Wer mich im Traum sieht, der wird mich in Wirklichkeit sehen. Und Schaitaan nimmt meine

153

Erscheinungsform nicht an! ..." (Hadiith Sahiih al-Buchaari, Riyaad us-Saalihiin Nr. 840). Und:

„Wenn einer von euch nachts eingeschlafen ist, knüpft der Schaitaan drei Knoten über seinem Nacken, wobei er bei jedem Knoten spricht: ‚Vor dir liegt eine lange Nacht So schlafe weiter!' Wenn der Mensch aufwacht, und Allahs gedenkt, löst sich ein Knoten. Wenn er **Wudu`** (die rituelle Gebetswaschung) vornimmt, löst sich ein weiterer.
Verrichtet er danach das **Gebet**, so löst sich der letzte. Und er beginnt seinen Tag dynamisch und frohgelaunt. Andernfalls beginnt er seinen Tag launisch und träge."
(Hadiith Sahiih al-Buchaari und Muslim, Riyaad us-Saalihiin Nr. 1165)
Und Allahs gedenkt: z. B. durch ‚**bismi-llah**', Im Namen Allahs, als erste Worte. Und die bekannten Bittgebete nach dem Aufstehen, siehe „Hisn ul-Muslim. Und:

„**Keiner von euch darf auf seinen** (Glaubens-)**Bruder mit einer Waffe zeigen**. Denn er weiß nicht, ob der Schaitaan die Bewegung seiner Hand beeinflusst und er somit in die Grube des Höllenfeuers fällt." (Hadiith Sahiih al-Buchaari und Muslim. Riyaad us-Saalihiin Nr. 1783)
Ob der Schaitaan seine Hand zum Verderben führt: Sodass er ihn aus Versehen tötet.

Der Gesandte Allahs, salla-llahu 'alaihi wa Sallam, sagte:
„**Al Anaa`a min Allah**, wa al 'Adschala min asch-Schaitaan." (Hadiith hasan, überliefert von at-Tirmidhi)
„Die Besonnenheit (/ Bedächtigkeit) ist von Allah, die *Eile ist vom Schaitaan.*"

'Aìschah, radia-llahu 'anha, berichtete: „Einige Leute fragten den Gesandten Allahs, salla-llahu 'alaihi wa Sallam, nach den Wahrsagern. Darauf sagte er, salla-llahu 'alaihi wa Sallam: ‚Das basiert auf nichts!' Man sagte zu ihm: ‚Ya Rasuulu-llah (Oh Gesandter Allahs), sie erzählen uns manchmal einiges, was sich tatsächlich bewahrheitet!' Darauf sagte der Gesandte Allahs, salla-llahu 'alaihi wa Sallam: ‚Jenes, was sich davon bewahrheitet, ist ein wahres Wort, das der Dschinn erlauschte und ins Ohr seines Wali setzte. Dann **vermischte der Wahrsager es mit 100 Lügen.**'" (Hadiith Sahiih al-Buchaari und Muslim, Riyaad us-Saalihiin Nr. 1668)

In einer weiteren Version bei al-Buchaari:

'Aìschah, radia-llahu 'anha, berichtete, dass sie den Gesandten Allahs, salla-llahu 'alaihi wa Sallam, sagen hörte: „Wahrlich, die Engel steigen in die Wolken hinab, mit den in den Himmeln getroffenen Entscheidungen. Der Schaitaan, der heimlich lauscht, hört diese und flüstert sie den Wahrsagern zu, die sie dann mit 100 Lügen mischen."

Achtung! „...der Prophet, salla-llahu 'alaihi wa Sallam, ... sagte: ‚Wer sich zu einem Wahrsager begibt und ihn nach irgendetwas fragt, **ohne** ihm zu glauben, so werden **seine Gebete 40 Tage lang nicht angenommen.**'" (Hadiith Sahiih Muslim, Riyaad us-Saalihiin Nr. 1669) Man muss die Gebete aber trotzdem verrichten, denn das Gebet ist Pflicht und ein Schutz. Wer glaubt, was der Wahrsager sagt, hat Kufr begangen und muss aufrichtig bereuen und sich von Wahrsagern fernhalten.

Salmaan al-Faarisi, radia-llahu 'anh, hat Folgendes
aufgetragen:
„Sei, wenn es dir möglich ist, weder der erste Mensch,
der den **Mark**t betritt, noch der letzte, der ihn verlässt.
Denn er ist das Schlachtfeld des Schaitaan, der in ihm
seine Flagge hisst!" (Hadiith Sahiih Muslim, Riyaad us-
Saalihiin Nr. 1842).
Denn die Versuchung zu lügen ist hier besonders groß,
wenn jemand kein absolutes Vertrauen in Allah hat.
Salmaan al-Faarisi, der Perser, radia-llahu 'anh: Ein
Zoroastrier aus reichem Hause, der nach intensiver Suche
zunächst das Christentum, danach den Islaam annahm.

11. Die Natur der Dschinn

Es gibt gläubige und glaubensverweigernde Dschinn, männliche und weibliche, wie bereits erwähnt. Meist sind sie vor unseren Augen verborgen: Wir können sie nicht sehen, aber sie können uns sehen.

„Ya Bani Aadam, **Schaiṯaan** soll euch nicht der Versuchung aussetzen, wie er Abawaikum aus al-Dschannah vertrieben hat … Gewiss, **er sieht euch mit** Qabiilu-hu, **während ihr sie nicht seht** …" (Sure 7:27)
Ya Bani Aadam: Oh Kinder Aadams, die Kinder und die Nachkommen Aadams insgesamt.
Eure Eltern, arabisch: Abawaikum. Hier sind die Abstammungseltern Aadam und Hawwa` (Eva) gemeint, Allahs Frieden sei auf ihnen. Qabiilu-hu: seiner Sippschaft, seinem Stamm.

„Und (manche) Männer von den Menschen suchten Zuflucht bei (manchen) **Männern von den Dschinn**, doch sie mehrten ihnen die Drangsal (/ Sündhaftigkeit)." (Sure 72:6)

Zu bestimmten Anlässen haben Menschen schon Dschinn gesehen. Warum das so ist, darüber hat uns Allah, subḥaana-Hu wa ta'aala nichts gesagt.

'Abdullah Ibn Mas'ud, raḏia-llahu 'anh … erzählte:
„Ein Mann von den Menschen ging hinaus und traf einen

männlichen Dschinn, der sagte: ‚Willst du mit mir ringen? Wenn du mich auf den Boden wirfst, werde ich dir einen Vers beibringen. Wenn du diesen rezitierst während du dein Haus betrittst, wird kein Schaitaan eintreten können.' Er kämpfte mit ihm und warf ihn auf den Boden. Der Mann sagte: ‚Ich sehe, dass du klein bist! Und **deine Unterarme sind wie die Vorderpfoten eines Hundes**! Sehen alle Dschinn so aus? Oder nur du?' Er sagte: ‚Ich bin ziemlich stark unter den Dschinn. Lass uns ein weiteres Mal ringen!'

Sie kämpften weiter, und der Mann warf ihn auf den Boden. Er (der Dschinn) sagte: ‚**Lies Aaiyaat ul-Kursi** (Sure 2:255)! Denn wenn einer diese rezitiert, während er sein Haus betritt, verlässt der Schaitaan das Haus, wie ein Wind ablassender Esel.'

Ibn Mas'uud wurde gefragt: ‚War dieser Mann 'Umar?' Er sagte: ‚Wer sonst könnte es sein außer 'Umar, radia llahu 'anh?'" (Hadiith sahiih, Madschma' az-Zawaa`id 9/ 71)

Dieser Mann: der den Dschinn niederrang. Die Rede ist von dem Prophetengefährten 'Umar bin al-Chattab, radia-llahu 'anh. Er war bekannt dafür, dass er sehr groß und von starkem Imaan und Charakter war.

Der Gesandte Allahs, salla-llahu 'alaihi wa Sallam, sagte: „Es gibt **drei Arten von Dschinn**: welche mit Flügeln, die fliegen, welche wie Schlangen und Hunde (oder in Schlangen und Hunden), und welche, die (herum)wandern oder ruhen." (Hadiith sahiih, überliefert von at-Tabari und Haakim)

Ruhen: an einer festen Stätte leben. Und:

„... Der schwarze Hund ist ein Schaiṭaan.“ (Ḥadiith
Sahiih Muslim)
Damit ist gemeint, nach Scheich ul-Islaam Ibn
Taiymiyah, raḥima-hu-llah (zusammengefasst), dass die
Dschinn bevorzugt in schwarze Hunde hineingehen. Aber
nicht ausschließlich, sondern auch in schwarze Katzen.
Sie können deren Körperform annehmen, wie auch die
von Tieren wie Schlangen, Skorpionen, Eseln und
anderen. Selbst von Menschen!

Als die Muslime nach Badr aufbrachen (siehe nächstes
Kapitel), erschien Schaiṭaan vor den Quraisch, und zwar
mit dem Aussehen von Suraaqa ibn Maalik ibn
Dschu'schum, einem ihrer meistgeschätzten Männer.

Die Gelehrten sprechen aus Erfahrung, da sie öfter zu
Heilungen herangezogen werden. Dass Schaiṭaan in
Gestalt des Suraaqa, einem <u>Mann</u> der damaligen Zeit, vor
dem damals noch vorwiegend götzendienerischen Stamm
Quraisch erschien, um ihnen falsche Versprechungen zu
machen, steht im Tafsiir Ibn Kathiir und den
Prophetenbiografien.

<u>Dschinn halten sich gerne an unbewohnten und
unsauberen Orten auf</u>

Der Prophet, salla-llahu 'alaihi wa Sallam, sagte:
„Diese **Huschuusch** werden **von Dschinn bevölkert**.
Daher soll jemand, wenn er zur Toilette geht sagen:
``'Audhu bi-llahi min al-Chubuthi wa l-Chabaa'ith.'“
(Ḥadiith sahiih, überliefert von Abu Daawud)
Huschuusch: Orte, an denen man seine Notdurft

verrichtet, Toiletten.

Unbewohnte Orte: leerstehende Zimmer oder Häuser, Bauruinen, Friedhöfe, Erdhöhlen usw.

Unsaubere Orte: Toiletten, Badezimmer, in denen Toiletten sind, Müllplätze, Plätze an dem Dung von Tieren abgeladen wird, usw.

„… Der Gesandte Allahs, salla-llahu 'alaihi wa Sallam, verbot es, in ein Loch zu urinieren. Qataadah sagte: ‚Was ist schlimm daran, in ein Loch zu urinieren?' Er, salla-llahu 'alaihi wa Sallam, sagte: ‚Es ist der Wohnort der Dschinn!' (Hadiith überliefert von Ahmad, an-Nasaa`i, Daawuud, al-Haakim, al-Baiyhaqi. Sahiih nach Ibn Chuzaima und Ibn as-Sakiin)

Die glaubensverweigernden Dschinn, also die Schaiyaatiin von ihnen, essen und trinken mit der *linken Hand*, Muslime dagegen mit der **rechten Hand**. Ahadiith erklären es genauer:

Der Gesandte Allahs, salla-llahu 'alaihi wa Sallam, sagte: „Wenn einer von euch isst, so soll er mit seiner rechten Hand essen. Und wenn er trinkt, so soll er mit seiner rechten Hand trinken. Denn der *Schaitaan isst mit seiner linken Hand und trinkt mit seiner linken Hand.*" (Hadiith Sahiih Muslim)

Die rechte Hand des Gläubigen ist für die sauberen Dinge, die linke für die unsauberen.

„Die rechte Hand des Gesandten, salla-llahu 'alaihi wa

Sallam, war für seine (allgemeine) Reinigung und die Nahrung. Und seine linke Hand war für das Benutzen der Toilette und allem, das schmutzig war." (Hadiith sahiih, überliefert von Abu Daawuud)

„Der Prophet, salla-llahu 'alaihi wa Sallam, benutzte seine rechte Hand zum Essen, Trinken, Wudu' verrichten, Tragen seiner Kleidung, zum Geben und Nehmen. Und er benutzte seine linke Hand für anderes als diese (unsauberen) Dinge." (Hadiith sahiih, überliefert von Ahmad)
Wudu': Gebetswaschung. Diese Dinge: wie Reinigung auf der Toilette, Nase putzen, Schuhe halten usw.

Der Prophet, salla-llahu 'alaihi wa Sallam, sagte: „Wenn man uriniert, soll man sein Geschlechtsteil nicht mit der rechten Hand anfassen. Und sich auch nicht mit seiner rechten Hand reinigen. Und man soll nicht ins Trinkgefäß atmen." (Hadiith Sahiih al-Buchaari und Muslim)
Es ist mustahabb (beliebt), die Toilette mit dem linken Fuß zu betreten. Und Sunnah, sie mit dem rechten Fuß zu verlassen:

„Nachdem man sich gereinigt hat, verlässt man den Ort der Notdurft mit dem rechten Fuß, und sagt dabei: ‚Ghufraanak!' (Deine Vergebung!) (Hadiith sahiih, überliefert von at-Tirmidhi, al-Haakim, Abu Daawud, Ibn Maadschah)

Es gibt noch weitere und sehr schöne Bittgebete vorher und nachher, siehe „Hisn ul-Muslim."

„Zu Salmaan (dem Perser), radia-llahu 'anh, wurde gesagt: ‚Dein Gesandter lehrte euch alles, sogar über den Stuhlgang!' Salmaan sagte: ‚Ja, er untersagte uns, dass wir uns in Richtung Qibla wenden, wenn wir Stuhlgang verrichten oder Urinieren. Und er untersagte uns Istindschaa` mit unserer rechten Hand. Und Istidschmaar mit Steinen, falls es weniger als drei sind, oder mit Dung oder Knochen.'" (Hadiith Sahiih Muslim)
Nicht in Richtung Qiblah: wenn man im Freien seine Notdurft verrichtet. Im Haus gilt das nicht, nach Hadiith. Qiblah: Gebetsrichtung. Istindschaa`: allgemein – Reinigung nach dem Toilettengang, speziell – mit Wasser. Istidschmaar: Reinigung nach dem Toilettengang mit soliden Dingen, wie Steinen.

Subhan-Allah! Seht das Selbstbewusstsein der Sahaaba (Prophetengefährten). Salmaan, radia-llahu 'anh, hat sich nicht geschämt, sondern noch eine weitere Erklärung dazu gegeben. Al-Hamdu li-llah (Lob sei Allah), die Sahaabah waren guter Lehrer, Allahumma baarik (Allahs Segen)!

Dschinn essen Datteln und erzielen aus Knochen Speise

Die gläubigen von den Dschinn essen das, worüber der Name Allahs ausgesprochen wurde. Die glaubensverweigernden von den Dschinn, also die Schaiyaatiin, essen das, worüber der Name Allahs nicht ausgesprochen wurde.

'Abdullah ibn Ubaiy ibn Ka'ab erzählte ein Erlebnis

seines Vaters, radia-llahu 'anhumaa, Allahs Wohlgefallen auf ihnen beiden:

„Sie hatten ein Gefäß mit **Datteln**. Er (sein Vater) überprüfte die Datteln, und ihm fiel auf, dass sie weniger geworden waren. Deswegen überwachte er eines Nachts die Datteln und sah ein Wesen, das wie ein Junge in der Pubertät aussah.

Der Vater sagte: ‚Ich grüßte ihn mit Salaam, und er erwiderte meinen Gruß. Dann fragte ich ihn: ‚Was bist du – ein Mensch oder ein Dschinn?‘ Er sagte: ‚Ein Dschinn!‘ Ich sagte zu ihm: ‚Zeig mir deine Hand!‘ Er zeigte mir seine Hand, fa idha Yad al-Kalb wa Scha'ar Kalb. Ich sagte: ‚Sehen alle Dschinn so aus?‘ Er sagte: ‚Ich weiß, dass keiner unter uns Dschinn so schadd ist, wie ich!‘ Ich sagte: ‚Was brachte dich dazu, so zu handeln?‘ (von den Datteln wegzunehmen). Er sagte: ‚Wir hörten, dass du ein Mensch bist, der es liebt, Sadaqah zu geben. So wollten wir einen Anteil von deinem Essen!‘

Ubay fragte ihn: ‚Was wird uns vor euch schützen?‘ Er sagte: ‚Diese Aaiyah (Vers): Aaiyat-ul-Kursi!‘ Am nächsten Tag ging Ubaiy zum Propheten, salla-llahu 'alaihi wa Sallam, und erzählte ihm, was geschehen war. Der Prophet, salla-llahu 'alaihi wa Sallam, sagte: ‚Der Chabiith hat die Wahrheit gesprochen!‘“ (Hadiith sahiih, überliefert von Ibn Hibbaan in „Sunan al-Kubra“)

Fa idha Yad al-Kalb wa Scha'ar Kalb: da war es eine Hundepfote mit Fell eines Hundes. Yad auf Arabisch: Hand, Arm, es steht also nicht „Pfote“! Es klingt aber seltsam auf Deutsch, zu übersetzten: „Hand eines Hundes“. Also kann es sein, dass er Hände mit Fingern hatte und nur der Arm fellig war, und Allah weiß es am besten. Schadd: stark, nachdrücklich. Aaiyat ul-Kursi:

Sure 2:55. Chabiit: männlicher Dschinn.

'Abdullah ibn Mas'uud, radia-llahu 'anh, überliefert: „Eine Abordnung von Dschinn kam zum Propheten Muhammad, salla-llahu 'alaihi wa Sallam, und sagte zu ihm: ‚Oh Muhammad, verbiete deiner Ummah das Istindscha` mit **Knochen, getrocknetem Dung oder Kohle**. Denn Allah, Der Allmächtige, hat in ihnen für uns Versorgung vorgeschrieben.' Darauf untersagte es der Prophet Muhammad." (Hadiith sahiih, überliefert von Abu Daawud)
Istindscha`: Reinigung von dem, das mit den zwei Ausscheidungsorganen ausgeschieden wird. Zur Zeit des Propheten, salla-llahu 'alaihi wa Sallam, gingen die Leute zum Toilettengang oft einfach in die Wüste. Versorgung aus Knochen und getrocknetem Dung: siehe das Hadiith Sahiih al-Buchaari weiter unten (Überschrift „Knochenfleisch als Speise der Dschinn"): von Menschen abgenagte Fleischknochen werden für Dschinn wieder mit Fleisch bedeckt, wenn „bismi-llah" darüber gesagt wird. Und der Dung ist Futter für ihre Tiere.

Abu Hureirah, radia-llahu 'anh, sagte, dass er dem Gesandten Allahs, salla-llahu 'alaihi wa Sallam, für gewöhnlich eine Schüssel mit Wasser für seine Gebetswaschung und (zur Reinigung) wegen Stuhlgang brachte. Als er ihm einmal (deswegen) folgte, sagte der Prophet, salla-llahu 'alaihi wa Sallam: ‚Wer ist das?' Er antwortete: ‚Es ist Abu Hurairah!' Der Prophet, salla-llahu 'alaihi wa Sallam, antwortete: ‚Bring mir Steine, um mich zu reinigen! Bring mir keine Knochen und Dung!' So brachte ich Steine, die ich im Saum meines Gewandes trug, und sie dann an seine Seite legte. Und

ich entfernte mich. Dann, als er fertig war, ging ich auf ihn zu und fragte ihn, weshalb er die **Knochen und** den **Dung** nicht wollte? Der Prophet, salla-llahu 'alaihi wa Sallam, antwortete mir: ‚**Die beiden sind Nahrung der Dschinn.**'" (Hadiith Sahiih al-Buchaari).
Es gibt weitere Sahiih-Ahadiith die belegen, dass der Prophet, salla-llahu 'alaihi wa Sallam, sich zur Notdurft von den Menschen entfernte oder abschirmte.

„'Aìschah, radia-llahu 'anha, wies darauf hin, dass der Prophet, salla-llahu 'alaihi wa Sallam, sich **gewöhnlich mit Wasser gewaschen hat.**" (Hadiith sahiih, überliefert von at-Tirmidhi)

„'Aìschah, radia-llahu 'anha, sagte: ‚Sagt euren Ehemännern, dass sie sich mit Wasser waschen sollen, denn ich bin zu schüchtern, es ihnen selbst zu sagen. Der Gesandte Allahs, salla-llahu 'alaihi wa Sallam, pflegte das zu tun.'" (Hadiith sahiih, überliefert von as-Nasaa'i)

Es ist dennoch erlaubt, sich mit drei Steinen abwischen, nur nicht mit weniger als dreien. Sich mit Wasser abzuwaschen, ist mustahabb, also beliebt, gut und besser. Aber nicht verpflichtend! Denn die Lebensumstände können verschieden sein.

Salmaan, radia-llahu 'anh, sagte:
„Der Gesandte Allahs, salla-llahu 'alaihi wa Sallam, verbot uns, weniger als drei Steine für Istindscha` zu benutzen." (Hadiith Sahiih Muslim)
'Abdullah ibn Mas'uud, radia-llahu 'anh, überlieferte:

„Einer von den **Dschinn** rief mich. Ich ging, um ihm etwas vom Qur'aan zu rezitieren. Er brachte mich zu einem Platz, an dem sie sich treffen, und an dem **sie ihre Feuerstellen** haben.
Sie fragten ihn über das Essen, und er sagte: ,Ihr könnt alle Knochen essen, über die der Name Allahs in euren Veranstaltungen gesprochen wurde, Fleisch, und was ihr euren Tieren gebt. Der Prophet Muhammad, salla-llahu 'alaihi wa Sallam sagte: – Deshalb reinigt euch nicht damit, denn es ist die **Versorgung eurer Brüder**! – '"
(Hadiith Sahiih Muslim)

Selbstverständlich ist Dung zur Reinigung nach der Toilette auch abstoßend:

Ibn Mas'uud, radia-llahu 'anh:
„… Ich suchte nach einem dritten (Stein für ihn), konnte aber keinen finden. So brachte ich (auch) ein Stück Dung zu ihm. Er nahm die zwei Steine und warf den Dung fort, und sagte: ,Es ist ein schmutziges Ding!'" (Hadiith Sahiih al-Buchaari)

Dschaabir bin 'Abdullah hörte den Gesandten, salla-llahu 'alaihi wa Sallam, sagen:
,Wenn sich jemand mit Steinchen abwischt, dann soll er eine ungerade Zahl benutzen.'" (Hadiith Sahiih Muslim)

Dschinn sind zur Liebe fähig, heiraten und haben Nachkommen

Der Gesandte Allahs, salla-llahu 'alaihi wa Sallam, sagte: „Allah besitzt 100 (Teile von) Rahmah, von denen Er einen Teil auf die Dschinn und menschlichen Wesen und Tiere und die Insekten hinabgesandt hat. Und aufgrund diesem (einen Teil Rahmah) kommt es, dass **sie sich gegenseitig lieben** und freundlich zueinander sind. Und aufgrund dieser behandeln sogar die Raubtiere ihre Kleinen mit Zuneigung. Und Allah hat 99 Teile Rahmah (bei Sich), mit denen Er Seine Schöpfung am Tag der Auferstehung behandeln wird!'" (Hadiith Sahiih Muslim) Rahmah: Barmherzigkeit

„Die vor ihnen **weder Mensch noch Dschinn entjungfert** haben." (Sure 55:65,74)

Die Rede ist hier von Paradiesjungfrauen. Es braucht keine Frau zu ärgern, dass es sie gibt, denn im Paradies gibt es keine Eifersucht, alle sind wie ein Herz, nach Ahadiith (Hadiithen). Alle sind viel zu glücklich im Paradies, um sich wegen so etwas Gedanken zu machen. Für die Frau gibt es im Paradies auch Wonnen über Wonnen und alles, was sie sich nur wünscht.

Allah verspricht uns:
„Sie werden darin haben, was sie begehren. Und bei Uns ist mehr." (Sure 50:35)
Darin: im Paradies.

„Denn keine Seele weiß, welche Qurrata-'Ayun für sie im Verborgenen bereitgestellt wird, als Lohn für das, was sie zu wirken pflegten." (Sure 32:17)

Qurrata-'Ayun: Ruhe der Augen, was große Freude
bereitet. Deutsche Entsprechung: Augentrost.

„… Wollt ihr euch denn ihn **und seine
Nachkommenschaft** zu Auliya` nehmen anstatt Meiner,
wo sie euch doch feind sind? Ein schlimmer Tausch für
die Ungerechten!" (Sure 18:50)
Ihn: Ibliis. Auliya`: vertrauter Beistand.

Es werden also körperliche Handlungen und
Nachkommen erwähnt, wie bei Menschen.

Gläubige Menschen sind stärker als Dschinn

Zur Zeit des Propheten Sulaimaan wurden die Dschinn,
mit Allahs Erlaubnis, zu Arbeitern für Sulaimaan
(Salomo, 'alaihi-s-Salaam) degradiert.

Dies kam daher, dass Allah jedem Propheten einen
großen Herzenswunsch erfüllte. Und Sulaimaan, 'alaihi-
s- Salaam, hat für sich eine Weltherrschaft gewählt, wie
sie niemandem mehr nach ihm gegeben werden solle:

Der Gesandte Allahs, salla-llahu 'alaihi wa Sallam, sagte:
„Für jeden Propheten gibt es ein bestimmtes Bittgebet,
das von Allah erfüllt wurde. Ich aber will mein Bittgebet
solange aufheben, bis ich dieses als Schafa` für meine
Ummah im Jenseits spreche." (Hadiith Sahiih al-
Buchaari)
Schafa': Fürsprache, Fürbitte. Im Jenseits: in einer
anderen Version bei al-Buchaari steht „am Tag der

Auferstehung."

Sulaimaan, 'alaihi-s-Salaam, hatte also ein Weltreich, und Schiffe im Einsatz, und **Dschinn als Arbeiter** für ihn.

Und Bittgebet der anderen Propheten, Friede sei auf ihnen allen? Nach dem, was uns von ihrem Leben bekannt ist, erhielt Ibrahiim (Abraham, 'alaihi-s-Salaam) machtvolle Nachkommen.

Daawud, David, 'alaihi-s-Salaam, konnte die Sprache der Tiere verstehen, genauso sein Sohn und Nachfolger Sulaimaan, 'alaihi-s-Salaam.

Yusuf, Josef, 'alaihi-s-Salaam, wurde schließlich Schatzmeister und Wesir des Amir oder Königs. Muusa (Moses, 'alaihi-s-Salaam) obsiegte letztendlich über Fir'aun und dessen Zauberer.

Yunus, Jonas, 'alaihi-s-Salaam, durfte es noch erleben, dass sein Volk, zu dem er gesandt wurde, allesamt gläubig wurde.

'Isa, Jesus, 'alaihi-s-Salaam, durfte Kranke heilen und Tote auferwecken.

Jede dieser Gaben wurde von ihnen nur als Mittel eingesetzt, um ihr Volk zur Wahrheit zu leiten. Und Allah weiß es am besten.

„Er sagte: ‚Mein Herr, vergib mir, und schenke mir **ein Mulk, das niemandem nach mir geziemt.** Gewiss, Du bist Der unablässig Schenkende.'" (Sure 38:35)
Er: Sulaimaan, 'alaihi-s-Salaam. Mulk: Herrschertum, Herrschergebiet.

Dies wurde ihm gewährt, auf vielerlei Weise:

a) Er konnte einen globalen Welthandel
    implementieren, indem er die beständigen
    Passatwinde ausnutzte: rechterhand den Handel
    mit Indien usw., linkerhand wohl bis zum
    Kontinent, den man heute „Amerika" nennt.
    Dafür gibt es archäologisch und auch sonst viele
    Hinweise. Die Passatwinde kehren sich jeweils
    nach einem halben Jahr um: sie wehen in Arabien
    und Indien sechs Monate im Jahr von Nord-
    Nordost bis Ost-Nordost, dann sechs Monate im
    Jahr von Süd-Südwest bis West-Südwest.

„Da machten Wir ihm den Wind dienstbar, dass er nach
Seinem Befehl sanft wehte, wohin er es für treffend hielt
… Das ist Unsere Gabe. So erweise Wohltaten oder sei
zurückhaltend, ohne zu rechnen. Für ihn wird es gewiss
Unsere Nähe und eine schöne Heimstatt geben." (Sure
38:36, 39)
„Und Wir gaben ja Daawuud eine Huld von Uns: Ihr
Berge, preist im Widerhall mit ihm, und auch ihr Vögel.
Und Wir machten für ihn das Eisen geschmeidig – und
Suleimaan den Wind, dessen Morgenlauf einen Monat
und dessen Abendlauf einen Monat beträgt …" (Sure
34:10)
Einen Monat beträgt: dies entsprach einem Monat Reise
zu Land.

Der Gesandte Allahs, salla-llahu 'alaihi wa Sallam, sagte:
„Während Sulaimaan al-Masdschid al-Aqsa baute, bat er
Allah um drei Dinge. Allah gab ihm zwei davon, und wir
hoffen, dass wir das Dritte davon bekommen. Er bat Ihn,
dass seine Urteile denen von Allah entsprechen mögen,

was Allah gewährte. Und

dass Er ihm **ein Mulk** geben möge, das keinem nach ihm gebührt (/**keiner mehr nach ihm hat**), was Allah gewährte.

Er bat Ihn darum, dass jedem Mann, der einzig deshalb aus seinem Haus geht, um in dieser Moschee (/ Gebetsstätte) zu beten, Sünden derart vergeben werden, dass er so sündenfrei dasteht wie am Tag, als ihn seine Mutter gebar. Wir hoffen, dass Allah uns dies gegeben hat." (Hadiith sahiih, überliefert bei Ahmad, Nasaa'i u. a.) Al-Masdschid al-Aqsa: die al-Aqsa-Moschee. Mulk: Herrschaft, Königtum.

b) Allah erlaubte ihm, die Sprache der Tiere zu verstehen

„Und Sulaimaan beerbte Daawuud und sagte: ‚Oh ihr Menschen, uns ist die Sprache der Vögel gelehrt worden. Und uns wurde von allem gegeben. Das ist wahrlich die deutliche Huld.'" (Sure 27:16)

Und über eine Aussage von Ameisen, die er verstand: „Da lächelte er erheitert über ihre Worte ..." (Sure 27:18/19)

Beerbte Daawuud: Sulaimaan beerbte ihn sowohl als Sohn, als auch in der Prophetenschaft, beide waren Propheten, Allahs Friede sei auf ihnen beiden.

c) Die Dschinn waren für ihn im Einsatz

„Da machten Wir ihm … **dienstbar** … auch manche der **Schaiyaaṯiin**, die für ihn tauchten, und auch andere Arbeiten verrichteten. Und Wir bewachten sie." (Sure 21:81-82)

Für ihn tauchten: sie tauchten nach Perlen.

Perlentauchen war lange eine Einkommensquelle für Menschen in den Emiraten. Es ist eine große Belastung für den Körper, denn hinunter gelangt man mit Gewichten an den Füßen. Hinauf wird man an einer Leine gezogen. Dabei muss der Körper Druckunterschiede von bis zu fünf Bar aushalten und Tauchzeiten um die fünf Minuten.

„Er sagte: ‚Oh führende Schar, wer von euch bringt mir ihren Thron, bevor sie als Muslimiin zu mir kommen?' Es sagte ein 'Ifriit von den Dschinn: ‚Ich bringe ihn dir, bevor du dich von deiner Stelle erhebst! Und ich habe wahrlich die Stärke (dazu) und bin vertrauenswürdig.'" (27:38-39).

Ihren Thron: Der Königin von Saba`, sie hieß Balqiis.
'Afaariit: Plural von 'Ifriit, besonders starker Dschinn.

„… Und wir ließen die **Quelle des geschmolzenen Qiṯr** für ihn fließen. Und unter den Dschinn gab es manche, die unter seiner Aufsicht mit der Erlaubnis seines Herrn für ihn arbeiteten. Wer von ihnen von Unserem Befehl abweicht, den lassen Wir von der Strafe der Feuerglut kosten. Sie machten ihm was er wollte, an **Maḥaariib**, **Bildwerken**, **Schüsseln** wie Wasserbecken und feststehenden **Kesseln**. Verrichtet, Sippe des Daawud, eure Arbeit in Dankbarkeit. Und wenige Meiner Diener sind dankbar." (Sure 34:12-13)

172

Qitr: Kupfer, Blei, Messing. Mahaariib: Plural von Mihraab: Orte, an denen das Gebet verrichtet wird, Gebetsnischen.

Abu Darda`, radia-llahu 'anh, berichtete: „Allahs Gesandter, salla-llahu 'alaihi wa Sallam, stand auf (um das Gebet zu leiten), und wir hörten ihn sagen: ‚Ich nehme meine Zuflucht vor dir bei Allah!‘, dann sage er: ‚Ich verfluche dich mit Allahs vollständigem Fluch‘, dreimal. Dann streckte er seine Hand aus, als ob er etwas packen würde. Als er das Gebet beendet hatte, sagten wir: ‚Oh Gesandter Allahs, wir hörten dich etwas im Gebet sagen, was wir dich nicht zuvor sagen gehört haben! Und wir sahen dich deine Hand ausstrecken?‘ Er antwortete: ‚Allahs Feind kam mit einer Feuerflamme, um sie mir ins Gesicht zu halten, so sagte ich dreimal: ‚Ich nehme Zuflucht bei Allah vor dir!‘ Dann sagte ich dreimal: ‚Ich verfluche dich mit Allahs vollständigem Fluch.‘ Aber er zog sich nicht zurück (zu keiner der genannten), dreimal. Danach wollte ich ihn packen. Ich schwöre bei Allah, wäre nicht das Bittgebet meines (Propheten-)Bruders Sulaimaan gewesen, so hätte ich ihn gefesselt, damit sich die Kinder von Madinah mit ihm amüsieren!‘“ (Hadiith Sahiih Muslim)

Bittgebet von Sulaimaan: dass Allah ihm, u. a., die Herrschaft über die Dschinn gäbe, und niemand anderem nach ihm.

Prophet Muhammad, salla-llahu 'alaihi wa Sallam, treibt Dschinn aus

Ya'la ibn Murrah (erzählte): „… Ich reiste mit ihm (dem Gesandten Allahs, salla-llahu 'alaihi wa Sallam). Auf dem Weg kamen wir an einer Frau vorbei, die an der Straßenseite saß, mit einem kleinen Jungen. Sie rief aus: ‚Oh Gesandter Allahs! Dieser Junge wurde von einer Prüfung getroffen. Und durch ihn wurden wir auch von einer Prüfung getroffen! Ich weiß nicht, wie oft am Tag es ihn überkommt.‘ Er, salla-llahu ʾalaihi wa Sallam, sagte: ‚Reiche ihn mir‘, so hob sie ihn zum Propheten hinauf.

Er, salla-llahu ʾalaihi wa Sallam, setzte den Jungen dann zwischen sich und die Mitte des Sattels, öffnete den Mund des Jungen, und blies dreimal hinein, sagend: **‚Bismi-llah, ich bin der Diener Allahs, gehe hinaus, oh Feind Allahs!‘** Dann gab er ihr den Jungen zurück und sagte: ‚Treffe uns bei unserer Rückkehr am selben Ort. Und gib uns Bescheid, wie es ihm erging.‘

Dann gingen wir. Bei unserer Rückkehr fanden wir sie am selben Ort mit drei Schafen. Als er zu ihr sagte: ‚Wie erging es deinem Sohn? ‘, antwortete sie: ‚Bei Dem, der dich mit der Wahrheit entsandt hat, wir haben nichts (Ungewöhnliches) in seinem Verhalten bemerkt bis jetzt …‘“ (Hadiith sahiih, überliefert im Musnad Ahmad)

Es gibt weitere Versionen des Hadiths, die nur verschiedene Kleinigkeiten etwas näher ausführen (Sahiih klassifiziert oder dschayid, gut. Dschayid kommt hasan nahe).

Zum Beispiel steht in einer anderen Version, die Frau habe zwei Schafe, Yoghurt und etwas Butter (/ tierisches Fett) mitgebracht, wovon der Prophet, salla-llahu ʾalaihi wa Sallam, alles annahm, bis auf ein Schaf, das er ihr zurückgab (sodass ihr selbst ein Lebensunterhalt blieb).

Die Dschinn haben kein eigenes Wissen über das Verborgene

„Und als wir für ihn den Tod bestimmt hatten, zeigte ihnen (den Dschinn) nur das Tier der Erde, das seinen Stab fraß an, dass er verstorben war. Als er dann niederstürzte, wurde den Dschinn klar, dass sie – hätten sie das Verborgene gewusst – nicht in der schmachvollen (/ erniedrigenden) Strafe verblieben wären." (Sure 14:14) Für ihn, seinen Stab: es geht um Sulaimaan, 'alaihi-s-Salaam, siehe Aaiyah 14 im Kontext der Sure 14. Tier der Erde: Termiten, Holzwürmer oder dergleichen.

Sulaimaan, 'alaihi-s-Salaam, überwachte die Dschinn also bei der Arbeit, während er sich auf seinen Stock stützte. So verstarb er schließlich. Erst als sein Stock später von Tieren der Erde zerfressen wurde und irgendwann nachgab, stürzte er. Da erst dann merkten die Dschinn, dass er verstorben war.

Die Dschinn sind sehr neugierig

In der vorislamischen Zeit gelang es den Dschinn - indem sie manchmal zum siebten Himmel aufstiegen - etwas von den **Informationen zu erlauschen,** die Engel sich untereinander weiterleiteten.

Als dann **Offenbarungen an den Propheten Muhammad,** salla-llahu 'alaihi wa Sallam, erfolgten, konnten sie dies nicht mehr. Denn nun wurden sie durch Meteore oder Sternschnuppen, englisch shooting stars, beschossen und dadurch vertrieben.

Die Dschinn sagten:
„Und wir suchten, den **Himmel** abzutasten, und fanden ihn **nun mit starken Wächtern und Schuhub** erfüllt. Und wir pflegten (zuvor) an Stellen von ihm Sitze zum Erhaschen (von Informationen) einzunehmen. Wer aber jetzt hört, der findet einen für ihn auf der Lauer liegenden Schihaab (Sure 72:8-9).
Schuhub: Meteore, Sternschnuppen, Einzahl Schihaab.
Suchten, den Himmel abzutasten/ zu erreichen: lamasna s-Sama`.

Ibn 'Abbaas, radia-llahu 'anh, erklärte dazu:
„Der Prophet, salla-llahu 'alaihi wa Sallam, machte sich mit einigen Sahaabah auf den Weg zum **Suuq 'Ukaadh**. Zu dieser Zeit wurden die **Dschinn gerade** daran **gehindert, Neuigkeiten vom Himmel aufzuschnappen, Schuhub wurden auf sie losgelassen.** Die Schaiyaatiin gingen (daher) zu ihren Leuten, die sie fragten: ‚Was ist mit euch los?‘ Sie sagten: ‚Wir können keine Nachrichten vom Himmel mehr aufschnappen! Und wir wurden mit Schuhub beschossen!‘ Sie sagten: ‚Das, was euch daran hindert, Nachrichten vom Himmel aufzuschnappen, muss ein ganz aktueller Vorfall sein. **Zieht aus** nach Osten, und nach Westen **und findet es heraus**, was euch von den Nachrichten der Himmel fernhält!‘
Diejenigen, die Richtung Tihaama zogen, kamen an einem Ort namens Nachla beim Propheten, salla-llahu 'alaihi wa Sallam, vorbei. Der (Ort) liegt auf dem Weg zum Suuq 'Ukaadh. Und der Prophet, salla-llahu 'alaihi wa Sallam, verrichtete das Fadschr- (Morgen-) Gebet mit

seinen S̲aḥaaba. Als sie (die Dschinn) den **Qur`aan vernahmen**, hörten sie ihm (seiner Rezitation) zu. Und sie sagten: ‚Bei Allah! **Dies ist es, das uns daran hindert, Nachrichten vom Himmel aufzuschnappen!'** Sie gingen zu ihren Leuten zurück und sagten: ‚Oh unser Volk! - Wir haben einen wunderbaren Qur`aan gehört, der zur Besonnenheit leitet, so haben wir an ihn geglaubt. Und wir werden unserem Herrn niemanden zur Seite stellen. ` Sprich: mir ist (als Offenbarung) eingegeben worden, dass eine **Schar Dschinn zuhörte**. Sie sagten: `Wir haben einen wunderbaren Qur`aan gehört der zur Besonnenheit leitet, so haben wir an ihn geglaubt. Und wir werden Unserem Herrn niemanden zur Seite stellen.'" (H̲adiit̲h̲ S̲aḥiiḥ Muslim)

S̲aḥaaba: Prophetengefährten. Suuq 'Ukaad̲h̲: Markt von 'Ukaad̲h̲ (Ukaz, Okaaz), zwischen Nachlah und at-Taa`if, der bekannteste Markt der Region vor dem Islaam. Er fand zwei Wochen im Jahr unter freiem Himmel statt und war ein Knotenpunkt der Weihrauchstraße von wirtschaftlicher Bedeutung. Die Stämme nutzten ihn dazu, ihre Beziehungen untereinander zu regeln, ihren Dichterstolz und die arabische Sprache zu pflegen. Makkah und die Ebene von 'Arafah sind nahe. Sie sagten: ‚Wir haben einen wunderbaren Qur`aan gehört …' (siehe Sure 72: 12).

In einem H̲adiit̲h̲ von at-Tirmidhi steht:
„… **und zuvor wurden sie nicht mit Schuhub beschossen**. Ibliis sagte: ‚Dies ist nur ein Vorkommnis, das sich auf der Erde ereignet hat!' So entsandte er seine Armeen … " Der Rest des H̲adiit̲h̲ ist ähnlich wie oben.

'Umar bin al-C̲h̲att̲t̲ab, rad̲ia-llahu 'anh, erzählte in einem

177

längeren Hadiith von einem Mann, der in der Dschahiliya (Zeit der Unwissenheit vor dem Islaam) Wahrsager gewesen war. Und er befragte ihn über genau diesen Tag, und was dessen **weiblicher Dschinn** ihm sagte. Da sagte der Mann: „Während ich auf dem Marktplatz war, kam sie ganz ängstlich zu mir und sagte: ‚Hast du nicht die Dschinn in ihrer Verzweiflung nach ihrer Schande gesehen? Und ihr Verfolgen der weiblichen Kamele und ihrer Reiter?' Ich ('Umar) unterbrach ihn und sagte: ‚Es ist wahr!'" (Hadiith Sahiih al-Buchaari). Sie folgten den Arabern auf der Suche nach dem Grund der Veränderung.

Die Weitergabe himmlischer Botschaften

'Abdullah ibn 'Abbaas, radia-llahu 'anhu, berichtete: Einer den Ansaar (Helfern der Auswanderer in Madinah) von den Gefährten von Allahs Gesandtem, salla-llahu 'alaihi wa Sallam, berichtete mir:
„Als wir nachts mit Allahs Gesandtem, salla-llahu 'alaihi wa Sallam waren, verbreitete ein Schihaab ein blendendes Licht. Allahs Gesandter, salla-llahu 'alaihi wa Sallam, sagte: ‚Was habt ihr in den Tagen der Dschaahiliyah (Unwissenheit vor der Offenbarung) gesagt, wenn so ein Schihaab herabfiel?' Sie sagten: ‚Allah und Sein Gesandter wissen es besser. Aber wir pflegten zu sagen, dass in dieser Nacht ein großer Mann geboren wurde, oder gestorben ist. ' Worauf Allahs Gesandter, salla-llahu 'alaihi wa Sallam, sagte: ‚(Diese Schuhub stürzen) **n**icht herab, wegen des Todes von irgendjemand, oder der Geburt von irgendjemand. Allah, subhaana-Hu wa ta'aala, erteilt einen **Befehl**,

178

wenn Er eine Sache beschlossen hat. Dann **singen die Thronträger**(engel) **Seinen Preis**, dann singen die Bewohner des Himmels, die ihnen nahe sind, Seinen Preis. Bis dieser Preis Allahs die erreicht, die im Sama` ad-Duniya sind. Dann fragen diejenigen, die den Thronträgern nahe sind, die Thronträger: ‚Was hat Euer Herr gesagt?' Und entsprechend geben sie weiter, was Er sagte. Dann fragen die Bewohner des Duniya-Himmels, was Er sagte. Dann suchen die Bewohner der Himmel Neuigkeiten (/ Information) von ihnen, bis die Neuigkeiten den Duniya-Himmel erreichen. In diesem **Weitergabe-Prozess** (schnappt der Dschinn auf), was er erlauschen kann – und er bringt es zu seinen Freunden. Und wenn die Engel die Dschinn sehen, dann attackieren sie diese mit Meteoren. Würden sie (die Dschinn) nur (weiter-)erzählen, was sie gehört haben, so wäre dies korrekt. Aber sie vermischen es mit Lügen und erfinden etwas dazu." (Hadiith Sahiih al-Buchaari)
Sama` ad-Duniya: der Welthimmel, der diesseitige Himmel. Das ist die unterste, von der Erde aus sichtbare, der sieben Himmelsphären. Eine ähnliche Version:

„Der Prophet, salla-llahu 'alaihi wa Sallam, sagte: ‚Wenn Allah eine Sache im Himmel entscheidet, dann **schlagen die Engel mit ihren Flügeln** in Hingabe an diesen Befehl, (und davon ertönt ein Geräusch) **wie eine an einen Felsen geschlagene Kette**. Ist dann die Angst aus ihren Herzen gewichen ist, so sagen sie: „Was hat Euer Herr gesagt?" Sie sagen: „Die Wahrheit! – Und Er ist Der Höchste, der Größte…" Er sagte: ‚Dann sind die Lauscher (unter den Dschinn) auf der Lauer etwas zu hören, einer über dem anderen, so (dass einer vom anderen) die Worte hört, und sie an den unter ihm weitergibt. Der **Schihaab** mag ihn (den Dschinn der am weitesten nach oben gekommen ist) treffen, bevor er sie (die Information/ die Nachricht) an den unter ihm weitergeben kann, und der letztere es dem Wahrsager oder einem Zauberer weitergeben kann. Oder er (*der Schihaab*) *trifft ihn* vielleicht nicht, bis er sie weitergegeben hat. Und er (der Dschinn) fügt (anschließend) 100 Lügen dazu. Und nur das erhaschte Wort aus den Himmeln ist wahr.'" (Hadiith Sahiih Muslim)

Also sollte jeder Muslim stark sein, laut Qur`aan auf Arabisch lesen, und leise Bittgebete wie vom „Hisn ul-Muslim". Denn all dies schwächt die Schaiyaatiin.

Wenn sich jemand nicht schützt, kann es passieren, dass ein Dschinn von dieser Person Besitz ergreift. Das kann diverse Effekte hervorrufen. Zum Beispiel: Krankheiten, ständige Kopfschmerzen, Verspannungen, Krämpfe ohne medizinischen Grund, Atembeklemmungen, Ängste bis hin zu Panikattacken, Lähmungen, Impotenz, Unfruchtbarkeit, Störungen menschlicher Beziehungen, Schlafstörungen, Alpträume, lautes Sprechen und Stöhnen im Schlaf und anderes.
Natürlich hat es auch oft mit ungesunder, „moderner" Lebens- und Ernährungsweise zu tun, wenn jemand Kopfschmerzen und diverse Krankheiten entwickelt. Man kann nicht alles auf Dschinn schieben!

Auch Dschinn sind zum Islaam und zu 'Ibaadah aufgerufen.

180

'Ibaadah besteht aus Allah wohlgefällige Handlungen.

So sagt Allah, subhaana-Hu wa ta'aala:
„Und Ich habe die Dschinn und die Menschen nur
erschaffen, **damit sie Mir dienen.**" (Sure 51:56)

Der Gesandte Allahs, salla-llahu 'alaihi wa Sallam, sagte:
„Ich wurde anderen Propheten durch sechs Eigenschaften
vorgezogen:
Mir wurden Worte gegeben, die knapp sind, aber mit
weitreichender Bedeutung.
Mein Sieg über den Feind findet durch Schrecken statt.
Die Kriegsbeute ist mir erlaubt.
Die Erde wurde mir rein und als Gebetsstätte gemacht.
Ich **wurde für die gesamte Schöpfung als Prophet
entsandt.**
Und die Reihe der Propheten ist mit mir abgeschlossen."
(Hadiith Saahiih Muslim)

Dschinn verfügen nur über einen begrenzten
Handlungsspielraum

Allah spricht Dschinn und Ins (Menschen) manchmal
zusammen an:

„Oh ihr Ma'schar der Dschinn und Ins ..." (Sure 55:33
und 6:130),
„... Wenn ihr aus den Bereichen der Himmel und der
Erde hinausdringen könnt, so dringt hinaus! Ihr werdet es
nicht können, außer mit einer Sultaan. (Sure 55:33)
Ma'schar: Gesellschaft, Versammlung. Sultaan: Macht,
Herrschaft, Ermächtigung.

Dschinn können sowohl Muslime sein, wenn sie den
Islaam annehmen, als auch Ahl ul-Kitaab (Leute des
Buches), wie manche von den Menschen. Und sie
können komplette Glaubensverweigerer sein.

Die Ahl ul-Kitaab, wie Juden und Christen, halten an
Büchern mit Erzählungen früherer Propheten und
Persönlichkeiten fest. Doch haben sie nicht mehr die
vollständige Offenbarung im Original. Denn nicht alles
wurde korrekt erhalten und übertragen. Was noch davon
vorliegt, ist daher Interpretation, eine etwas vage
Vorstellung über die Propheten und viel eigene
Meinungen der Späteren.

Die Dschinn sagten:
„Und unter uns gibt es **Rechtschaffene**, und unter uns
gibt es solche, die es nicht sind. Wir gehen getrennte
Wege." (Sure 72:11)
Getrennte Wege: verschiedene Glaubensrichtungen. Und:
„Und unter uns **sind Muslimuun**, und unter uns sind
Abweichende. Was nun die Abweichenden angeht, so
werden sie Brennholz der Hölle sein." (Sure 72:14/15)
Muslimuun: Muslime, Gottergebene.

Den Propheten wurde eine Sultaan gegeben. Und ihnen
wurden Himmel und Hölle gezeigt, wie al-Mi'raadsch,
die Himmelsreise, damit sie diese den Menschen gut
beschreiben konnten.
Sultaan: Macht, Herrschaft, Ermächtigung.

„Der Prophet, salla-llahu 'alaihi wa Sallam, vollzog den

Sudschuud, als er mit der Rezitation von Surat un-Nadschm zu Ende gekommen war. Und alle Muslime, und Götzendiener, und **Dschinn**, und menschliche Wesen **warfen sich mit ihm nieder.**" (Ḥadiith Saḥiih al-Buchaari)
Sudschuud: Niederwerfung. Surat un-Nadschm: Sure der Stern, siehe Sure 53:62.

Beim Lesen des Qur'aan erreicht man Stellen, an denen eine Niederwerfung erwähnt wird. Es ist überlieferte Sunnah, dann den Sudschuud zu vollziehen. Das Ende von Surat-un-Nadschm ist solch eine Stelle. Damit jeder Leser diese Sudschuud-Stellen im Qur'aan bemerkt, wurden sie markiert.

Auch die sehr eindringliche Sure an-Nadschm hat eine solche Sudschuud-Stelle. ist sehr eindringlich. Sie traf die, damals noch vorwiegend götzendienerischen, Bewohner von Makkah, bei der lauten Rezitation derart ins Innerste, dass sie sich spontan niederwarfen, was für alle ein überraschendes Erlebnis war. Dies hörten die Auswanderer in Abessinien und kehrten nach Makkah zurück, im Glauben, alle seien dort Muslime geworden. Das war jedoch noch nicht der Fall. Doch wurden später fast alle tatsächlich noch Muslime, als dann Makkah friedlich eingenommen wurde.
„Und als Wir eine **Schar der Dschinn veranlassten, sich zu dir zu begeben und dem Qur'aan zuzuhören!** Als sie sich bei ihm eingefunden hatten, sagten sie: ‚Horcht hin!' Als er dann zum Ende kam, kehrten sie zu ihrem Volk zurück, um sie zu warnen. Sie sagten: ‚Oh unser Volk! Wir haben ein Buch gehört, das nach Muusa herabgesandt worden ist, das zu bestätigen das vor ihm

war. Und das zur Wahrheit und zu einem geraden Weg
leitet. Oh unser Volk, erhöre Allahs Rufer, und glaube an
ihn. So vergibt Er euch von euren Sünden und gewährt
euch Schutz vor schmerzhafter Strafe. Wer Allahs Rufer
nicht erhört, der wird sich auf der Erde nicht entziehen
können. Und er hat außer Ihm keine Auliya`. Jene
befinden sich in deutlichem Irrtum.'" (Sure 46:29-32)
Auliya`: vertraute Berater.

Das war die „Nacht der Dschinn."

Dschaabir, radia-llahu 'anh, sagte:
„Der Gesandte Allahs, salla-llahu 'alaihi wa Sallam, kam
zu seinen Gefährten heraus, und rezitierte Surat ur-
Rahmaan für sie, von ihrem Anfang bis zu ihrem Ende,
und sie waren still (und hörten). So sagte er, salla-llahu
'alaihi wa Sallam:
,**Ich rezitierte** sie **den Dschinn** in der **Nacht der
Dschinn**. Und sie hatten eine bessere Antwort darauf als
ihr: Jedes Mal, wenn ich zu Allahs Aussage „Welche der
Wohltaten Eures Herrn wollt ihr beide (Dschinn und
Menschen) denn leugnen?" kam, sagten sie: „Wir
leugnen keine Deiner Wohltaten, Unser Herr, und
gepriesen seist Du!'" (Hadiith Sahiih Muslim, Kitaab us-
Salah, Buch: das Gebet)
Sura-t-ur-Rahmaan: Sure 55. Bis zu ihrem Ende: das sind
79 Verse. Ihr beide: Dschinn und Menschen. „Welche
der Wohltaten Eures Herrn wollt ihr beide denn
leugnen?" kommt 27 Mal in Surat-ur-Rahmaan vor!

'Abdullah bin Mas'uud, radia-llahu 'anh, sagte in Bezug
auf den Vers: 17:57 „Diejenigen, die sie anrufen, trachten
(selbst) nach einem Mittel der Annäherung an Ihren

Herrn", dass dieser Vers in Bezug auf eine Gruppe von Arabern offenbart wurde, die eine Gruppe unter den Dschinn anzubeten pflegten. Die Dschinn nahmen den Islaam an, aber die Leute beteten sie weiterhin an, ohne sich dessen bewusst zu sein. Dann wurde dieser Vers offenbart: „**Diejenigen, die sie anrufen, trachten** (selbst) **nach einem Mittel der Annäherung an Ihren Herrn.**" (Hadiith Sahiih al-Buchaari, Buch: Beginn der Schöpfung). Eine ähnliche Version steht im Sahiih Muslim.

Knochenfleisch als Speise der Dschinn

„'Aamir sagte: ,Ich fragte `Alqama, ob Ibn Mas'uud, radia-llahu 'anh, in der Nacht der Dschinn anwesend war. Er (Ibn Mas'uud) sagte: ,Nein, aber wir waren eines Nachts in der Gesellschaft des Gesandten Allahs, salla-llahu 'alaihi wa Sallam, und wir vermissten ihn (plötzlich). Wir suchten ihn in den Tälern und den Hügeln, und sagten: ,Entweder wurde er entführt. Oder er wurde heimlich ermordet!' Wir verbrachten die schlimmste Nacht, die Leute nur verbringen können. In der Morgendämmerung sahen wir ihn (dann) kommen, aus der Richtung von Hiri` ... der Prophet, salla-llahu 'alaihi wa Sallam, sagte: ,Einer von den Dschinn kam zu mir, um mich zu ihnen einzuladen. Und ich ging mit ihm und **las ihnen Qur`aan vor.**' Er ... ging dann mit uns und zeigte uns die Spuren, und Spuren ihrer Asche (von den Lagerfeuern). Sie (die Dschinn) fragten ihn über ihre Versorgung und er, salla-llahu 'alaihi wa Sallam sagte: ,**Jeder Knochen, über den der Name Allahs angerufen wurde** (mit „bismi-llah") ist eure Versorgung. Zu der

Zeit, **da er in eure Hand fallen wird, wird er mit Fleisch bedeckt werden.** Und **der Dung** (der Kamele) **ist Futter für eure Tiere.**' Der Gesandte, salla-llahu 'alaihi wa Sallam, sagte (zu den Menschen): ,Verrichtet kein Istindscha` mit diesen (zwei Dingen), denn diese sind die Speise eurer Brüder.'" (Hadiith Sahiih al-Buchaari)

Eurer Brüder: der gläubigen Muslime unter den Dschinn. Nacht der Dschinn: als der Gesandte Allahs, salla-llahu 'alaihi wa Sallam, mit ihnen war, um sie zu lehren, siehe Surat ul-Dschinn. Istindscha`: Reinigung auf der Toilette.

In einer anderen Version des Hadiith von Abu Huraira, radia-llahu 'anh, (siehe Überschrift „Dschinn essen Datteln und erzielen aus Knochen, Dung und Kohle für sich und ihre Tiere Speise") fragte er auch wieder den Propheten, salla-llahu 'alaihi wa Sallam, über die **Knochen** und den **Dung:** „... Er sagte: ,Sie sind **Speise für die Dschinn.** Die Abgeordneten der Dschinn aus (der Stadt) Nusaybiin kamen zu mir. Und wie angenehm diese Dschinn waren! Sie fragten mich nach den Resten der Speise der Menschen. Ich rief Allah für sie an, sodass sie nie an einem Knochen oder Dung von Tieren vorbeigehen, ohne dass sie **davon Speise erzielen.**'" (Hadiith Sahiih Muslim)

Dschinn bezeugen den Adhaan der Muslime am Tag der Auferstehung

'Abd ur-Rahmaan berichtete: „Abu Sa'iid al-Chudri, radia-llahu 'anh, erzählte meinem Vater: ,Ich sehe, dass du Schafe und die Wildnis liebst. So, wann immer du mit deinen Schafen oder in der **Wildnis bist, und du den Adhaan fürs Gebet ausrufen willst**, hebe deine Stimme dazu an! Denn wer auch immer den Adhaan hören wird, sei er ein Mensch, ein **Dschinn**, oder irgendwelche andere Geschöpfe, wird für dich ein **Zeuge sein am Tag der Auferstehung.**' Abu Sa'iid al-Chudri, radia-llahu 'anh, fügte hinzu: ‚Ich hörte es (diese Erzählung) von Allahs Propheten, salla-llahu 'alaihi wa Sallam.'" (Hadiith Sahiih al-Buchaari)

Adhaan: Gebetsruf. Die Stimme beim Adhaan anheben: dies gilt für Männer. Frauen sollten den Adhaan leise sprechen, wenn Männer es hören können, die Nicht-Mahram sind, also weder Ehemann, noch Vater, noch Sohn, noch Schwiegervater)

Dschinn sterben

„… Der Gesandte Allahs, salla-llahu 'alaihi wa Sallam, pflegte zu sagen:
‚Oh Allah. Dir habe ich mich ergeben. Und an Dich bekenne ich meinen Glauben. Und in Dich lege ich mein Vertrauen. Und Dir wende mich in Reue zu. Und mit Deiner Hilfe besiegte ich meine Widersacher. Oh Allah, ich nehme Zuflucht zu Deiner göttlichen Macht – es gibt keinen Gott außer Dir – davor, dass Du mich in die Irre gehen lässt. Du bist beständig (/ ewiglebend), nicht sterbend, wohingegen die Dschinn und die Menschen sterben.'" (Hadiith Sahiih Muslim)

Dschinn wissen, dass sie dereinst zur Rechenschaft

gezogen werden:

„... **Die Dschinn wissen** ja, **dass sie gewiss vorgeführt werden.**" (Sure 37:158)

Vorgeführt werden: zur Abrechnung, am Tag der Auferstehung. Gleich wie die Menschen.

Die Menschen hören auch immer wieder, dass sie zur Rechenschaft gezogen werden. Dennoch wenden sich nicht alle dem Glauben zu!

Allah ist der Schöpfer, der alles organisiert und lenkt und über alles Macht hat.
Auf Arabisch heißt das „yudabbiru l-`Amr".

„...Er regelt die Angelegenheit ..." (Sure 10:3,13, 13:2, 32:5)
Dschinn und Menschen können nichts von der Macht Allahs hinwegnehmen, auch wenn sie sich alle zusammentäten!
In einem langen Ḥadiith (hier anfangs etwas gekürzt) sagte der Prophet, ṣalla-llahu 'alaihi wa Sallam: „Allah, subḥaana-Hu wa taa'ala, sagte: ‚Ich habe mir selbst Ungerechtigkeit verboten ... Oh meine Diener! Ihr könnt mir weder Schaden zufügen, noch mir einen Nutzen bringen.
Oh meine Diener, wenn der Erste von euch und der Letzte von euch, die Menschen von euch und die Dschinn von euch, so gläubig wären wie das gläubigste Herz irgendeines Mannes unter euch, so würde das Mein

Reich um nichts erweitern.

Oh meine Diener! Wenn der Erste von euch und der Letzte von euch, die Menschen von euch und die Dschinn von euch, so boshaft wären wie das boshafteste Herz irgendeines Mannes unter euch, so würde das **Mein Reich um Nichts verringern.**

Oh meine Diener, wenn der Erste von euch und der Letzte von euch, und die Menschen von euch und die Dschinn von euch an einem Platz stehen würden, um mich um etwas zu bitten, und Ich jedem geben würde, worum er mich bittet, so würde dies, was Ich habe, um nicht mehr verringern als eine Nadel, die ins Meer getaucht wird, dieses verringert.

Oh Meine Diener, **es sind nur eure Taten, die Ich euch anrechne. Und dann belohne ich euch dafür.**

So lasse den, der (dereinst im Jenseits) Gutes vorfindet, Allah loben. Und **lasse den, der** (im Jenseits) **anderes vorfindet, nur sich selbst die Schuld geben.**'" (Ḥadiith Ṣaḥiiḥ Muslim)

12. Der Weg ins Paradies

„Wahrlich, jene, die sagen: ‚**Rabbuna-llah**', und **sich dann aufrichtig verhalten** – auf sie kommen die **Engel** herab: ‚Fürchtet euch nicht, und seid nicht traurig. Und vernehmt die **frohe Botschaft von Dschannah,** das euch versprochen wurde. **Wir sind eure Beschützer** im Duniya un Aachirah: darin werdet ihr alles haben, was eure Seelen begehren. Und darin werdet ihr haben, was ihr erbittet. Eine gastliche Aufnahme von einem Vergebenden, Barmherzigen.'" (Sure 41:30-32)
Rabbuna-llah: Unser Herr ist Allah. Duniya: Diesseits, irdisches Leben. Aachirah: Jenseits. Dschannah: Paradies.

„Und als euer Rabb (Herr) ankündigte: ‚Wenn ihr dankbar seid, werde ich euch gewiss mehr geben. Wenn ihr aber undankbar seid, dann ist meine Strafe wahrlich streng.'" (Sure 14:7)

„Und dies ist eine gesegnete Ermahnung, die Wir hinabgesandt haben. Wollt ihr sie denn verwerfen?" (Sure 21:50)

„Unser Rabb, gib uns von Dir aus Rahma, und gewähre uns Rechtleitung in unseren Angelegenheiten." (Sure 18:10)
Rabb: Herr. Rahmah: Barmherzigkeit.

Man sollte darauf achten, den Einfluss des Schaitaan auf die Seele zu verringern:

„Die *unmäßig Ausgebenden sind ja die Brüder des Schaitaan*. Und der Schaitaan ist Seinem Herrn dankverweigernd!" (Sure 17:27)

„Soll ich euch kundtun, auf wen die *Schaiyaaṯiin herabsteigen*? Sie steigen herab *auf jeden mutwillig lügnerischen Sünder.*" (Sure 26:222)

„Es hat sich der Schaitaan ihrer bemächtigt, und hat sie das Gedenken an Allah vergessen lassen: diese sind die Partei des Schaitaan. Ist nicht die Partei des Schaitaans die Verlierende?" (Sure 58:19)

Allah, subhaana-Hu wa ta'aala, teilt uns deutlich mit, wen Er nicht liebt

(weil durch ihr Verhalten Gefühle und Rechte der anderen verletzt werden)

„Und neigt euch nicht zu (/ sucht nicht eine Stütze bei) denen, sodass euch das Feuer nicht erfasse ... " (Sure 11:113)

Ladhiina dhalamuu: die ungerecht sind, Unrecht tun, Shirk begehen.

„... Und Allah liebt nicht die *Dhaalimiin*." (Sure 3:57; 3:140; 42:40)

Dhaalimiin: Ungerechte, Unrechthandelnde.

191

„… Wahrlich, Allah liebt nicht die *Mu'tadiin*." (Sure
2:190; 5:87; 7:55)
Mu'tadiin: Übertreter, die Grenzen von Allah
überschreiten.

„… Wahrlich, Er liebt nicht die *Musrifiin*." (Sure 6:140;
7:31)
Musrifiin: Maßlose.

„Doch wenn sie sich abkehren, so liebt Allah die
Kaafiriin nicht." (Sure 3:32; 30:45)
Kaafiriin: Glaubensverweigerer, Glaubensableugner,
Ungläubige, Undankbare.

„… Und Allah liebt nicht jeden *Kaffaarin athiim*." (Sure
2:276)
Kaffaarin athiim: beharrlicher Glaubensverweigerer und
Sünder.

„… Wahrlich, Er liebt nicht die *Mustakbiriin*." (Sure
16:23)
Mustakbiriin: Hochmütige, Arrogante.

„… Wahrlich, Allah liebt nicht, wer *muchtaalan
fachuuran* ist." (Sure 4:36; 31:18; 57;32)
Muchtaalan fachuuran: eingebildet, prahlerisch,
angeberisch.

„… Wahrlich, Allah liebt die *Farihiin* nicht." (Sure
28:76)
Farihiin: Frohlockende.

„... Wahrlich, Allah liebt nicht die *Chaa`iniin.*" (Sure 8:58)
Chaa`iniin: Verräter.

„... Wahrlich, Allah liebt nicht wer ein *Chawaanan athiiman* ist." (Sure 4:107)
Chawaanan athiiman: verräterischer Sünder.

„... Und Allah liebt nicht die *Mufsidiin.*" (Sure 5:64; 28:77)
Mufsidiin: Unheilstifter, die Fasaad verbreiten, also Schlechtes, Korruption, Chaos.

„Worauf warten sie denn, wenn nicht darauf, dass Engel zu ihnen kommen, oder dass der Befehl Deines Herrn eintrifft? So taten schon jene, die vor ihnen waren. Allah war nicht ungerecht gegen sie, doch sie waren ungerecht gegen sich selbst. So erreichten sie die bösen Folgen ihres Tuns. Und das, was sie zu verhöhnen pflegten, umschloss sie von allen Seiten." (Sure 16:34)

Ist es nicht ein Menschenrecht der Schöpfung, dass sie sich gegenseitig stützen und im Guten und im Aufbau kooperieren – und darin die Wahrheit sagen und verbreiten? Das endet schließlich gut.

Anstatt im Schlechten zu kooperieren, die Schöpfung zu zwingen, krank und gegen ihre Natur zu leben und sie durch Lügen zu korrumpieren – was einen schlechten Ausgang nehmen wird.

Und Allah, subhaana-Hu wa ta'aala, teilt uns deutlich mit, wen Er liebt:

(weil durch ihr Verhalten das Gute vermehrt und das Schlechte überwunden wird)

„… Wahrlich, Allah liebt die **Mutawakkiliin**." (Sure 3:159)
Mutawakkiliin: die sich auf Ihn verlassen.

„… Wahrlich, Allah liebt die **Muttaqi**in." (Sure 3:76, 9:4)
Muttaqiin: Gottesfürchtige.

„… Tut Gutes! Wahrlich, Allah liebt die **Mu**ẖ**siniin**." (Sure 2:195),
Muẖsiniin: Gutes Tuende.

„Die in Freude und Leid ausgeben, und ihren Grimm zurückhalten. Und Allah liebt die Muẖsiniin." (Suren 3:134; 3:148; 5:13; 5:93)

„… Wahrlich, Allah liebt die **Muqsi**ṯ**iin**." (Sure 5:42; 49:9; 60:8)
Muqsiṯiin: Gerechte

„… Und Allah liebt die **Ṣaabiriin**." (Sure 3:146)
Ṣaabiriin: Geduldige, Standhafte.

„… Wahrlich, Allah liebt die **Tawwaabiina** und liebt die **Muta**ṯ**ahhiriin**." (Sure 2:222)
Tawwaabiin: Reumüge, zur Reue Kommende.

194

Mutatahhiriin: sich Reinigende, die sich reinhalten.
Allah ruft die Menschen zur Reue auf:

„Oh die ihr glaubt, kehrt zu Allah zurück in aufrichtiger
Reue ..." (Sure 66:8)

Nochmals die Bedingungen der aufrichtigen Reue:

a) Sofortiges Distanzieren von der Sünde, b) das
Vergangene bereuen, c) Entschlossenheit, nicht
zur Sünde zurückzukehren, d) Rückerstattung der
Rechte der unrecht Behandelten oder versuchen,
ihre Vergebung zu erlangen.

„... Allah wird den **Schaakiriin** vergelten." (Sure 3:144)
Schaakiriin: Dankbaren. Allah wird es den Dankbaren
mit Gutem vergelten/ kompensieren.

„Sprich: wenn ihr Allah liebt, dann folgt mir. So wird
Allah euch lieben und euch eure Sünden vergeben. Denn
Allah ist Ghafuur ur-Rahiim!" (Sure 3:31)
Ghafuur: Der Vergebende. Rahiim: Der eine spezielle
Rahmah für Seine gläubigen Diener hat, die Er anderen
so nicht gewähren wird.

'Aischah, radia-llahu 'anha, berichtet, dass der Gesandte
Allahs, salla-llahu 'alaihi wa Sallam, sagte: „Allah liebt
Güte in allen Dingen." (Hadiith Sahiih al-Buchaari und
Muslim) Und:

„Die beliebteste Tat beim Gesandten Allahs, salla-llahu

'alaihi wa Sallam, war die von jemand regelmäßig (/ dauerhaft) vollbrachte." (Hadiith Sahiih al-Buchaari) Also lieber wenig regelmäßig tun, als viel auf einmal – und nachher alles lassen.
Nicht übertreiben und nicht untertreiben!

Und: Güte alleine reicht nicht aus! Gegen die Mächte des Bösen braucht es auch Stärke.

Der Prophet, salla-llahu 'alaihi wa Sallam, sagte: **„Der starke Gläubige ist Allah lieber als der schwache.** Aber in beiden steckt Gutes. Halte dich fest an das, was dir nutzt. Bitte Allah um Hilfe und gib nicht auf! Sollte dir etwas zu schaffen machen, so sag nicht: ‚Wenn ich doch (lieber) dieses und jenes getan hätte!' Sondern du sollst sagen: ‚Qaddara-llah, wa maa schaa`a fa'ala!' – ‚So hat Allah es bestimmt, und Er tut was Er will.' Denn *‚wenn' öffnet dem Schaitaan die Tür."* (Hadiith Sahiih Muslim, Riyaad us-Saalihiin Nr. 100)

„Oh die ihr glaubt! Gedenkt Allahs in häufigem Gedenken. Und lobpreist Ihn morgens und abends. Er ist es, Der euch segnet. Und Seine Engel bitten für euch, dass Er **euch aus den Finsternissen zum Licht** führe. Und Er ist barmherzig gegen die Gläubigen. Ihr Gruß am Tage, da sie Ihm begegnen, wird sein: ‚Frieden!' Und Er hat für sie einen ehrenvollen Lohn bereitet." (Sure 33:4144)

Der Prophet salla-llahu 'alaihi wa Sallam, hat gesagt: „…, soll ich dich nicht zu einem der Schätze des

Paradieses führen? ... Sprich: ‚**La Hawla wa la Quwattah illa bi-llah**!'" (Hadiith Sahiih al-Buchaari und Muslim) ‚Es gibt keine Macht und keine Kraft außer bei Allah.'

Unser Verhalten im Duniya (Diesseits) und dessen Folgen

Der Gesandte Allahs, salla-llahu 'alaihi wa Sallam, sagte: „Kein Sterblicher stirbt, wobei (unzulässige) Wehklagen erhoben werden, wie ‚Oh mein (Schutz-)Berg! Oh mein Gebieter!' usw., ohne dass zwei (bevollmächtigte) **Engel ihn sich vorknöpfen**, und ihn mit Faustschlägen auf dessen Brust fragen: ‚Warst du tatsächlich so?'" (Hadiith hasan, überliefert von at-Tirmidhi, Riyaad us-Saalihiin Nr. 1666)

„Zu jenen, die *Unrecht gegen sich selbst verübt* haben, sagen die Engel, wenn sie sie abberufen: ‚In welchen Umständen habt ihr euch befunden?' Sie antworten: ‚Wir wurden als Schwache im Land behandelt!' Da sprechen jene: ‚War Allahs Erde nicht weit genug für euch, dass ihr darin hättet **auswandern** können?' Sie sind es, deren Herberge *Dschahannam* sein wird, und schlimm ist das Ende! Ausgenommen davon sind die unterdrückten Männer, Frauen und Kinder, die über keinerlei Möglichkeiten verfügen, und keinen Ausweg finden. Diese sind es, denen Allah vergeben möge. Denn Allah ist Vergebend, Verzeihend. Und wer für die Sache Allahs auswandert, der wird auf Erden genug Stätten der

Zuflucht und der Fülle finden. Und wer seine Wohnung verlässt, und zu Allah und Seinem Gesandten auswandert, und dabei vom Tode ereilt wird, für dessen Lohn sorgt Allah. Und Allah ist Verzeihend, Barmherzig." (Sure 4:97-100)

Der Prophetengefährte Handhalah sagte zum Prophetengefährten Abu Bakr, radia-llahu 'anhumaa: „... ‚Wenn wir vor dem Propheten, salla-llahu 'alaihi wa Sallam, versammelt werden, und er salla-llahu 'alaihi wa Sallam, uns von Paradies und Hölle erzählt, fühlten wir uns als ob diese vor unseren Augen wären. Und wenn wir ihn verlassen, und uns mit unseren Gärten beschäftigen, vergessen wir vieles.' Abu Bakr, radia-llahu 'anh, sagte: ‚Bei Allah! Wir sind in derselben Situation!' Da gingen sie beide zum Gesandten Allahs, salla-llahu 'alaihi wa Sallam, ... der Gesandte Allahs, salla-llahu 'alaihi wa Sallam, sagte: ‚Bei Allah, in Dessen Hände mein Leben ruht! Wenn ihr im selben Zustand verbleibt, in dem ihr mit mir wart, mit euren Gedanken bei Allah, würden Engel herabkommen, um euch die Hand zu geben, wenn ihr in euren Betten und auf den Wegen seid! Doch, Ya Handhalah, Saa'atan wa Saa'ah (**alles zu seiner Zeit**)!' Und er, salla-llahu 'alaihi wa Sallam, wiederholte diesen Satz dreimal." (Hadiith Sahiih Muslim, Riyaad us-Salihiin Nr. 151)

Wer von den Thaqalaan (Menschen und Dschinn, s. Surat-al-Rahmaan, Vers 31) an Allah und Seine Propheten glaubt, und ihnen nach bestem Vermögen folgt, der wird ins Paradies eintreten. Oh Allah, mache uns würdig, in deine Paradiesgärten eintreten zu dürfen!

198

Und wer von ihnen glaubensverweigernd ist und bleibt, wird in der Hölle enden. Und wir nehmen unsere Zuflucht zu Allah vor einem Ende in der Hölle. „Der Gesandte Allahs, salla-llahu 'alaihi wa Sallam, sagte: ‚Wenn Allah etwas Gutes für Seinen Diener will, verwendet er ihn!' Sie fragten: ‚Wie verwendet er ihn?' Er antwortete: ‚Er leitet ihn zu guten Taten recht, bevor er stirbt.'" (Hadiith sahiih, überliefert von Ahmad und at-Tirmidhi), und:

„‚Wenn Allah etwas Gutes für Seinen Diener will, versüßt er ihn!' Er wurde gefragt: ‚Was ist diese Süße?' Er antwortete: ‚Allah leitet ihn recht zum Verrichten rechtschaffener Taten, bevor er stirbt. Dann nimmt er (seine Seele), während er in diesem Zustand ist.'" (Hadiith sahiih, überliefert von Ahmad)

„**Jede Seele wird den Tod kosten**. Und erst am Tag der Auferstehung wird euch euer Lohn in vollem Maße zukommen. Wer dann dem (Höllen-)Feuer entrückt und in den (Paradies-)Garten eingelassen wird, der hat fürwahr Erfolg erzielt. Und das diesseitige Leben ist nur trügerischer Genuss. Ihr werdet ganz gewiss in euch selbst und in eurem Besitz geprüft werden..." (Sure 3:185-186)

Der Prophet, salla-llahu 'alaihi wa Sallam, sagte: „Ein Mensch, **dessen letzte Worte ‚La ilaha illa-llah'** sind, betritt das Paradies." (Hadiith sahiih, überliefert von at-Tirmidhi) ‚Es gibt keinen Gott außer Allah.'

„Als Buraydah ibn al-Ḥusayb, radia-llahu 'anh, in Chorasaan war, besuchte er einen seiner Brüder, der krank war. Er fand ihn im Sterben liegend vor, und auf der Stirn schwitzend. Er sagte: ‚Allahu akbar! (Allah ist größer!) Ich hörte den Gesandten Allahs, salla-llahu 'alaihi wa Sallam, sagen: »Der Gläubige stirbt mit Schweiß auf seiner Stirn!«'" (Ḥadiith ṣaḥiiḥ, überliefert von Aḥmad, at-Tirmidhi, an-Nasaa´i)

Diese sind unter den Zeichen eines guten Endes. Oh Allah, wir bitten Dich um ein gutes Ende.

„Allahumma zid-na wa laa tanquṣna. Wa akrimna wa la tuhin-na. Wa a'ṭi-na wa la taḥrim-na. Wa aathir-na wa la tu`thir 'alaiy-na. Wa ardina warḍa 'anna. " (Ḥadiith ṣaḥiḥ, überliefert von at-Tirmidhi und al-Ḥaakim) „Oh Allah, vermehre uns (Deine Wohltaten, Deinen Segen), und verringere sie uns nicht. Und ehre uns, und demütige uns nicht. Gewähre uns von Deiner Gnade und entziehe sie uns nicht. Gib uns Vorzug über andere (da wir uns abmühen, Deinen Diin hochzuhalten) und nicht anderen über uns. Und mache uns zufrieden (mit allem) und gewähre und Dein Wohlgefallen."
„Und wer etwas Anderes als den Islaam als Diin begehrt, so wird es von ihm nicht angenommen werden. Und im Jenseits wird er einer der Verlierer sein." (Sure 3:85) Diin: Religion, Religionskonzept.

„Oh ihr Menschen! Nun ist von Eurem Herrn eine Ermahnung gekommen, und eine Heilung für das, was euch in eurer Brust bewegt. Und eine Führung und Barmherzigkeit für die Gläubigen." (Sure 10:57)

Die Rolle der Propheten

Alle Propheten riefen zum Tawhiid und zur Besserung auf!

„Und Wir haben vor dir keinen Propheten gesandt, außer dass Wir ihm eingegeben hätten: ‚**Es gibt keinen Gott außer Mir, so dient Mir!**'" (Sure 21:25)
Vor dir: vor dem Propheten Muhammad, salla-llahu 'alaihi wa Sallam.

„... **Ich möchte nur Besserung, soweit ich es vermag.**
Und mein Gelingen ist nur durch Allah: auf Ihn vertraue ich, und Ihm wende ich mich reumütig zu." (Sure 11:88)

„Und Wir haben ja bereits **in jeder Ummah** einen Gesandten erweckt (der sagte): ‚**Dient Allah und meidet at-Taaghuut.**" (Sure 16:36)
Ummah: Glaubensgemeinschaft eines Propheten.
Taaghuut: Götze, falscher Gott. Plural: Tawaghiit.

Ibn al-Qayyim, rahimahu-llah (möge Allah ihm barmherzig sein) sagte: „At-Taaghuut ist jeder, für den der Diener Allahs die Grenzen überschreitet. Sei es, dass jemand angebetet, ihm gefolgt oder gehorcht wird."
Tawaaghiit sind zahlreich, an der Spitze steht Ibliis selbst. Danach auch alle, die angebetet werden und denen das gefällt. Dagegen haben es die Propheten alle abgelehnt, dass sie angebetet werden: Sie wiesen vielmehr alle auf die Anbetung nur von Allah alleine hin, das ist der Tawhiid.

„Sag: ‚Wir glauben an Allah und was auf uns hinabgesandt worden ist. Und was auf Ibrahiim hinabgesandt wurde, und Isma'iil und Ishaaq und Ya'quub und die Stämme, und was Muusa gegeben wurde, und 'Isa und den Propheten von ihrem Herrn, wir machen keinen Unterschied zwischen ihnen. Und wir sind Ihm Muslimuun.'" (Sure 3:84)
Ishaaq: Isaak, Ya'quub: Jakob, 'alaihima-s-Salaam. Ihm Muslimuun: Ihm ergeben, für Ihn Muslime.

„Oh die ihr glaubt! Glaubt an Allah und Seinen Gesandten, und die Schrift die Er hinabgesandt hat, und die (Original-)Schrift die er zuvor hinabgesandt hat. Und wer den Glauben verweigert an Allah, und Seine Engel, und Seine Schriften, und Seine Gesandten und den letzten Tag, der ist schon weit fehlgegangen." (Sure 4:136)

„…, sondern al-Birr ist, wer an Allah glaubt, und al-Yawm ul-Aachir, und **al-Malaa`ikati,** und al-Kitaab, wa Nabiyiin…" (Sure 2:177)
Al-Birr: die Güte, die Frömmigkeit. Yawm ul-Aachir: der Jüngste Tag. Wa: und. Al-Kitaab: das geoffenbarte Buch. Nabiyyiin: Propheten.
Der Glaube an die Malaa`ikah ist eine der sechs Säulen des Imaan, Arkaan ul-Imaan: der Imaan an Allah, der **Imaan an Seine Engel**, der Imaan an Seine (geoffenbarten, originalen) Bücher, der Imaan an Seine Propheten, der Imaan an den Jüngsten Tag, der Imaan an Allahs Bestimmung, sei es gut oder schlecht (siehe Hadiith Dschibriil, 'alaihi-s-Salaam, in dem er, der Prophet Muhammad, salla-llahu 'alaihi wa Sallam, über Imaan gefragt wurde und antwortete, Version von

Muslim)
„Und den Himmel haben Wir mit Kraft aufgebaut. Und
Wir weiten (ihn) wahrlich (noch weiterhin) aus. Und die
Erde haben Wir ausgebreitet, wie trefflich haben Wir
(sie) geebnet! Und von allem haben wir ein Paar
erschaffen, so dass ihr bedenken möget! So **flieht zu
Allah**! Wahrlich, ich bin euch von Ihm ein deutlicher
Warner. Und setzt neben Allah keinen anderen Gott.
Wahrlich, ich bin euch von Ihm ein deutlicher Warner."
(Sure 51:47)

Abu Hurairah, radia-llahu 'anh, berichtete, dass er den
Gesandten Allahs, salla-llahu 'alaihi wa Sallam,
Folgendes sagen hörte:
„Stellt euch vor, jemand von euch hätte vor seiner
Haustür einen Fluss, in dem er fünfmal am Tag baden
würde. Würde dann etwas von seinem Schmutz an ihm
zurückbleiben?' Die Leute antworteten: ‚An ihm würde
nichts von seinem Schmutz zurückbleiben!' Der Prophet
sagte: ‚Genauso ist es mit den fünf Gebeten, durch
welche Allah die Sünden tilgt.'" (Hadiith Sahiih al-
Buchaari)

„Dies ist al-Kitaab, an dem es keinen Zweifel gibt, eine
Rechtleitung für die Gottesfürchtigen: (jene,) die den
Imaan an das Verborgene haben, das Gebet
(ordnungsgemäß) verrichten, und von dem, das Wir
ihnen an Versorgung gewährten, ausgeben. Und
diejenigen, die den **Imaan** an das **haben**, was dir
hinabgesandt wurde und an das, was vor dir hinabgesandt
wurde, und die über al-Aachirah Gewissheit haben. Diese
folgen der Rechtleitung ihres Herrn, und diese sind die
Muflihuun." (Sure 2:2-5)

Al-Kitaab: die Schrift, das Buch. Gebet ordnungsgemäß verrichten: nach der Sunnah des Propheten Muḥammad, ṣalla-llahu 'alaihi wa Sallam – dir hinabgesandt, vor dir: die originalen Schriften. Aachirah: Jenseits. Mufliḥuun: Erfolgreiche.

Scheich Muḥammad ibn Ṣaliḥ al-'Uthaimin, raḥimahu-llah, möge Allah ihm gnädig sein, sagte: „Es ist verwunderlich, dass – wer nach dem Leben im Jenseits strebt, ein gutes Leben im Diesseits haben wird. Und wer nach dem Leben im Diesseits strebt, dessen Diesseits und Jenseits verloren geht." (Tafsiir Surat-ul-Baqarah 23:3)

Der Prophet, ṣalla-llahu 'alaihi wa Sallam, sagte: „Dieser Glaube ist gewiss einfach … **Übertreibt nicht und untertreibt nicht**. Und seid damit zufrieden. Und sucht Allahs Hilfe im Gebet am Morgen und am Abend, und im letzten Teil der Nacht." (Hadiith Ṣahiih al-Buchaari, Riyaad us-Ṣaalihiin, Nr. 145)
Im letzten Teil der Nacht: im freiwilligen Qiyaam ul-Lail-Gebet. Qiyaam: Stehen, Lail: Nacht.Zwei Raka'at (Gebetseinheiten) sind besser als nichts. Wer kann, betet jeweils in Einheiten von zwei Raka'at, insgesamt acht Gebetseinheiten. Und schließt mit den drei Raka'at Witr-Gebet ab. Witr: ungerade, hier sind die drei letzten Rak'at vor dem Schlafengehen gemeint.
 Eine ähnliche Version endet mit dem Satz: „… **Nach und nach werdet ihr so an euer Ziel gelangen**." (Hadiith Ṣahiih al-Buchaari). Und:

„… **was ich euch verboten habe, das lasst. Und was ich euch befohlen habe, das befolgt**, so gut ihr könnt." (Hadiith Ṣahiih al-Buchaari)

Das letzte Drittel der Nacht:

„Der Prophet, salla-llahu 'alaihi wa Sallam, pflegte folgendes Bittgebet zu sprechen, wenn er in der Nacht beten wollte:
‚Oh Allah, Mein Gott! Dir gebührt alles Lob. Du bist Der Erhalter der Himmel und der Erde und dessen, was in den beiden ist. Du bist des Lobes würdig. Und Dein ist das Königreich der Himmel und der Erde und dessen, was in den beiden ist. Du bist des Lobes würdig. Und du bist das Licht der Himmel und der Erde. Dir gebührt alles Lob. Du bist der König der Himmel und der Erde. Du bist des Lobes würdig. Und Du bist die Wahrheit. Und Dein Versprechen ist die Wahrheit. Die Begegnung mit Dir ist wahr. Dein Wort ist wahr. Und das Paradies ist wahr. Und das Höllenfeuer ist wahr. Und die Propheten sind wahr, und Muhammad, salla-llahu 'alaihi wa Sallam, ist wahr. Die Stunde ist wahr. Oh Allah, Mein Gott! Dir habe ich mich ergeben (aslamtu), und an Dich glaube ich. Auf dich vertraue ich. Zu Dir kehre ich reumütig zurück. Mit Deiner Beweismacht disputiere ich. Und auf Dein Richten verlasse ich mich. So vergibt mir, was ich getan habe, und was ich noch begehen werde. Und was ich im Verborgenen und was ich offenkundig tue. Du bestimmst das Erste, und Du bestimmst das Letzte. Und es gibt keinen Gott außer Dir … Und es gibt keine Macht noch Kraft außer durch Allah.'" (Hadiith Sahiih al-Buchaari)
Von diesem Hadiith gibt mehrere, sehr ähnliche Versionen im Sahiih Muslim und al-Buchaari.

Der Gesandte Allahs, salla-llahu 'alaihi wa Sallam, sagte:

„Unser Herr, Der Segensreiche und Erhabene, steigt jede Nacht zum Himmel dieser Welt herab, im letzten Drittel der Nacht. Und sagt: ‚Wer ruft Mich, sodass ich ihn erhöre? **Wer erbittet Meine Vergebung, so dass Ich ihm vergebe?**‘“ (Hadiith Sahiih Muslim, al-Buchaari, und andere)

Ibn Mas'uud berichtete, dass ein Mann eine Frau (widerrechtlich) küsste, und sodann zum Propheten, salla-llahu 'alaihi wa Sallam, kam, und ihm davon berichtete. Darauf offenbarte Allah: ‚Und verrichte das Gebet an den beiden Enden des Tages, und in den Stunden der Nacht, die dem Tag näher sind. Wahrlich, **die guten Taten tilgen die schlechten** ... ‘ (Sure 11:114) Und der Mann sagte: ‚Oh Gesandter Allahs, gilt dies auch für mich?‘ Der Prophet antwortete: ‚Für meine Ummah insgesamt!‘“ (Hadiith Sahiih al-Buchaari)

„Ein Beduine sagte zum Gesandten Allahs, salla-llahu 'alaihi wa Sallam: ‚Wann trifft die Stunde ein?‘ Der Gesandte Allahs, salla-llahu 'alaihi wa Sallam, sagte: ‚Was hast du dafür vorbereitet?‘ Er sagte: ‚Die Liebe zu Allah und seinen Gesandten!‘ Da sagte er: **‚Du wirst mit denen sein, die du liebst!**‘“ (Hadiith Sahiih Muslim)

„Allah ist der Wali derjenigen, die Imaan haben. Er bringt sie aus den Finsternissen heraus ins Licht ...“ (Sure 2:257)
Imaan: verinnerlichter Glaube

13. Engelsfluch und Engelshilfe

Es ist besser, dass man sich so verhält, dass die Engel für einen Bittgebete verrichten, als dass sie einen verfluchen, was sie durchaus auch tun.

„Wer aber als Religion etwas Anderes als den Islaam begehrt ... *ein Volk ... das ungläubig wurde, nachdem es den Glauben hatte* ... Ihr Lohn ist, dass auf ihnen der Fluch Allahs, der Engel, und der Menschen insgesamt lastet." (Sure 3:87)

„... Der Gesandte Allahs, ṣalla-llahu 'alaihi wa Sallam, sagte:
‚Wenn *der Ehemann seine Frau zu seinem Bett ruft, und sie kommt nicht z*u ihm, und er verbringt die gesamte Nacht ärgerlich auf sie, fluchen die Engel die ganze Nacht über sie, bis zum Morgen." (Ḥadiith Ṣaḥiiḥ al-Buchaari und Muslim, Riyaaḍ us-Ṣaaliḥiin Nr. 281)
Denn die Erfüllung des Sexualtriebs auf erlaubte Weise ist eine der wichtigen Hilfen, um Ehebruch zu vermeiden. Und:

„... Madinah ist ḥaram, von 'Air bis Thaur. So wer darin eine *Schandtat begeht,* oder solch einer Person Unterschlupf gewährt, ... wer den Bund mit einem Muslim bricht, ... wer wissentlich seine Abstammung einem Mann außer seinem (leiblichen) Vater zuschreibt, oder *einen falschen* Schutzstamm *angibt,* der verdient

den Fluch Allahs, der Engel und der Menschen insgesamt. Und von ihm wird Allah am Tag der Auferstehung weder Reue noch Schadensersatzleistung annehmen." (Hadiith Sahiih al-Buchaari und Muslim, Riyaad us-Saalihiin Nr. 1804)
Haraam: heilig, verwehrt.

„Wahrlich, jene die glaubensverweigernd sind, und mit *ihrer Glaubensverweigerung sterben*, auf denen lastet der Fluch Allahs und der Engel und der Menschen insgesamt. Darin werden sie ewig sein. Die Strafe wird ihnen nicht erleichtert, und es wird ihnen kein Aufschub gewährt." (Sure 2:161-162)

Der Prophet, salla-llahu 'alaihi wa Sallam, sagte:
„Wer immer etwas *Neues* in die Religion *einführt* oder einen beherbergt, der Neues einführt, der wird verflucht von Allah, den Engeln, und der gesamten Menschheit." (Hadiith sahiih, überliefert von an-Nasaa`i)

Die Offenbarung steht Allah zu und ist zu schützen.

Man sollte auf jeden Fall versuchen, sich für die Tage der Suche nach der „Lailat-ul-Qadr" in den letzten zehn Tagen des Fastenmonats Ramadaan eine Auszeit zu nehmen. So ist es möglich, von der Anwesenheit einer besonders großen Zahl an Engeln zu profitieren, die für diejenigen Bittgebete sprechen, die sich um Besserung mühen. Bedenke, dass diese Engel aufhören, für

diejenigen Bittgebete zu sprechen, die sich erst gut verhalten hatten, es dann aber aufgaben. Das Beste ist also, sich stets um den Weg des Glaubens zu bemühen, und wenn man nachgelassen haben sollte, sich sogleich wieder neu zu bemühen.
Lailat-ul-Qadr: Nacht der Bestimmung, die „heilige, stille, friedvolle Nacht."

Das Bittgebet der Gläubigen, das man in dieser Nacht, unter anderen Bittgebeten, ganz besonders oft sprechen sollte, lautet „Allahumma, innaka 'afuwan, tuhibbul 'Afuwa, fa'fu 'anni." – „Oh Allah, Du bist der Vergebende, Du liebst die Vergebung, so vergib mir."

„Und was lässt dich wissen, was die **Lailat-ul-Qadr** ist? Die Lailat-ul-Qadr ist besser als 1000 Monate. Es **kommen die Engel und der Ruuh** in ihr **herab**, mit der Erlaubnis Ihres Herrn, in jeder Angelegenheit. Frieden ist sie, bis zum Anbruch der Morgendämmerung." (Sure 97:2-5)
Ruuh: Geist, das ist Dschibriil, 'alaihi-s-Salaam.

Der Sidrat-ul-Muntaha ist ein riesiger Baum, an der Grenze vom Diesseits zum Jenseits. Keiner der Schöpfung kann diese Grenze überschreiten, während Allah nach unten herabkommen kann. Das tut Er jede Nacht im letzten Drittel der Nacht (siehe Ende des 12. Kapitels).
„Denn wahrlich, er sah ihn ein weiteres Mal herabkommen, beim Sidrat-ul-Muntaha, beim Dschannat-ul Ma`wa." (Sure 53:13-15)
Er, Prophet Muhammad, salla-llahu 'alaihi wa Sallam, sah ihn, Dschibriil, 'alaihi-s-Salaam.

Dschannat-ul Ma`wa: Paradiesgarten der Zuflucht. Einer
der vielen Beinamen des Paradieses.

Viele Engel sitzen auf dem Sidrat-ul-Muntaha, dem
riesigen Baum an der äußersten Grenze zum Paradies, er
trennt das Diesseits vom Jenseits. Seine Spitze ist im
Paradies und seine Äste sind unter Allahs Thron. Siehe
Tafsiir Ibn Kathiir von Suurat-ul-Qadr.

Auf diesem riesigen Sidarbaum sitzen unzählige Engel.
Dschibriil (Gabriel), 'alaihi Salaam, hat seinen Sitz in der
Mitte dieses Baumes. Von dort steigen die Engel in der
Lailat-ul-Qadr zur Erde hinab. Und anschließend wieder
hinauf zu Allah.

In einem langen Hadiith, welches über den
Prophetengefährten Ka'b, radia-llahu 'anh, bewahrt
wurde (siehe Tafsiir Ibn Kathiir über Surat-ul-Qadr, Sure
Nr. 97), erfährt man sehr viel über das Wirken der Engel:
„Sidrat ul-Muntaha ist an der Grenze des siebten
Himmels, nahe dem Paradies. Er trennt die diesseitige
Welt vom Jenseits. Seine Baumkrone ist im Paradies, und
seine Äste sind unter dem göttlichen Thron. Er ist voller
Engel, deren Anzahl niemand kennt, außer Allah. Auf
jedem seiner Äste sitzen unzählige Engel. In der Mitte
des Baumes ist der Sitz von Dschibriil, 'alaihi Salaam.
Allah ruft Dschibriil und sagt: ‚Ya Dschibriil (Oh
Dschibriil), nimm in der Lailat-ul-Qadr (Nacht der
Bestimmung) alle Engel zur Erde. All diese Engel sind
voller Barmherzigkeit und Zuneigung für die Gläubigen.‘
Sobald die Sonne untergeht (Beginn des neuen Tages im
Islaam), zerstreuen sie sich alle, in der Lailat-ul-Qadr
(die soeben beginnt), rings um den Erdball, stehen und

beugen sie sich in Anbetung, und bitten für die gläubigen Männer und Frauen. Allerdings gehen sie nicht in Kirchen, oder jüdische und zoroastrische Tempel, oder zu den Schreinen der Glaubensverweigerer, oder zu Plätzen, an denen Müll gelagert wird, oder zu einem Haus in dem ein Alkoholiker lebt, oder zu einem Haus in dem eine Glocke aufgehängt oder ein Nachttopf aufbewahrt wird. Dschibriil schüttelt die Hand aller Gläubigen. Das Zeichen Seines Händedrucks ist, dass die Haut erbebt, das Herz weich wird und die Augen Tränen vergießen. In so einem Moment soll man verstehen, dass sich die Hand in der Hand von Dschibriil befindet!

... Die Engel verbleiben in dieser (weiter oben beschriebenen) Position, bis zur Zeit des Ischraaq-Gebetes (freiwilliges Gebet ca. 1 ½ Stunden nach dem Fadschr-, also Morgengebet). Dann steigt Dschibriil, 'alaihi Salaam, als erster von allen auf. Und wenn er einen (bestimmten) Punkt zwischen Himmel und Erde erreicht, breitet er seine Flügel aus; er hat (auch) zwei grüne Flügel, die er nur in dieser Nacht öffnet: hinter diesen Flügeln wird das Sonnenlicht matt. Dann ruft er alle die Engel: diese Engel verbringen den gesamten Tag mit Bittgebeten für die gläubigen Männer und Frauen. Ganz besonders für die, die gefastet haben und die die Absicht haben das nächste Jahr (ebenso) zu fasten, wenn sie am Leben bleiben.

Nachdem sie die ganze Nacht und den Tag Bittgebete gesprochen haben, steigen die Engel abends zum untersten Himmel auf, wo andere Engel sich um sie versammeln – und nach jedem einzelnen der Muslime (ob Mann oder Frau) fragen: in welchem Zustand sie diese Gläubigen gefunden haben. Sie antworten: ‚Wir fanden diesen und jenen Mann letztes Jahr fleißig in

'Ibaadah. Aber dieses Jahr fanden wir ihn in gotteslästerliche Handlungen verwickelt.' Umgekehrt informieren sie sie: ‚Diese und jene Person war letztes Jahr in gotteslästerliche Handlungen verwickelt. Aber dieses Jahr finden wir ihn fleißig in 'Ibaada gemäß der Sunna.' Die Engel hören folglich auf, für den erstgenannten Mann zu bitten und fangen an, für den zweitgenannten zu bitten.

Nachdem diese Engel einen Tag und eine Nacht im untersten Himmel verbracht haben, gehen sie zum (nächst-)höheren Himmel, wo die auserwählten Engel dort ihnen dieselbe Frage stellen. So steigen sie weiter auf, bis sie Sidrat-ul-Muntaha erreichen, der sie fragt: ‚Oh meine Bewohner, ich habe auch ein Recht. Ich mag auch die, die Allah lieben. Erzählt mir also (über) ihren Zustand, Name um Name!' Die Engel beschreiben ihm die Namen aller dieser einzelnen Menschen, einer nach dem anderen, mitsamt ihrer Abstammung (Sohn von Soundso und Tochter von Soundso) und erzählen, in welchem Zustand sie diese zurückgelassen haben. Dann wendet sich das Paradies zum Sidrat-ul-Muntaha und fragt ihn, was die Engel ihm erzählt haben. Er informiert das Paradies über die Männer und Frauen in 'Ibaada. Dann bittet das Paradies: ‚Allah, segne sie und vereinige sie bald mit mir!'

Dschibriil, 'alaihi-s-Salaam, erreicht als erster seinen Sitz. Er sagt: ‚Oh Allah, ich fand diese und jene Person im Sudschuud, so vergib ihm!' Allah sagt: ‚Ich vergebe ihm!' Dschibriil sagt: ‚Oh Allah, ich fand diese und jene Person letztes Jahr in 'Ibaadah gemäß der Sunnah. Aber dieses Jahr hat sie sich in Gotteslästerlichkeiten verstrickt.' Allah sagt: ‚Wenn er sich Mir vor seinem Tod in Reue zuwendet, werde ich ihm vergeben!' Dann sagt

Dschibriil: ‚Oh Allah, Dir gebührt alles Lob, Deine Barmherzigkeit mit Deinen Dienern übertrifft ihre eigene Barmherzigkeit untereinander!' In diesem Moment beginnen der Thron, alle Himmel, und alle Dinge in ihrer Nähe zu erbeben und sagen: ‚Al-Hamdu li-llah, ar-Rahiim!' (Lob sei Allah, ar-Rahiim. Ar-Rahiim ist einer der Namen von Allah und bedeutet: der eine spezielle Art von Barmherzigkeit hat, die Er nur seinen aufrichtigen Gottesdienern gewährt) …" (Siehe Tafsiir Surat-ul-Qadr 44:4). Hadiith mauquuf mit sahiih-Isnaad: ein Hadiith, das rein auf Aussagen der Sahaabah, also Propheten-gefährten, zurückgeht. 'Ibaadah: Allah wohlgefällige Handlungen, ausschließlich für Sein Wohlgefallen verrichtet. Sudschuud: Niederwerfung im Gebet, eine der Gebetspositionen. Allah nimmt die Bittgebete am meisten an, wenn man im Sudschuud und Ihm so am nächsten ist, nach Hadiith.

Die Grundlage für die Hilfe durch die Engel ist also ʻIbaadah, gottgefällige Taten, die von Herzen kommen.

„Und nichts Anderes wurde ihnen befohlen, als Allah zu dienen, aufrichtig Ihm gegenüber im Diin, Hunafaʻ, und das Gebet zu verrichten, und die Zakaah zu entrichten – das ist ad-Diin ul-Qayyim." (Sure 98:5)
Hunafaʻ: als Anhänger des rechten Glaubens. Ad-Diin ul-Qayyim: die aufrechte Religion.

'Abdullah ibn 'Amr, radia-llahu 'anh, berichtete:
„Wir verrichteten (das) Maghrib(-Gebet) mit dem Gesandten Allahs, salla-llahu 'alaihi wa Sallam. Dann gingen jene fort, die fortgingen. Und jene die blieben, blieben. Der Gesandte Allahs, salla-llahu 'alaihi wa

Sallam, kam eilig zurück, außer Atem, indem er sein Gewand bis zu den Knien angehoben hatte und sagte: ‚Freut euch, denn Euer Herr hat eines der Tore des Himmels geöffnet und **lobt euch vor den Engeln**, indem Er sagt: »Schaut auf Meine Diener, sie haben eine religiöse Pflicht erfüllt und warten auf die nächste! «'" (Hadiith sahiih, überliefert im Sunan Ibn Maadschah)

Der Prophet, salla-llahu 'alaihi wa Sallam, sagte: „Wahrlich, Allah lobt die Leute von 'Arafaat (Haddsch-Pilger) vor den Himmelsbewohnern, indem er zu ihnen sagt: ‚Schaut Meine Diener! Hier sind sie, die demütig zu Mir gekommen sind, in schlichter Kleidung!'" (Hadiith sahiih, überliefert von Ibn Hibbaan, al-Haakim, al-Baiyhaqi) Und:

„Wer Allah liebt, mit dem liebt Allah auch die Begegnung. Und wer die Begegnung mit Allah verabscheut, mit dem verabscheut Allah auch die Begegnung." (Hadiith Sahiih Muslim)

Bittgebet des Propheten Allahs Ibraahiim, 'alaihi-s-Salaam:
„Rabban, adsch'alna muslimaini lak, wa min Dhuriyatinaa Ummatan muslimatan lak!" (Sure 2:128) „Mache uns dir ergeben, und von unserer Nachkommenschaft eine Ummah, die dir ergeben ist." Rabbana: Unser Herr.

Bittgebet des Propheten Ismaa'iil beim Wiederaufbau der Ka'bah mit seinem Vater Ibraahiim, Friede sei auf ihnen beiden:

„Unser Herr, nimm von uns an! Du bist ja Der Hörende, Der Wissende." (Sure 2:127)
Bittgebet des Propheten Yusuf, 'alaihi-s-Salaam:
„... Du bist mein Wali im Duniya und im Aachira. Lass mich als Muslim sterben, und zähle mich unter die Saalihiin." (Sure 12:101)
Wali: vertrauter Beistand, Beschützer. Saalihiin: Aufrechte, Wahrhaftige.

„Birr ist vielmehr, dass man an Allah glaubt, den Jüngsten Tag, die Engel, und vom Besitz – obwohl man ihn liebt – den Verwandten gibt, den Waisen, den Armen, dem Sohn des Weges (Reisenden), dass man das Gebet verrichtet, und die Zakaah entrichtet. Es sind jene die in Elend, Not und in Kriegszeiten geduldig (/ standhaft) sind." (Sure 2:177)
Birr: Güte, Frömmigkeit. Zakaah: Armenabgabe.
„Wahrlich, mit der Erschwernis kommt die Erleichterung." (Sure 94:6)

Frömmigkeit ist ein Schutz für den Menschen. Denn Engel sind auch Vollstrecker aller Art im Dienste Allahs, und Allah handelt stets aus Gerechtigkeit.

Engel helfen Muslimen in feindseligen Situationen:

„Er sprach: ‚Was ist euer Auftrag, ihr Boten?' Sie sprachen: ‚Wir sind zu einem **schuldigen Volk entsandt** worden, ausgenommen die Anhänger von Lot, die wir erretten sollen, bis auf seine Frau.'" (Sure 15:57-60, auch 11:70)

Er sprach: das ist Ibraahiim, Abraham, 'alaihi-s-Salaam. Lot ist Lut, 'alaihi-s-Salaam.

„Und als die Gesandten zu Lut kamen, geriet er in Bedrängnis und sagte: ‚Dies ist ein schwerer Tag!'" (Sure 11:77)
„Als die Boten zu den Anhängern Luts kamen, da sprach er: ‚Wahrlich, ihr seid unbekannte Leute'. Sie sprachen: ‚... Nein! Aber wir sind mit dem zu dir gekommen, woran sie zweifelten! Und wir sind **mit Gerechtigkeit** zu dir gekommen. Und gewiss, wir sind wahrhaftig.'" (Sure 15:63-64)

Die komplette Geschichte in Folge:
„Ist die Geschichte von Ibrahiims geehrten Gästen nicht zu dir gekommen? Als sie bei ihm eintraten, und sprachen: ‚Frieden!', sagte er: ‚Frieden, unbekannte Leute!' Er sagte: ‚Wollt ihr **nicht essen**?' Es erfasste ihn Furcht vor ihnen. Sie sprachen: ‚Fürchte dich nicht!' Dann gaben sie ihm die frohe Botschaft von einem klugen Knaben. Da kam seine Frau in Aufregung heran, und sie schlug ihre Wangen, und sagte: ‚Eine unfruchtbare alte Frau!' Sie sagten: ‚So hat Dein Herr gesprochen! Wahrlich, Er ist Der Weise, Der Wissende!' Ibrahiim sagte: ‚Wohlan, was ist euer Auftrag, ihr Boten?' Sie sprachen: ‚**Wir sind zu einem** *schuldigen Volk* **entsandt worden**, sodass wir Steine aus Ton auf sie herabsenden, die von Deinem Herrn für jene gekennzeichnet sind, die nicht maßhalten!' Und wir **ließen alle Gläubigen von ihr fortgehen**: Wir fanden dort **nur ein Haus von den Muslimiin** (Gottergebenen). Und Wir hinterließen ein Zeichen für jene, die die qualvolle Strafe fürchten.'" (Sure 51:24-37)

„Sag: Wer Dschibriil feindgesinnt ist, so hat Er ihn doch mit Allahs Erlaubnis in Dein Herz herabgesandt, das zu bestätigen was vor ihm (offenbart) war. Und als Rechtleitung und frohe Botschaft für die Gläubigen. Wer Allah, und Seinen Engeln, und Dschibriil und Mikaa`iil feindgesinnt ist, so ist Allah den Kaafiriin ein Feind." (Sure 2:97-98)
Ihn offenbart: den Qur`aan.

Abu Huraiyrah, radia-llahu 'anh, sagte: „Abu Dschahl sagte: ,Hat Muhammad mit euch sein Gesicht in den Staub gerieben (in der Niederwerfung im Gebet, wie es alle Propheten taten)?' Ihm wurde gesagt: ,Ja!' Er sagte: ,Bei al-Laat und al-'Uzza, wenn ich ihn dies tun sehe, so werde ich ihm auf seinen Hals treten oder sein Gesicht mit Staub einreiben!'" … er (Abu Huraiyra, radia-llahu 'anh) sagte:
„Als der Gesandte Allahs, salla-llahu 'alaihi wa Sallam, betete, kam Abu Dschahl und wollte auf seinen Hals treten." … er sagte: „(Doch) kam er wieder zu seinen Leuten zurück, rennend, und seine Hände (in Abwehr) hebend/ vor sein Gesicht haltend." … er sagte; „Ihm wurde gesagt: ,Was ist mit dir?' Er sagte: ,Da ist zwischen mir und ihm ein Chandaq aus Feuer (ein Feuergraben), und Horror und Flügel!' Daraufhin sagte der Gesandte Allahs, salla-llahu 'alaihi wa Sallam: ,Wäre er mir noch nähergekommen, so **hätten die Malaa`ikah ihn in Stücke zerrissen, Gliedmaße um Gliedmaße.'** … er sagte: „Dann offenbarte Allah die Worte: ,Keineswegs, der Mensch lehnt sich ja auf (/ ist ja maßlos), dass er sich für unbedürftig hält (/ denkt er habe nichts nötig). Gewiss, zu Deinem Herrn wird die

217

Rückkehr sein. Siehst du den, der abhält – einen (Gottes-)Diener wenn er betet? Hast du gesehen, ob er auf der Rechtleitung ist, oder die Gottesfurcht aufträgt? Siehst du, wie, wenn er (die Botschaft) für Lüge erklärt und sich abkehrt?' – gemeint ist Abu Dschahl – ,Weiß er nicht, dass Allah ihn sieht? Keineswegs, wenn er nicht aufhört, werden Wir ihn ganz gewiss an der Stirnlocke packen – einer lügnerischen, verfehlt handelnden Stirnlocke. So möge er seine Naadiyah rufen. Wir werden die Zabaaniyah rufen. Keineswegs, gehorche ihm nicht …'" (Sure 96:6-19, die letzte Aaiyah nur zur Hälfte) 'Ubaidullah fuhr im Hadiith fort, er sagte: „Nach diesem (Ereignis) wurde sie (die Niederwerfung) uns aufgetragen (durch: ,…, sondern gehe in den Sudschuud und nähere dich (Allah)!'" (das ist die zweite Hälfte von Aaiyah 96:19). Und 'Abdullah fuhr fort, dass mit „Naadiya" sein Volk gemeint war." (Hadiith Sahiih Muslim)

Abu Dschahl: einer der Onkel des Propheten, salla-llahu 'alaihi wa Sallam, ein hartnäckiger Götzendiener. Laat und 'Uzza: zwei der drei in den Jahren vor dem Islaam vom Stamm Quraisch verehrten Hauptgötzen, denen Schlachtopfer dargebracht wurden. Man soll nur bei Allah schwören, nach Ahadiith! Und Götzendienst ist Shirk. Wa na'uudhu billah. Naadiyah: Genossen, Mitverschworene. Zabaaniyah: die in die Hölle hineinstoßenden Engel.

Es gab Onkel des Propheten, salla-llahu 'alaihi wa Sallam, die den Islaam annahmen und dann viel Gutes darin wirkten, wie al-'Abbaas ibn 'Abdul-Muttallib und Hamza ibn 'Abdul-Muttalib (väterlicherseits), und 'Abdullah ibn Arqam (mütterlicherseits). Wohingegen andere Onkel, wie Abu Lahab ibn 'Abdul-Muttalib und Abu Dschahl ibn 'Adul-Muttalib bis zu ihrem Tod am vorIslaamischen Kult der Heldenverehrung, Götzenkult, und unrechtem Zinssystem festhielten, und dabei allerlei Aktionen unternahmen, inklusive Folter, um die Ausbreitung des Islaam zu stören. Dennoch verbreitete sich der Islaam selbst nach dem Tod des Gesandten Allahs, salla-llahu 'alaihi wa Sallam, auch weit über die Arabische Halbinsel hinaus.

Ibn 'Abbas, radia-llahu 'anhumaa, sagte: „Als die Worte ‚Zugrunde gehen sollen die Hände von Abu Lahab, und er soll zugrunde gehen!' (Sure 111:1) offenbart worden waren, kam die Ehefrau von Abu Lahab, als der Gesandte Allahs, salla-llahu 'alaihi wa Sallam, gerade mit Abu Bakr, radia-llahu 'anh, zusammen saß. Abu Bakr sagte zu ihm: ‚Warum weichst du ihr nicht aus, sodass sie dir keinen Schaden zufügen wird, Ya Rasuulu-llah?' Der Gesandte Allahs, salla-llahu 'alaihi wa Sallam, sagte: ‚Zwischen mir und ihr wird eine Abschirmung sein!'
Sie kam, baute sich vor Abu Bakr auf, und sagte: ‚Ya Abu Bakr, dein Gefährte hat uns geschmäht!' Abu Bakr, radia llahu 'anh, sagte: ‚Nein, beim Herrn dieses Hauses, er hat keine Poesie geäußert, und keine Verse hervorgebracht (sondern Offenbarung übermittelt).' Sie sagte: ‚Du sagst (gewöhnlich immer) die Wahrheit!' Dann ging sie fort. Abu Bakr, radia llahu 'anh, sagte: ‚Hat sie dich nicht gesehen?' Er sagte: ‚Nein, **ein Malak hat mich verdeckt**, bis sie gegangen ist.'" (Hadiith hasan, überliefert von al-Bazzaar im Musnad 1/ 68) Abu Lahab: Onkel des Propheten salla-llahu 'alaihi wa Sallam, ein hartnäckiger Götzendiener. Herr dieses

Hauses: Herr der Ka'bah, das ist das Haus von Allah.

Allah hatte ihm, salla-llahu 'alaihi wa Sallam, zugesagt: „... Allah wird dich vor den Menschen schützen! ..." (Sure 5:67) Allah, subhaana-Hu wa ta'aala, vervollständigt immer seine Pläne.

Wer den Glauben verweigert, ist fehlgegangen. In unklare Kriegshandlungen sollte man sich nicht hineinziehen lassen, denn einen Muslim zu töten ist Kufr. Man darf sich aber verteidigen.

„Erlaubnis ist denen gegeben, die bekämpft werden, weil ihnen Unrecht geschah. Und Allah hat wahrlich die Macht, ihnen zu helfen!" (Sure 22:39)

Noch ein paar weitere Ereignisse aus der Frühgeschichte des Islaam:

Erst nach der Hidschrah von Makkah nach Madinha wurde den Muslimen von Allah die militärische Verteidigung erlaubt, durch Sure 2:190-193. Hidschrah: Auswanderung in ein Land des Islaam.
Denn die gesamten zwölf Jahre zuvor mussten die Muslime Anfeindungen und Grausamkeiten durch Götzendiener, die ihr auf Polytheismus und Zinswucher basierendes Wirtschaftssystem verteidigten, wehrlos erdulden.

Polytheisten: Mitgöttergebende, sie stellen Allah jemanden in der Herrschaft oder Anbetung oder in

Seinen Namen und Eigenschaften gleich, im Gegensatz zu wahren Monotheisten mit Tauḥiid.

Im zweiten Jahr nach der Hidschrah (624) kam es zu einem Aufmarsch der Muschrikiin (Polytheisten) bei den Brunnen von **Badr**, gegen eine kleine Gruppe Muslime. Da stellten sich die Muslime der weit übermächtigen Schar mit nur zwei Pferden und 70 Kamelen entgegen – indem sie Allah um Hilfe und Sieg baten. Es waren 313 Muslime gegen 1.300 Muschrikiin auf 300 Pferden und vielen Kamelen. Und 600 Soldaten in Metallrüstung. Und Allahs Hilfe kam:

Der Prophet, ṣalla-llahu ʼalaihi wa Sallam, sagte am Tag von Badr:
„Hier ist Dschibriil, der den Kopf seines Pferdes hält, in Kampfrüstung." (Ḥadiith Ṣaḥiiḥ al-Buchaari)
Kopf seines Pferdes hält: Er hält sein Pferd durch Zügel zurück.

„Als ihr Euren Herrn um Hilfe anrieft, da erhörte Er euch: ‚Ich werde euch mit 1.000 von den **Malaa`ikati murdifiin** unterstützen! … der Sieg kommt ja nur von Allah! ….'" (Sure 8:9-10)
Malaa`ikati murdifiin: Engel hintereinander, in Folge, in Reihen.

Ibn ʼAbbas, radịa-llahu ʼanh, sagte:
„Es geschah an diesem Tag, dass ein Muslim einen Kaafir verfolgte. Und er hörte das Klatschen einer Peitsche nahe seinem Kopf, und die Stimme eines Reiters: ‚Geh voran, Ḥaizuum!' Er schaute auf den Kaafir, der auf seinen Rücken gefallen war. … Der Ansari kam zum Gesandten Allahs, ṣalla-llahu alaihi wa

Sallam, und erzählte ihm das. Und er erwiderte: ‚Du hast die Wahrheit gesprochen, das war die **Hilfe vom dritten Himmel!** …'" (Hadiith Sahiih Muslim)

Im Anschluss daran ereignete sich auch dieses Ereignis:

„Einer der Ansaar nahm 'Abbas ibn 'Abdul-Muttalib gefangen, welcher sich empörte: ‚Ya Rasuulu-llah, nicht dieser Mann hat mich festgenommen. Sondern ein Mann hat mich festgenommen, der eine Glatze hatte, und das schönste Gesicht, und der ein geschecktes Pferd ritt. Ich sehe ihn gar nicht unter deinen Leuten!' Der Ansari unterbrach ihn: ‚I c h habe ihn festgenommen, Ya Rasuulu-llah!' Der Gesandte Allahs, salla-llahu 'alaihi wa Sallam, erwiderte: ‚Askut! **Faqad ayyadaka-llah bi Malak kariim!**'"
… Ibliis flieht … in der Tarngestalt von Suraaqah bin Maalik ibn Dschu'schum al-Mudlidschi"
(Prophetenbiografie „Ar-Raheeq ul-Makhtuum –The Sealed Nectar", Autor: Safi-ur-Rahmaan al-Mubarakpuri, über Badr)
'Abbas ibn 'Abdul-Muttalib: Onkel des Popheten, der ihn unterstützte, aber damals gezwungenermaßen auf Seiten der Mekkaner war. Askut: sei still! Faqad ayyadaka-llah bi Malak kariim: Allah hat dich durch die Hilfe eines edlen Engels gestärkt.

So schlug die erste kleine Gruppe von Muslimen bei den Brunnen von Badr – mit Unterstützung der Engel – erfolgreich und mutig die Götzendiener, die rings um sie herum lebten, und die einen Versuch unternommen hatten, sie für immer auszulöschen, zurück.
„Dschibriil, 'alaihi-s-Salaam, kam zum Propheten, salla-

222

llahu 'alaihi wa Sallam, und fragte:
‚Was denkst du über die von euch, die in Badr dabei
waren?' Er sagte: ‚Sie sind die besten der Muslime!'
Dschibriil, 'alaihi-s-Salaam, sagte: ‚So ist es auch mit
den **Engeln, die bei Badr dabei waren**!'" (Hadiith
Sahiih al-Buchaari)

Der Gesandte Allahs, salla-llahu 'alaihi wa Sallam, sagte
zu den gefallenen Polytheisten:
„Was für ein übler Stamm wart ihr doch in Bezug auf
euren Propheten: Ihr habt mich verleugnet, als andere an
mich geglaubt haben. Ihr habt mich befehdet, als andere
mich unterstützt haben. Ihr habt mich vertrieben, als
andere mir Schutz (/ Herberge) gewährt haben." Und zu
deren 24 gefallenen Anführern: „Wäre es nicht für euch
sehr viel besser gewesen, wenn ihr Allah und Seinem
Gesandten gehorcht hättet? Wahrlich, wir haben
gefunden, dass das Versprechen Unseres Herrn erfüllt
worden ist. Habt ihr auch gefunden, dass das
Versprechen Eures Herrn erfüllt worden ist?"
(Prophetenbiografie „Ar-Raheeq ul-Makhtuum", über
Badr)
Andere als die Mekkaner, die ihm Schutz gewährten:
Dies waren die Ansaar von Madinah.

„Und als Ibrahiim von Seinem Herrn mit Worten geprüft
wurde, da befolgte er sie. Er sagte: ‚Ich will dich zu
einem Imaam für die Menschen machen!' Er sagte: ‚Und
von meiner Nachkommenschaft!' Er (Allah, subhaana-
Hu wa ta'aala) sagte: ‚Mein Bund erstreckt sich nicht auf
die Ungerechten!'" (Sure 3:124) Imaam: Der vorne steht,
Vorbeter, Vorbild, Vorstand.

Ein Jahr später kam es in zu einem weiteren bewaffneten Zusammenstoß beider Seiten. Das war im dritten Jahr nach der Hidschrah (625), auf Bestreben der Polytheisten. Diesmal in **Uhud**. Und wieder waren die Truppenstärken sehr unterschiedlich:

Den Muslimen mit 1.000 Mann (davon waren 300 unter dem Heuchler 'Abdullah ibn Ubaiy weg) begegneten 3.000 Muschrikiin. Daher ermutigte sie Allah, subhaana-Hu wa ta'aala:

„Als du zu den Gläubigen sagtest: ‚Genügt es euch nicht, dass euch Euer Herr mit 3.000 **Malaa`ikati munzaliin** unterstützt?'" (Sure 3:124)
Du: Muhammad, salla-llahu 'alaihi wa Sallam.
Malaa`ikati munzaliin: herabgesandte Engel.

„… Wenn ihr aber standhaft (/ geduldig) seid, wird euch ihre List keinen Schaden zufügen. Seht, Allah umfasst, was sie tun." (Sure 3:120) Umfasst: mit Seinem Wissen.

Allah hatte ja versprochen: „Ja doch! Wenn ihr standhaft und gottesfürchtig seid, und sie sofort über euch kommen, wird euer Herr euch (sogar) mit 5.000 **Malaa`ikati musawwimiin** unterstützen … als frohe Botschaft an euch, und damit eure Herzen dadurch Ruhe finden …" (Sure 3:125-126)
Malaa`ikati musawwimiin: gekennzeichnete Engel.

Es zeichnete sich schnell ein klarer Sieg für die Muslime ab. In dem Moment jedoch verließen die vom Propheten Muhammad, 'alaihi Salaatu wa Salaam, bewusst persönlich oben auf einem Hügel platzierten 50 Bogenschützen ihre effektiv den Rücken der Muslime deckende Position völlig unnötigerweise. Obwohl sie strikte prophetische Anordnung bekommen hatten, dort zu bleiben: Sie wollten sich daran beteiligen, Beute zu sichern. Die Beute wird eigentlich sowieso gesammelt und sinnvoll verteilt, niemand, der ins Paradies will, darf sich davon vorher persönlich etwas abzwacken. Dieses Verhalten ermöglichte es den Muschrikiin, zurückzukehren und den Muslimen in den Rücken zu fallen. Das Treffen von Uhud endete schließlich mit einer Patt-Situation (unentschieden für beide), anstatt einem klaren Sieg der Monotheisten. Dies aufgrund des Ungehorsams einiger Muslime.

„Dschaabir ibn 'Abdullah, radia-llahu 'anh, berichtete: ‚Der Leichnam meines Vaters wurde zum Propheten, salla-llahu 'alaihi wa Sallam, gebracht und vor ihm niedergelegt: Er war völlig verunstaltet. Als ich sein Gesicht aufdecken wollte, ließen meine Leute dies nicht zu. Darauf sagte der Gesandte Allahs: »Weine oder weine nicht, die Engel haben ihm mit ihren Flügeln Schatten gespendet, bis ihr ihn weggetragen habt.«'" (Hadiith Sahiih al-Buchaari und Muslim)
Der Vater 'Abdullah ibn 'Amr bin Haraam war bei der zweiten Huldigung von 'Aqaba dabei, und wurde zum Führer der Banu Salama ernannt, in Badr war er auch dabei, radia-llahu 'anhumaa. Verunstaltet: bei den Gegnern der Muslime war damals Verstümmelung üblich. Darauf: auf die Klagerufe und das Weinen einer betroffenen Frau.

Eine der herausragenden Persönlichkeiten unter den Muslimen war an diesem Tag einer der Ansaar von Madinah, vom Stamm der Aws, mit Namen Handhala ibn Abi 'Aamir. Er wollte im Alter von 24 Jahren Dschamiilah, die Tochter von 'Abdullah, heiraten. Doch es ereignete sich, dass die Muslime gerade an diesem Tag Vorbereitungen trafen, um bei Tagesaufbruch nach Uhud zu ziehen, … in Verteidigung des Islaam gegen eine Vereinigung von Götzendienern im Aufmarsch.

Der Prophet, salla-llahu 'alaihi wa Sallam, sagte ihm auf seine Anfrage, er solle ruhig heiraten. (Hadiith hasan, überliefert von al-Haakim und al-Baihaqiy) Dschamiilah: englische Schreibweise: Jamilah oder Djamiilah, die Tochter von 'Abdullah ibn Ubaiy bin Saluul.

Doch am Morgen des folgenden Tages konnte Handhala den Gedanken, zurückzubleiben, nicht mehr ertragen. Denn das Überleben der kleinen Gruppe Muslime in feindlichem Umfeld stand auf dem Spiel. So bereitete er sich am Morgen vor, um mit den anderen aufzuschließen. Seine Ehefrau versuchte, ihn zurückzuhalten. Als dies nicht gelang, zog sie ihn an seiner Hand zu vier Zeugen und sagte zu Handhala. „Bezeuge in Gegenwart dieser Leute, dass du mit mir letzte Nacht die Ehe vollzogen hast!" Handhala bezeugte es, und zog dann los **nach Uhud.**
Die Zeugen fragten Dschamiilah: „Warum hast du das getan?" Sie antwortete: „Letzte Nacht sah ich in meinem Traum, dass der Himmel sich öffnete, und Handhala eintrat. Nach seinem Eintritt wurden die Himmelstore geschlossen. So verstand ich in Interpretation dieses

Traumes, dass H̲andhalah als Märtyrer in U̲hud sterben wird. Daher bat ich euch als Zeugen dafür einzustehen, dass er mit mir letzte Nacht die Ehe vollzog. Auf dass ich nicht verleumdet oder falschen Anschuldigungen ausgesetzt werden möge (falls sie von ihm schwanger würde)."

Tatsächlich entstand aus dieser Ehe ein engagierter Sohn, 'Abdullah bin H̲andhala.

H̲andhala war sehr mutig in den Ereignissen von U̲hud, er verschoss alle seine Pfeile. Schließlich hatte er nur noch sein Schwert. Damit war es ihm, zu Fuß, fast gelungen, den damaligen Anführer der Götzendiener von Makka, den berittenen Abu Sufiyaan, zu töten. Doch rief dieser in letzter Minute seine Leute zu Hilfe und wurde von ihnen aus dem Gefahrenfeld geborgen. Einer von diesen, namens Schaddad bin al-Aswad, tötete aber im Anschluss daran hinterrücks H̲andhala mit einem Speerstoß in den Rücken.

Abu Sufiyaan nahm fünf Jahre später, zum Zeitpunkt der friedlichen Einnahme von Makka durch die Muslime, den Islaam an. Er und seine Frau Hind wurden beide hingebungsvolle Muslime.

Am Ende der Ereignisse von U̲hud sagte der Prophet, ṣalla-llahu 'alaihi wa Sallam:

„Ich sah die **Engel H̲andhala waschen** und für ihn Ghusl vornehmen, mit reinem und sauberen Wasser." (Siehe Prophetenbiographien, wie von Ibn H̲ischaam)

Ghusl: die rituelle Reinigung nach dem Geschlechtsverkehr.

Abu Usaid Zaid sagte:

„Ich ging, um Handhala zu sehen, und sah Wasser von seinem Kopf abtropfen. Ich kehrte um, und erzählte dem Gesandten Allahs, salla-llahu 'alaihi wa Sallam, davon. Der Gesandte Allahs, salla-llahu 'alaihi wa Sallam, sandte jemanden zu dessen Ehefrau, um sie zu befragen. Seine Ehefrau sagte, er sei morgens in Eile gegangen, ohne Ghusl vorzunehmen, um mit den Muslimen in Uhud aufschließen zu können. Nach diesem Ereignis wurde er ‚**Handhala Ghasiil al-Malaa`ika**' genannt." (zitiert nach Prophetenbiografien, u. a. „As-Sira an-Nabawiya" von Ibn Hischaam)
Handhala Ghasiil al-Malaa`ika': Handhala, der von den Engeln Gewaschene.

Im Jahre fünf nach der Hidschra (627) plante eine große Anzahl Polytheisten eine neue Aktion gegen die Muslime. Die Mushrikiin waren ungefähr dreimal so viele wie die Ahl at-Tauhiid (Leute des Tauhiid). Mehrere Stämme verbündeten sich gegen sie (**al-Ahzaab**: die Verbündeten), und belagerten die Muslime schließlich 30 Tage lang.

Allahs Gesandter, salla-llahu 'alaihi wa Sallam, flehte: „Oh Allah, besiege al-Ahzaab! Oh Allah, besiege sie und erschüttere sie!" (Hadiith Sahiih al-Buchaari und Muslim)
Daraufhin half Allah den Muslimen durch einen großen Sturm, der die Zelte der Angreifer wegblies und ihre Tiere dazu brachte, davonzulaufen. So hat Er ihnen Unterstützung gewährt, von wo weder sie noch die Angreifer es erwartet hatten:
„Oh ihr, die ihr glaubt Imaan habt)! Gedenkt der Gunst

228

Allahs an euch, als Heerschaaren zu euch kamen. Da sandten wir **gegen sie einen starken Wind und eine Streitmacht, die ihr nicht saht!** Und Allah sieht was ihr tut!" (Sure 33:9)

'Aìschah, radia-llahu 'anha, berichtete:
„Als der Gesandte Allahs, salla-llahu 'alaihi wa Sallam, an dem Tag zurückkehrte, legte er seine Waffen nieder und wusch sich. Dann kam Dschibriil, 'alaihi-s-Salaam, und sagte: ‚Hast du deine Waffen niedergelegt? Bei Allah, wir haben unsere Waffen noch nicht niedergelegt! Geh heraus zu ihnen.' Allahs Gesandter, salla-llahu 'alaihi wa Sallam, sagte: ‚Wohin?' **Dschibriil sagte: ‚Diesen Weg!'**…" (Hadiith Sahiih al-Buchaari)
Das war wegen des Vertragsbruchs (Verrats) gegenüber den Muslimen. An dem Tag: des Sieges über die Verbündeten, al-Ahzaab.

Der Gesandte Allahs, salla-llahu 'alaihi wa Sallam, sagte (über Sa'ad ibn Mu'aadh):
„Das ist dieser, für den der 'Arsch ur-Rahmaan erbebte. Die Tore des Himmels wurden für ihn geöffnet, … und **70.000 Malaa`ika nahmen (an der Dschanaaza) teil** …" (Hadiith sahiih, überliefert von an-Nasaa`i, at-Tabaraani und anderen)
'Arsch ur-Rahmaan: Thron des Rahmaan, Thron Allahs.
Dschanaaza: Beerdigung, von Sa'ad ibn Mu'aadh.

Sa'ad ibn Mu'aadh, radia-llahu 'anh, war der Anführer der Aws in Madinah. Als er nach dem Kontakt mit Mus'ab bin 'Umair zum Islaam übertrat, taten dies auch die anderen von seinem Stamm. Er war von da an stets bereit, den Propheten, salla-llahu 'alaihi wa Sallam, den Islaam und die Muslime mit Worten und Taten zu stärken und zu verteidigen. Die Aws wurden damit Ansaar. Er war auch, unter anderen in Uhud, stets standfest geblieben, und stark im Urteilsspruch. Er verstarb nach al-Chandaq an seinen schweren Wunden.

Mus'ab bin 'Umair, radia-llahu 'anh: der erste Botschafter des Islaam, er weilte schon vor der Hidschra länger in Madinah und rief die Bewohner von Yathrib erfolgreich zum Islaam auf. Ansaar: Helfer

Der Gesandte Allahs, salla-llahu 'alaihi wa Sallam, sagte: „Wer getötet wird, indem er sein Vermögen verteidigt, ist ein Märtyrer. Wer getötet wird, indem er seine Familie verteidigt, ist ein Märtyrer. Wer getötet wird, indem er seinen Diin verteidigt ist ein Märtyrer. Und wer getötet wird, indem er sein Leben verteidigt, ist ein Märtyrer." (Hadiith sahiih, überliefert von at-Tirmidhi, an-Nasaa`i, Abu Daawud)

Diin: Glaubenskonzept, Religion. In einem Sahiih-Hadiith auch: „… und wer getötet wird, indem er sein Frauenvolk verteidigt, ist ein Märtyrer."

Qabuus ibn Muchaariq berichtet, dass sein Vater sagte: „Ein Mann kam zum Gesandten Allahs, salla-llahu 'alaihi wa Sallam, und sagte: ‚Was, wenn ein Mann zu mir kommt und mir meinen Besitz nehmen will?' Er sagte: ‚Erinnere ihn an Allah!' Er sagte: ‚Was, wenn er diesem aber keine Beachtung schenkt?' Er sagte: ‚Suche Hilfe gegen ihn durch die von den Muslimen, die um dich herum sind.' Er sagte: ‚Was, wenn keine Muslime um mich herum sind?' Er sagte: ‚Dann suche Hilfe gegen ihn durch den (Landes-)Herrscher.' Er sagte: ‚Was, wenn der Herrscher weit von mir entfernt ist?' Er sagte: ‚Dann kämpfe gegen ihn, um deinen Besitz zu verteidigen, bis du einer der Märtyrer im Jenseits wirst, oder du deinen Besitz schützt.'" (Hadiith sahiih, überliefert von an-Nasaa`i)

Abu Hurairah, radia-llahu 'anh, sagte:
„Ein Mann kam zum Propheten, salla-llahu 'alaihi wa Sallam, und sagte: ‚Ya Rasuulu-llah, was denkst du, wenn ein Mann kommt und meinen Besitz nehmen will?' Er sagte: ‚Gib ihm deinen Besitz nicht!' Er sagte: ‚Was, wenn er gegen mich kämpft?' Er sagte: ‚Kämpfe gegen ihn!' Er sagte: ‚Was, wenn er mich tötet?' Er sagte: ‚Dann bist du ein Märtyrer!' Er sagte: ‚Was, wenn ich ihn töte?' Er sagte: ‚Dann wird er im Höllenfeuer sein.'" (Hadiith Sahiih Muslim)

Es gibt hier vielerlei Regeln. Unter anderen: Kein Selbstmord, keine Veruntreuung, keine Ausrufung von Herrschergebieten außerhalb der anerkannten Zentralmacht. Siehe, zum Beispiel, Sahiih Muslim, Kitaab ul-Imaarah, Buch über die Herrschaft. Ist der Angreifer hartnäckig und zu keinerlei Einsicht bereit, obwohl man alles versucht hat, ihn zu stoppen, so darf er getötet werden, auch wenn er ein Muslim ist, zur Abwehr des größeren Übels. Dies ist kein leichtes Thema.
Nun ein Zeitsprung in der Geschichte, von der Anfangszeit des Islaam, als noch Armee gegen Armee stand – in die heutige Zeit in Schaam, wo mit vielen verdeckten Aktionen, Zwangsverschleppungen von Muslimen auf die falsche Seite (auf die sie nicht wollen) usw., falschen Zuschreibungen und Informationen, …

immer weiter versucht wird, den Muslimen ein Knockout zu verpassen. Doch ist es wie mit einer Wiese, die mit Kamillenblümchen bewachsen ist, und dann mit einem Traktor umgepflügt wird: Selbst, wenn es so scheinen mag, dass man sie sämtlich untergepflügt hat, so werden sie doch nach einiger Zeit vermehrt wieder sprießen.

Wenn Allah will, sogar überall auf der Welt. Und wenn Allah will, kann er aus dem Nichts, oder sogar aus den Reihen der Angreifer, für jeden Gefallenen Muslim zehn oder mehr neue Muslime bringen, und dergleichen mehr, und das ist für Allah ein Leichtes.

Dies ist unter den Zeichen der letzten Zeit (dem Nahegerücktsein der Stunde), wovon die allermeisten schon eingetroffen sind. Unter den wenigen, die noch ausstehen:

„Allah wird al-Masih schicken, den Sohn der Mariyam, der mit zwei leicht mit Safran gefärbten Kleidungsstücken bei dem weißen **Minarett** auf der Ostseite von (einer Stadt namens) Dimaschq **herabsteigen wird. Seine Hände werden auf den Flügeln zweier Engel ruhen**. Wenn er seinen Kopf senkt, werden Schweißtropfen davon hinabfallen. Und wenn er ihn hebt, werden sich die Tropfen davon wie Perlen zerstreuen. Jeder Kaafir, der ihn riechen wird, wird sterben. Und sein Atem wird so weit reichen, wie er blicken kann." (Hadiith Sahiih Muslim)
Es wurde berichtet, dass der Sahaabi (Prophetengefährte) Zayd ibn Thaabit al-Ansaari, radia-llahu 'anh, sagte:
„Wir waren mit dem Gesandten Allahs, salla-llahu 'alaihi wa Sallam, … und der Gesandte Allahs, salla-llahu

'alaihi wa Sallam, sagte: ‚Ṭuuba li-**Schaam** (Gebiet von links von der Ka'bah bis einschließlich dem heutigen Syrien)!' Wir sagten: ‚Wie das, Ya Rasuulu-llah?' Er sagte: ‚Weil **die Malaa`ika des Raḥmaan ihre Flügel über es breiten.**'" (Ḥadiith ṣaḥiiḥ, überliefert von Imaam Ahmad, von at-Tirmidhi u. a.)
Ṭuuba: ein Baum im Paradies von enormen Ausmaßen, siehe Ḥadiith Ṣaḥiiḥ Ibn Ḥibbaan.

Zaid ibn Thaabit al-Ansaari, raḍia-llahu 'anh, sagte: „…Ich hörte den Gesandten, ṣalla-llahu 'alaihi wa sallam, sagen: ‚Ya Ṭuuba li sch-Scham, Ya Ṭuuba li sch-Schaam, Ya Ṭuuba li sch-Schaam!' Sie fragten warum, und er sagte: ‚Weil die Flügel der Engel des Raḥmaan über es gesenkt sind.' (Ḥadiith ḥasan, überliefert von at-Tirmidhi und anderen)

Der Prophet, ṣalla-llahu 'alaihi wa Sallam, sagte: „… Wahrlich, 'Uqr Daar al-Mu`miniin: asch-Schaam. Und viel Gutes liegt in den Stirnlocken der Pferde, bis zum Tag der Auferstehung." (Ḥadiith ṣaḥiiḥ, überliefert von an-Nasaa`i)
'Uqr Daar al-Mu`miniin: das Herzland der Gläubigen.

Und mit dem Zusatz:
„… und ich finde den Atem des Raḥmaan von dort herkommend." (Ḥadiith Ṣaḥiiḥ al-Buchaari)

Ibn 'Umar, raḍia- llahu 'anhumaa (Allahs Wohlgefallen auf beiden), berichtet:
„Der Prophet, ṣalla-llahu 'alaihi wa Sallam, sagte: ‚Oh Allah, segne unser Schaam und unser Yaman.' Die

Menschen sagten: ‚Und auch unser Nadschd!' Darauf
sagte der Prophet, salla-llahu 'alaihi wa Sallam: ‚Oh
Allah, segne unser Schaam und unser Yaman!' Sie sagten
wieder: ‚Und auch unser Nadschd!' Darauf sagte der
Prophet, salla-llahu 'alaihi wa Sallam: ‚Dort werden
Erdbeben und Fitaan hervorkommen. Und *von dort wird
das Horn des Schaitaan hervorkommen.*'" (Hadiith
Sahiih al-Buchaari)
Schaam: Großsyrien von links (nördlich) von der Ka'bah
bis einschließlich des heutigen Syrien.
Yaman: von rechts (südlich) der Ka'bah bis
einschließlich des heutigen Jemen.
Nadschd: Gebiet östlich von Madinah im heutigen Saudi-
Arabien bis zum *Irak.*
Fitnah: Verführung, Unruhe. Mehrzahl ist *Fitaan*.

„Der Prophet, salla-llahu 'alaihi wa Sallam, sagte,
während er (von Madinah aus) *nach Osten* blickte:
‚Wisset, dass die *Fitnah dort* sein wird. Wisset, dass das
Elend dort sein wird, wo das *Horn des Schaitaan
hervorkommt.*'" (Hadiith Sahiih Muslim)

In einem Hadiith von at-Tabaraani wird das Wort „*Irak*"
statt dem Wort „Nadschd" benutzt.
Imam an-Nawawi schreibt in seinem Scharh (Erklärung
von) Sahiih Muslim 2/29: „Dieses Hadiith hat mit dem
Daddschaal zu tun, der vom Osten kommt", und:
„Nadschd ist die Gegend, die zwischen Dschurasch (im
Jemen) bis hin zu den ländlichen Vororten von Kuufa (im
Irak) liegt, und seine Westgrenze ist der Hidschaaz
(heutiges Saudi-Arabien)," Und:

„… und eine Gruppe meiner Ummah wird weiterhin
234

damit fortfahren, für die Wahrheit zu kämpfen. … Gutes wird weiterhin in den Stirnlocken der Pferde liegen, bis zum Tag der Auferstehung. Und mir wurde geoffenbart, dass ich euch bald verlassen (sterben) werde. Und ihr werdet dann nach mir in Gruppen zerfallen, von denen eine die Nacken der anderen schlägt. Und die Basis des Staates der Mu`miniin ist in asch-Schaam." (Hadiith sahiih überliefert von an-Nasaa`i, und anderen)

Diese Prophezeiungen sind sehr erstaunlich und sehr wahr. Sie wurden verkündet, noch bevor Bilaad asch-Schaam überhaupt den Islaam angenommen hatte! Bilaad asch-Schaam: das Land/ der Landstrich von asch-Schaam.
Denn asch-Schaam wurde erst nach dem Tod des Propheten, salla-llahu 'alaihi wa Sallam, unter 'Umar bin al-Chattaab, radia-llahu 'anh, ein einheitliches und muslimisches Land. Erst in der uns nahen Zeit wurde es in Länder wie, unter anderen, Syrien, Jordanien und Palästina zerschnitten.

Zur Lebenszeit des Propheten, salla-llahu 'alaihi wa Sallam, stand die Gegend von Syrien unter dem byzantinischen Herrscher Heraklius (/ Heraklios/ Herakleios, auf Arabisch Hurqil). Dieser stellte 620 nach gregorianischer Zeitrechnung – also zwei Jahre vor der Hidschrah des Propheten, salla-llahu 'alaihi wa Sallam, nach Madinah – die Sprache seines Reiches Ruum von Latein in Griechisch um.

Im Byzantinischen Reich (ar-Ruum, Ostrom) kannte man die Miaphysiten (Monophysitismus) als christliche

Großgruppe, die es in dieser Zeit ebenso, beispielsweise in Ägypten, Palästina und Syrien, gab.

451 im Konzil von Chalcedon wurde der Monophysitismus verboten (ebenso der Arianismus und Nestorianismus), bestand aber weiterhin, so z. B. die Maroniten in Syrien. Die Kopten in Ägypten sind bis heute Miaphysiten (/ Monophysiten). Mia heißt Eins. Heraklius, hatte versucht, eine Verbindung aus Monopysitismus und dem orthodoxen Christentum im Lande zu kreieren: den Monothelitismus. In Karthago waren damals, unter anderen, auch Monophysiten. In Algerien gab es auch noch die Donatisten, die der römischen Kirche, also Westrom, zu schaffen machten. Chalcedon: ist inzwischen ein Stadtteil von Istanbul. Monopysitismus: Gegner des Konzils von Chalcedon. Karthago: inzwischen Tunesien.

Heraklius' ältester und oberster Patriarch und Schriftgelehrter Dagatir nahm dann noch zu Lebzeiten des Propheten Mu<u>h</u>ammad, <u>s</u>alla-llahu 'alaihi wa Sallam, den Islaam an. Das geschah anlässlich der persönlichen Anwesenheit des Botschafters des Islaam Di<u>h</u>yah al-Kalbi, der 628 einen Brief des Propheten, <u>s</u>alla-llahu 'alaihi wa Sallam, zu Heraklius brachte. Er hatte in seinen alten schriftlichen Quellen von der erwarteten Ankunft eines letzten Propheten gelesen, und dessen Namen und Attribute am Propheten Mu<u>h</u>ammad, <u>s</u>alla-llahu 'alaihi wa Sallam, erkannt. Dagatir stand nach seinem Übertritt zum Islaam in regem Austausch mit Di<u>h</u>yah al-Kalbi, solange dieser noch im Land war. Und dann auch im Briefverkehr mit dem Gesandten Allahs, <u>s</u>alla-llahu 'alaihi wa Sallam, der uns auch dies sagte:

„Die Stunde wird nicht eintreffen, bis dass sich ar-Ruum in al-A'maaq oder in Daabiq (in Schaam) aufhalten. Darauf stellt sich ihnen ein Heer aus Madinah entgegen, aus den besten Menschen jener Zeit. Wenn sie sich in Reihen aufgestellt haben und sich gegenüberstehen, sagen ar-Ruum: ,Überlasst uns die der unseren, die ihre Religion geändert haben!' Dann sagen die Muslime: ,Nein, bei Allah. Wir überlassen euch nicht unsere Brüder!' Dann kämpfen sie.
Ein Drittel wird fliehen, von denen Allah keine Reue annimmt. Ein weiteres Drittel wird dann getötet: Sie sind bei Allah die besten Märtyrer. Und ein Drittel erringt den Sieg, gerät nie in eine Fitnah, und erobert (das in den Umständen zuvor verloren gegangene) Konstantinopel (zurück). Während sie sich die Kriegsbeute aufteilen, wobei sie die Schwerter in die Olivenbäume gehängt haben, *schreit asch-Schaitaan*: ,Al-Masih ist bei euren Familien!' Sie gehen zu ihren Familien und stellen dort aber fest, dass seine Aussage falsch war. Wenn sie in Schaam angekommen sind, so taucht er auf. Und während sie sich für den Kampf vorbereiten und ihre Reihen gerade ausrichten, wird der Adhaan (zum Gebet) ausgerufen. In dem Moment steigt al-Masih 'Isa bin Mariyam herab." (Hadiith mauquuf von 'Abdullah bin Mas'uud, radia-llahu 'anh, Hadiith Sahiih Muslim)
Ar-Ruum: Römer, Byzantiner, Bewohner von Europa und deren Nachkommen.
Konstantinopel: inzwischen Istanbul. Der erstgenannte ist Masih ad-Daddschaal (der Lügenmessias), die in vielen Ahadiith beschriebene Endzeitfigur, der überall in den Städten der Erde viel Fitnah verbreiten wird. Außer in Makkah und Madinah, deren Eingänge von Malaa`ikah bewacht werden. Masih ad-Daddschaal und Masih 'Isa

ibn Mariyam, 'alaihi-s-Salaam, sind nicht dieselben! Das geht aus vielen Ahadiith klar hervor, zum Beispiel: „Der Gesandte Allahs, salla-llahu 'alaihi wa Sallam, erzählte von seiner Isra` und sagte: ‚Muusa war ein Mann von großer Gestalt und brauner Haut, als ob er zu den Männern von Schanu'a gehörte. Er sagte auch: ‚'Isa war ein Mann von gedrungenem Körper, der weder sehr groß noch sehr klein von Gestalt war. Er erwähnte auch **Malik, den Höllenwärter**, und ad-Daddschaal." (Hadiith Sahiih Muslim)

Al-Isra`: die Nachtreise. Und:

„Niemals kam ein Prophet, ohne dass er seine Ummah vor dem einäugigen Lügner warnte ... Er ist ein Einäugiger, auf seiner Stirne sind die Buchstaben K-F-R geschrieben." (Sahiih Muslim) Und:

„... Aber ich teile euch etwas mit, über das kein Prophet seinen Leuten mitgeteilt hat: Wisset, dass er einäugig ist. Und Allah, subhaana-Hu wa ta'aala, ist nicht einäugig." (Hadiith Sahiih Muslim)

Die Zivilisation wird zu diesem Endzeitpunkt zusammengebrochen sein, nach Meinung der meisten Gelehrten, was auf Ahadiith gründet, entgegen der Meinung, dass den Sahaaba in den ihnen geläufigen Worten von der Zukunft erzählt wurde.

Allahs Gesandter, salla-llahu 'alaihi wa Sallam, sagte: „... Es gibt keine Stadt, die der Daddschaal nicht betreten wird, außer **Makkah und Madinah**: und es gibt (dort) keine **Eingänge,** die nicht **von den Engeln geschützt** werden, wobei sie sich ihm, **in Reihen geordnet,** entgegenstellen. Er erreicht ein salzhaltiges Marschland, und Madinah wird dann dreimal beben. Danach wird zu ihm jeder Kaafir und Munaafiq von Madinah kommen." (Hadiith Sahiih Muslim)

Der Daddschaal wird Verwirrung stiften, während sich ihm ein Teil der Menschen anschließt und ein Teil entgegenstellt.
'Abdullah ibn 'Amr, radia llahu 'anh, sagte: „Wer bei der Verteidigung seines Besitzes getötet wird, ist ein Märtyrer!" (Hadiith Sahiih al-Buchaari und Muslim)
Schließlich wird der Daddschaal durch die Hand von `Isa bin Mariyam, radhia-llahu `anh, der nur den Islaam akzeptieren wird, zugrunde gehen. Der Themenkomplex ist sehr umfassend und geht weit über unser Thema hier hinaus. Entscheidend ist:
„Allah verzeiht ja nicht, dass ihm Mitgötter gegeben werden. Und Er verzeiht, wem Er will, was darüber hinausgeht. Und wer Allah Mitgötter gibt, hat sich schon eine gewaltige Sünde ausgedacht." (Sure 4:48)

„Es gibt keinen Zwang im Glauben. (Der Weg der) Besonnenheit ist nun klar unterschieden von (dem der) Verwirrung. Wer also Kufr bi-Taaghuut einhält, doch an Allah glaubt, der hält sich an die festeste Handhabe, bei der es kein Zerreißen gibt. Und Allah ist Hörend, Wissend." (Sure 2:256)
Kufr bi-Taaghuut: es ablehnen, einen falschen Gott anzubeten, Götzenkult jeder Form meiden.

„Dies sind die Grenzen Allahs. Und wer Allah und

Seinem Gesandten gehorcht, den lässt Er in (Paradies-)Gärten hineingehen, unter denen Bäche fließen, ewig sind sie dort. Und dies ist die gewaltige Glückseligkeit." (Sure 4:13)

„Und sie werden nicht um ein Fädchen Unrecht behandelt … " (Sure 4:49)

Der Gesandte Allahs, salla-llahu 'alaihi wa Sallam, sagte: „Der Schaitaan *hat die Hoffnung aufgegeben,* dass er auf der Arabischen Halbinsel von den Musalluun angebetet wird. Aber er hat die *Hoffnung, sie gegeneinander aufhetzen zu können."* (Hadiith Sahiih Muslim, Riyaad us-Saalihiin, Nr. 1594)
Musalluun: Salah Verrichtende, betende Diener Allahs.

Der Islaam wurde komplett und vollständig auf uns hinabgesandt, und ist so gültig bis zum Tag der Auferstehung: Allah, subhaana-Hu wa ta'aala sagt:

„Heute habe Ich euren **Diin** (Religion) **für euch vervollkommnet.** Und meine Gunst an euch vollendet. Und bin mit dem **Islaam als Diin** (Religion) für euch zufrieden." (Sure 5:3)

14. Der Tag der Auferstehung

Die Stunde bricht an

Der Tag der Auferstehung bricht plötzlich, mit großer Macht, unhaltbar für Menschen und Dschinn, herein:

„Gewiss, Allah besitzt das Wissen über die **Stunde** ...“ (Sure 31:34)

„Sie fragen dich nach der Stunde, wann sie eintreffen wird. Sag: ‚Das Wissen darüber ist nur bei Meinem Herrn. Er allein wird sie zu ihrer Zeit erscheinen lassen. Schwer lastet sie in den Himmeln und auf der Erde. Sie wird nur plötzlich über euch kommen.‘ Sie fragen dich, als hättest du eindringliche Auskunft über sie. Sprich: ‚**Das Wissen darüber ist bei Allah allein!**‘ Aber die meisten Menschen wissen nicht.“ (Sure 7:187)

„Nahegerückt ist den Menschen ihr H̱isaab, während sie sich in *Ghaflah abwenden* ... vor ihnen hat keine Stadt Imaan gehabt, die Wir vernichteten.“ (Sure 21:16) H̱isaab: Abrechnung. Ghafla: Nachlässigkeit, Achtlosigkeit, Unachtsamkeit.

„Sie haben nur einen einzigen Schrei zu erwarten, der sie ergreift, während sie noch *untereinander hadern.*“ (Sure 36:49) „..., *während sie sich in Unachtsamkeit abwenden.*“ (Sure 21:1)

„… die **Erschütterung** (/ das Beben) **der Stunde** ist eine gewaltige Sache: Am Tag, an dem ihr sie seht, wird jede Stillende das, was sie stillt, vergessen. Und jede Schwangere wird mit dem niederkommen, was sie trägt. Und du wirst die Menschen wie betrunken sehen, obwohl sie nicht betrunken sind. Denn die Strafe Allahs ist schadiid." (Sure 22:12)
Schadiid: stark, nachdrücklich, hart.

„Wahrlich, der Zugriff Deines Herrn ist schadiid." (Sure 85:12)

„Der Tag, an dem der Mensch vor seinem Bruder flieht, und vor seiner Mutter und seinem Vater, und vor seiner Frau und seinen Kindern. An jenem Tag wird jeder von ihnen mit sich selbst beschäftigt sein." (Sure 80:34-37)

„Und an dem Tage wird sich der Himmel, Wolken hervorbringend, spalten. **Und die Engel ununterbrochen** (/ scharenweise/ eindrucksvoll) **hinabgesandt** werden." (Sure 25:25)

Wenn es beginnt, merken selbst die Tiere, dass etwas anders ist:

„Und wenn die wilden Tiere versammelt werden." (Sure 81:5)

Im Tafsiir ibn Kathiir erfährt man, dass die Dschinn auch hier, in der Zeit kurz vor dem Anbruch der „Stunde", im Prinzip ratlos sind. Sie müssen losziehen, um herauszufinden, was vor sich geht!

Es sagte Ubai ibn Ka'b, radia llahu 'anh:
„Sechs Zeichen werden (direkt) vor dem Tag der
Auferstehung sichtbar sein:
- Die Menschen werden auf den Marktplätzen
  zusammenlaufen.
- Und die Sonne wird ihr Licht verlieren (wohl
  auch hinter dem Rauch der ausbrechenden
  Vulkane, und Allah weiß es am besten) und
  verschwinden.
- Die Sterne werden herabfallen und ihr Licht
  verlieren.
- Dann werden die Berge auf die Erdoberfläche
  herabstürzen.
- Und die Erde wird stark erbeben. Als Ergebnis
  davon werden die Menschen, die Dschinn, und
  alle wilden Tiere durcheinanderlaufen. Die Tiere,
  die sich sonst von den Menschen fernhalten,
  werden zu ihnen kommen.
- In diesem Zustand völliger Verwirrung und
  Verstörung werden die Menschen ihrem Besitz
  gegenüber achtlos sein: selbst gegenüber einer im
  zehnten Monat trächtigen Kamelstute. Die
  Dschinn werden hinausziehen, um
  herauszufinden, was passiert, und finden, dass die
  Meere brennen…" (Hadiith mauquuf mit Sahiih-
  Isnad, überliefert von Ibn Abi Haatim)
Hadiith mauquuf mit Sahiih-Isnad: Alle Überlieferer sind
Sahaaba, also Prophetengefährten. Und der Prophet,
salla-llahu 'alaihi wa Sallam, steht nicht unter den
genannten Überlieferern.

„Hat dich die Geschichte der Ghaaschiyah erreicht?"
(Sure 88:1)
Ghaaschiyah: Überdeckende, die alles (bisherige im
Diesseits) überdeckende Stunde am Jüngsten Tag.

„… **Alles auf ihr wird vergehen, nur Sein Angesicht
bleibt bestehen** …" (Sure 28:88)
Auf ihr: auf der Erde.

Das Blasen in den Suur und die Folgen

„Und es **wird in den Suur geblasen**, und da sinkt vom
Schock getroffen nieder (/ bricht zusammen), wer in den
Himmeln und wer auf der Erde ist, außer wer Allah will
…" (Sure 39:68)

Der Prophet, salla-llahu 'alaihi wa Sallam, sagte:
„Der beste unter euren Tagen ist **Freitag**. An ihm wurde
Aadam, 'alaihi-s-Salaam, erschaffen. An ihm starb er. An
ihm wird in das Horn (**Suur**) geblasen werden. Und an
dem Tag wird die gesamte Schöpfung im Schock
niedersinken. So sendet viele Segnungen auf mich, denn
eure Segnungen werden mich erreichen …" (Hadiith
sahiih überliefert von Abu Daawud)
Suur: Art Blashorn, wird geblasen, als Auftakt zum
Beginn des Tages der Auferstehung.
Segnungen senden: man sagt: „Allahumma salli wa
Sallim 'ala Nabiyiina Muhammad, das heißt „von Allahs
Frieden und Segen seien auf unseren Propheten
Muhammad."

Die Dschinn können zwar sehr alt werden, aber sie sind dennoch sterblich. Sie sind mit eingeschlossen in den Worten Allahs: „Alles, was auf Erden ist, wird vergehen …" (Sure 55:26)
Dschinn werden alt: nach ihren eigenen Aussagen, die mehrfach vorliegen.

„Der Prophet, salla-llahu `alahi wa Sallam, sagte:
„Oh Allah, ich nehme Zuflucht bei Deiner Herrlichkeit, es gibt keinen Gott außer Dir, davor, dass ich irregehe. Denn Du bist Der Beständige, Der nicht stirbt! Aber die Dschinn und die Menschen sterben." (Hadiith Sahiih al-Buchaari und Muslim)
Die Gelehrten wurden gefragt, ob die gesamte Schöpfung sterben wird, auch die Engel samt dem Todesengel und den Thronträgerengeln. Die Meinungen sind verschieden.

Wir Menschen können es ohne exakten Beweis nicht wissen, ob die Engel insgesamt, oder z. B. einige der Engel, wie die Thronträgerengel, zu den „außer wer Allah will" gehören:

„Und es **wird in den Suur geblasen**, und da sinkt vom Schock getroffen nieder (/ bricht zusammen) wer in den Himmeln und wer auf der Erde ist, **außer wer Allah will** …" (Sure 39:68)

Die Engel sind oft im Himmel, nicht immer auf der Erde. Doch an diesem Tag werden viele Engel auf die Erde gesandt, in sha´ Allah.
„Zusammenbrechen" muss nicht in jedem Fall „sterben" bedeuten. Ob die Engel auch sterben und wieder

auferweckt werden – oder ob sie, oder manche von ihnen (wie die Thronträger-Engel) zu denen gehören „außer wer Allah will", das können wir ohne Beweis nicht wissen. Und Allah weiß es am besten.

Abu Huraiyrah, radia llahu 'anh, sagte:
„Der Gesandte Allahs, salla-llahu 'alaihi wa Sallam, sagte: ‚Zwischen den Stößen in den Suur werden 40 sein!' Die Leute fragten: ‚Ya Abu Huraiyrah, 40 Tage?' Ich sagte: ‚Ich bin nicht sicher.' Sie sagten: ‚40 Jahre?' Ich sagte: ‚Ich bin nicht sicher.' Sie sagten: ‚40 Monate?' Ich sagte: ‚Ich bin nicht sicher.' Dann wird Allah Regen vom Himmel hinabsenden, und sie (die Verstorbenen) werden hervorsprießen, wie Kräuter hervorsprießen. Es gibt keinen Teil des Menschen, der nicht (irgendwann) verrottet, bis auf einen kleinen Knochen unten am Steißbein, aus dem er am Tag der Auferstehung auferweckt wird.'" (Hadiith Sahiih al-Buchaari und Muslim)
Abu Huraiyrah, radia llahu 'anh, war hier sehr vorsichtig. Da er sich nicht mehr ganz sicher war, was er nach den „40" an Überlieferung über die Zeitangabe (wie Tage, Wochen, Monate, Jahre…) gehört hatte, wollte er sich auch auf nichts festlegen lassen. Er war sich seiner hohen Verantwortung bewusst, subhan-Allah! Der Knochen, den er ansprach, ist ein runder Knochen am Ende des Rückgrates. Auf Arabisch heißt er 'Adschbu dh-Dhanab, er ist einer von den Steißbeinknochen.

„… Hierauf wird ein weiteres Mal geblasen, da **stehen sie sogleich auf und schauen** herum." (Sure 39:68)

„Und Er ist es, der die Schöpfung zu Anfang

hervorbringt, und hierauf wiederholt Er sie. Das ist für Ihn noch leichter. Er (selbst) ist das höchste Beispiel in den Himmeln und auf der Erde. Und Er ist Der Allmächtige und Allweise." (Sure 30:27)

„Sie sagen: ‚Oh wehe uns! Wer hat uns aus unserer Schlafstätte auferweckt? Das ist, was ar-Ra<u>h</u>maan versprochen hat. Und die Gesandten haben die Wahrheit gesagt!' Es wird nur ein **einziger Schrei** sein ..." (Sure 36:52-53)

„Der Tag an, dem sie **aus den Gräbern** eilig **herauskommen** werden, als liefen sie zu einem aufgerichteten Opferstein (/ Götzenbild)." (Sure 70:43)

„Und (denke an) den Tag, an dem in den <u>S</u>uur geblasen wird: und da all diejenigen <u>erschrecken, die in den Himmeln und die auf der Erde</u> sind, **außer wer Allah will**. Und alle kommen demütig zu Ihm." (Sure 27:87)

Man kann hier nicht wissen, ob das Erschrecken nur beim ersten Blasen in den <u>S</u>uur ist, oder auch beim zweiten, wenn sie aus den Gräbern herauskommen und ihnen gewaltige Ereignisse bevorstehen. Ebenso weiß man nicht, ob das Einebnen der Erde und Berge beim ersten oder zweiten Blasen in den <u>S</u>uur geschieht. Das Wesentliche ist zu wissen, da**ss** es geschieht!

„Wenn in den <u>S</u>uur geblasen wird, und Erde und Berge gehoben und dann mit einem **einzigen Schlag** zu Staub eingeebnet werden." (Sure 69:13-14)

„An dem Tage, an dem die **Erde in eine andere Erde umgewandelt** werden wird, und die Himmel. Und da sie vor Allah erscheinen werden, Dem Einen, Dem Bezwinger." (Sure 21:48)

„An jenem Tage dann trifft (die Stunde) ein, die eintreffen wird! Und der Himmel spaltet sich, sodass er an jenem Tage brüchig wird. Und die Engel (befinden sich) an seinen Seiten. Und den **Thron Deines Herrn über ihnen werden an jenem Tage acht tragen.**" (Sure 69:15-17)

„Am Tage an dem **ar-Ruuḫ und die Engel in Reihen stehen,** da werden sie nicht sprechen dürfen, außer der, dem ar-Raḫmaan es erlaubt, und der nur das Rechte spricht." (Sure78:38)
Ar-Ruuḫ: Dschibriil, 'alaihi-s-Salaam. Ar-Raḫmaan: der Allerbarmer.

„Allah hält die Himmel und die Erde, so dass sie nicht vergehen. Und wenn sie vergehen würden, so könnte niemand nach Ihm sie halten … " (Sure 35:41)

Die Versammlung

Sie werden versammelt, auf einer **weißen Versammlungsebene**, ohne Kleider, also ohne Möglichkeit, sich zu verkleiden, sich mit schönen Kleidern oder durch sonst etwas zu profilieren, oder sich irgendwo verstecken zu können.

Sahl ibn Sa'd berichtete, dass er den Propheten, sallallahu 'alaihi wa Sallam, … sagen hörte: „Die Menschen werden am Tage der Auferstehung auf einem weißen, staubigen Boden versammelt, der wie die Oberfläche des Weißmehls aussieht." Sahl – oder ein anderer als er – fügte hinzu: „Darauf findet keiner ein Orientierungsmerkmal für sich." (Hadiith Sahiih al-Buchaari)

'Aischah, radia-llahu 'anha, berichtet, dass sie den Gesandten Allahs, salla-llahu 'alaihi wa Sallam, sagen hörte: „Am Tage des Gerichtes werden die Menschen barfuß, unbekleidet und unbeschnitten versammelt sein.", Ich sagte: „Oh Gesandter Allahs, werden Männer und Frauen zusammen sein und einander anschauen?" Er sagte: „Der Anlass wird zu schwerwiegend sein, und zu furchteinflößend für sie, als dass sie die Muße hätten, einander zu begutachten." (Hadiith Sahiih Muslim und al-Buchaari)

Zudem ist nun die Sonne nahegebracht. Sie stehen im Schweiß, auf die weiteren Ereignisse wartend.

Al-Miqdaad, radia-llahu 'anh, berichtet:
„Ich hörte den Gesandten Allahs, salla-llahu 'alaihi wa Sallam, sagen: ‚Am Tage des Gerichtes wird die Sonne so nahe bei den Leuten stehen, als sei sie nur ein ‚Mil' von ihnen entfernt … Die **Menschen werden ihren Taten entsprechend schwitzen**: der Schweiß einiger von ihnen wird bis zu ihren Knöcheln reichen, von anderen bis zu ihren Knien, von anderen bis zu ihrer Hüfte. Und einige werden von ihrem Schweiß ‚gezügelt'

sein. Der Prophet, salla-llahu 'alaihi wa Sallam, deutete dazu mit seiner Hand auf seinen Mund, was bedeutete, dass man damit ‚gezügelt‘ sein würde." (Hadiith Sahiih Muslim)

Gezügelt: wie die Zügel bei einem Pferd.

‚Mil‘: sowohl Meile, als auch das Stäbchen zum Auftragen von Kohol, das ist Kajal, orientalische Augenschminke mit Antimon.

Der Gesandte Allahs, salla-llahu 'alaihi wa Sallam, sagte: „Allah wir am Tag der Abrechnung sagen: ‚Wo sind die, die sich aufgrund Meiner Erhabenheit (nicht aufgrund der Verfolgung eigener weltlicher Interessen) liebten? Heute werde Ich ihnen Schatten spenden, an dem Tag, an dem es keinen Schatten gibt außer Meinem." (Hadiith Sahiih Muslim)

„…Allahs Gesandter, salla-llahu 'alaihi wa Sallam, sagte: ‚…Allah wird alle Menschen versammeln und sagen: »Wer immer etwas anzubeten pflegte, soll diesem folgen.« Wer also die Sonne anzubeten pflegte, wird ihr folgen. Und wer den Mond anzubeten pflegte, wird ihm folgen. Und wer Tawaaghiit anzubeten pflegte, wird ihnen folgen. Und nur diese Ummah wird übrigbleiben.'" (Hadiith Sahiih al-Buchaari)

Tawaaghiit: falsche Götter, Götzen für die man die Anbetung Allahs unterlassen hat. Und auch Idole aller Art, die damit zufrieden sind, dass sie angebetet werden, anstatt Allah.

„… am Tage, da der Mensch schauen wird, was er vorausgeschickt hat, und der Kaafir sagen wird: ‚Oh wäre

ich doch Staub!'" (Sure 78:40)
„Und wer von ihnen sagen sollte: ‚Ich bin ein Gott *außer*
Ihm', dem vergelten wir es mit der Hölle." (Sure 21:29)

'Isa (Jesus, 'alaihi-s-Salaam), oder ein anderer der
Propheten, hat sich nie als Gott bezeichnet.

„Und wenn Allah sagt: ‚Oh 'Isa bin Mariyam! Bist du es,
der den Menschen gesagt hat: Nehmt mich und meine
Mutter außer Allah zu Göttern?' So wird er sagen:
‚Subhaanak! (Preis sei Dir!) Es steht mir nicht zu, etwas
zu sagen, wozu ich kein Recht habe … Und ich war über
sie Zeuge, solange ich unter ihnen weilte … Wenn du sie
strafst, so sind sie Deine Diener. Und wenn du ihnen
vergibst, so bist Du Der Mächtige, Weise!'" (Sure 5:116-
117)

Der Prophet, salla-llahu 'alaihi wa Sallam, sagte:
„… Es wird auch geschehen, dass einige Leute meiner
Ummah nach links geführt werden, worauf ich sagen
werde: ‚Oh Herr! Diese sind doch meine Gefährten!'
Und Allah wird sagen: ‚Du hast keine Kenntnis davon,
was sie nach dir begangen haben!' Ich werde dann die
Worte sprechen, die einst der rechtschaffene Diener
Allahs (das ist 'Isa bin Mariyam, 'alaihi-s-Salaam) gesagt
hatte: ‚Und ich war ihr Zeuge, solange ich unter ihnen
weilte!' Danach wird mir gesagt: ‚Sie *hörten nicht auf,
sich davon abzuwenden.*'" (Hadiith Sahiih al-Buchaari)

So werden die Propheten mit der Bitte um Fürsprache
angesprochen werden:

„Wenn Allah die Menschen versammelt, und die Gläubigen den Paradiesgarten sich nähern sehen, kommen sie zu Aadam, 'alaihi-s-Salaam, und bitten ihn: ‚Unser Vater, wir bitten dich, uns den Paradiesgarten (mit deiner Fürsprache) zu öffnen!' Er erwidert: ‚Hat euch (denn) nicht die *Sünde* eures Vaters aus dem *Paradiesgarten vertrieben?*'" (Hadiith Sahiih Muslim)

Das heißt, Aadam, 'alaihi-s-Salaam, sagt ihnen damit, dass er sich nicht als die geeignete Person dafür fühlt.

Aadam, 'alaihi-s-Salaam, sagt „Nafs-i, Nafs-i", und nennt seine Schuld, und verweist sie an den Propheten Nuuh. Der sagt dann auch „Nafs-i, Nafs-i", und verweist sie an den Propheten Ibrahiim. Der sie dann an Muusa, und der sie dann an 'Isa bin Mariyam, und der sie dann an Muhammad, salla-llahu 'alaihi wa Sallam, verweist, der dann sein aufgespartes Bittgebet sprechen darf: „Ya Rabb, Ummati, Ummati!" Und seine Fürsprache wird bis zu einem sehr großen Maße angenomen (langes Hadiith al-Buchaari, hier stark zusammengerafft).
Nafi, Nafsi: meine Seele, meine Seele. Die genannten Propheten sind: Noah, Abraham, Moses, Jesus, Allahs Frieden sei auf ihnen allen. Ya Rabb, Ummati, Ummati: Oh Herr, meine Ummah, meine Ummah! Ummah: Glaubensgemeinschaft.

Es gibt etliche Leute, die Allah **nur für eine gewisse Zeit in der Hölle** lassen wird, dann werden sie wieder davon befreit, von den Faasiquun und Munaafiquun. Also muslimische Sünder – sie bezeugen die Wahrheit, haben aber zu wenig gegen ihre Schwäche, Nachlässigkeit oder Unwissen getan, wodurch sie sich auf Ehebruch,

Rauschgiftkonsum, Sektiererei oder dergleichen einließen.

Dagegen kommt ein *Kaafir,* wegen seinem Kufr und Schirk, und ein *Murtadd* – falls er nicht noch zur Reue kommt, bevor die Sonne im Westen (statt bisher Osten) aufgeht – *für immer in die Hölle.* „... Hatta taṭlua`a Schams-u min Maghrabi-ha.", „bis die Sonne im Westen aufgeht." (Hadith Sahiih al-Buchaari)
Kaafir: Glaubensableugner, Ungläubiger. *Murtadd:* *Apostat,* der den Islaam verließ.

„... ,Oh würden die Engel zu uns hinabgesandt! Oder könnten wir Unseren Herrn sehen!' ... Am Tage, wenn sie die **Engel sehen**: keine frohe Botschaft für die Übeltäter an diesem Tage! Und sie werden sagen: ,Das sei verwehrt, verboten!' Und Wir werden Uns den Werken zuwenden, die sie gewirkt haben, und sie zu verwehtem Staub machen." (25:21-23)
,Das sei verwehrt, verboten!' – werden die **Engel** den Übeltätern sagen, die ins Paradies wollen.

Die Hölle wird herbeigebracht und steht bereit

„Und **Dschahannam** wird an jenem Tage **herbeigebracht.** An jenem Tag wird der Mensch bedenken! Doch was bringt ihm nun das Dhikr?" (Sure 89:23)
Dhikr: Gottesgedenken, Bittgebet, Selbstbesinnung.
Denn es ist nun zu spät, noch etwas am Ablauf der Ereignisse zu ändern. Es hatte doch im Duniya Zeit und

Anlässe genug zum Gedenken gehabt!

„Die *Hölle* wird an jenem Tag von **70.000 Seilen**, die (wiederum) jeweils von **70.000 Engeln** *gezogen* werden, herangebracht." (Hadiith Sahiih Muslim)

Für wen die Strafe des Höllenbrandes nun fällig wurde, der wird nach **links weggeführt** werden:

„Und die *Gefährten der linken Seite*, was sind die Gefährten der linken Seite? – In Glutwind und heißem Wasser, und Schatten aus schwarzem Qualm, der weder kühl noch wohltuend ist. Sie lebten ja zuvor üppig, und verharrten im *Hinthi-l-'adhiim*, und pflegten zu sagen: ,...sollen wir wahrlich auferweckt werden?'" (Sure 56:41-47)
Hinthi l-'adhiim: gewaltige Treulosigkeit, gegenüber ihrem Bund mit Allah in Nu'maan und allgemein.

Sie müssen rings um das Höllenfeuer auf Knien gehen: „Gewiss, Wir werden sie ganz gewiss versammeln, und die Schaiyaatiin. Hierauf werden Wir sie ganz gewiss *auf Knien rings um die Hölle herum* herbeibringen." (Sure 19:68)

Die Abrechnung

Es ist soweit mit der Abrechnung, der große Tag, wenn jeder an die Reihe kommt und vortreten muss. Nun wird Gewissheit, was vorher nicht allen klar war, obgleich es ihnen immer wieder angekündigt worden war.

„Der Inhaber der Daradschaat und Dhu l-'Arsch sendet den **Ruuh** mit Seinem Befehl, zu wem von Seinen Dienern Er will. Damit Er den Tag der Begegnung warnend ankündige: den Tag, an dem sie vortreten, wobei nichts vor Allah verborgen bleibt. **Wem gehört al-Mulk (die Herrschaft) heute? Allah, al-Qahaar!**" (Sure 40:15-16)
Daradschaat: Rangstufen in Hölle und Paradies, aber auch im Glauben etc. Dhu l-'Arsch: Besitzer des göttlichen Thrones.
Ruuh: hat mehrere Bedeutungen, wie: Offenbarung, Erleuchtung, Eingebung, Geist, das ist Dschibriil, 'alaihi-s-Salaam, der die Offenbarung zu Muhammad, sallallahu 'alaihi wa Sallam, bringt. Al-**Qahaar**: der Bezwinger.

Alles war aufgezeichnet worden, jeder hat seine *Abrechnungsschrift* mit seinen Taten, die nun vorgelegt wird.

„...Und am Tag der Auferstehung bringen Wir ihm ein Kitaab heraus, welches er aufgeschlagen vorfinden wird. ,Lies dein Kitaab! Du selbst genügst heute als Abrechner über dich!'" (Sure 14:17)
Kitaab: Schrift, Buch. „... Dies ist ein Tag, an dem die Menschen versammelt werden. Und ein **Tag des Zeugnisablegens**. Und Wir werden ihn nur bis zu einem festgesetzten Zeitpunkt hinausschieben." (Sure 11:103-104)

„Ein Mann wird am Tage der Auferstehung so lange nicht gehen dürfen (er wird stehen gelassen), bis er über vier Dinge befragt wurde: Sein Leben – wie er es verbrachte. Sein Wissen – wie er es anwandte. Sein Vermögen – wofür er es ausgab. Seinen Körper – wozu er ihn benutzte." (Hadiith sahiih überliefert von at-Tirmidhi)

'Abdullah, radia-llahu 'anh, hörte den Propheten, salla-llahu 'alaihi wa Sallam, sagen:
„Das Erste, über das (am Tage des Gerichts) entschieden wird, ist das (unrechtmäßige) Blutvergießen." (Hadiith Sahiih al-Buchaari)

Der Gesandte Allahs, salla-llahu 'alaihi wa sallam, sagte:
„Der Muslim bleibt **im Rahmen seiner Religion, solange** er kein widerrechtliches Blut vergießt" (Hadiith Sahiih al-Buchaari), und:

„Kehrt nicht nach mir in den Kufr zurück, indem die einen von euch die Nacken der anderen abschlagen" (Hadiith Sahiih al-Buchaari), und:

„Wer eine Waffe gegen uns richtet, der gehört nicht zu uns" (Hadiith Sahiih al-Buchaari), und:

„Das Blut eines Muslims darf nicht vergossen werden, außer in einem der drei Fälle: Im Fall der Wiedervergeltung für Mord; im Fall der Zinaa (Unzucht) durch einen Verheirateten (Ehebruch); und wenn jemand von seinem Glauben abfällt und seine Bindung zur Gemeinschaft löst" (Hadiith Sahiih al-Buchaari), und:

„Am Tag der Auferstehung wird alles untereinander abgerechnet, bis hin zu dem, was das hornlose Schaf mit dem gehörnten Schaf zu begleichen hat" (Hadiith Sahiih Muslim), und:
Sogar die Erde wird Zeugnis ablegen:

„… Der Gesandte Allahs, salla-llahu 'alaihi wa Sallam, rezitierte die Aaiyah ‚An diesem Tage **berichtet sie ihre Nachrichten** …' (Sure 99:4), dann fragte er: ‚Wisst ihr, was ihre Nachrichten sind? … Ihre Nachrichten sind, dass sie gegen jeden Mann und jede Frau Zeugnis ablegen wird über das, was er oder sie auf Erden getan hat. Sie wird sagen, dass er oder sie dies und jenes an dem und dem Tag getan hat. Das werden ihre Nachrichten sein" (Hadiith hasan, überliefert von at-Tirmidhi, Riyaad us-Saalihiin Nr. 59), und:

Der Gesandte Allahs, salla-llahu 'alaihi wa Sallam, sagte: „Am Tag der Auferstehung wird alles untereinander abgerechnet, bis hin zu dem, was das hornlose Schaf mit dem gehörnten Schaf zu begleichen hat" (Hadiith Sahiih Muslim), und:

„Allah wird zwischen Seiner **Schöpfung richten: Dschinn, Menschen und Tieren**. An dem Tag wird alles abgerechnet zwischen den hornlosen und den gehörnten, bis keine noch ausstehenden Angelegenheiten mehr übrigbleiben. Dann wird Allah sagen: ‚Werdet zu Staub!' Der Kaafir werden sagen: ‚Wäre ich nur Staub!'"
(Hadiith sahiih)

Der Siraat

Wir schauen nach draußen zu denen, die darauf warten, ins Paradies geführt zu werden.

Die Muslime sind übriggeblieben und müssen nun über den **Siraat** (Weg, Pfad) gehen, der zum Paradies führt.

„Und es gibt keinen unter euch, der nicht darauf gehen würde. Das obliegt Deinem Herrn **unabänderlich beschlossen.**" (Sure 19:71)

„Dann wird as-Siraat aufgestellt werden, und ich werde **als erster mit meiner Ummah hinübergelangen.**" (Hadiith Sahiih al-Buchaari und Muslim)

Wie geht es mit den Übeltätern und Heuchlern weiter? Denn nicht alle, die „La ilaha illa-llah, Muhammad Rasuulu-llah" gesagt haben, kommen direkt ins Paradies! Ihr Fall entscheidet sich auf dem Siraat! Ein *Faasiq* hatte vielleicht noch in paar Körnchen Imaan im Herzen, war aber sehr nachlässig und beeinflussbar vom Falschen. Ein *Munaafiq*, hatte er nur wenig echten Glauben im Herzen oder gar keinen – er spielt ihn den anderen nur vor. Munaafiq: Heuchler.

„…So wird nur diese Ummah bleiben, mitsamt den Heuchlern… Dann wird eine Dschisr über Dschahannam gelegt werden. Der Gesandte Allahs, salla-llahu 'alaihi wa Sallam, sagte: `Und ich werde der erste sein, der hinübergelangt … und über dieser Brücke gibt es Haken, ähnlich der Schauk as-Sa'daan ... ihre Größe kennt nur Allah. Diese Haken werden die (Übles tuenden und heuchlerischen) Leute entsprechend ihrer Taten ergreifen. Und einige werden zerschnitten und fallen ins Feuer hinunter..." (Hadiith Sahiih al-Buchaari) Dschisr: Brücke. Schauk as-Sa'daan: Dornen des Sa'daan. Der Sa'daan ist ein Dornbusch der Wüste. Und:

„... Dann wird *as-Siraat über die Hölle gelegt* werden. Wir (die Sahaaba) sagten: ‚Oh Gesandter Allahs, was ist as-Siraat?' Er sagte: ‚Es ist eine *schlüpfrige* (Brücke), auf der *Haken und Dornen* sind, die lang auf der einen Seite und scharf auf der anderen Seite sind, mit aufgebogenen Enden. Im Nadschd gibt es eine Pflanze, die solche Dornen hat, sie heißt as-Sa'daan ...einige werden in die Hölle hinunterfallen." (Hadiith Sahiih al-Buchaari und Muslim)

Wa na'uudhu bi-llah, wir nehmen unsere Zuflucht zu Allah davor und bitten Ihn, uns zu befähigen unter denen zu sein, die gut über den Siraat gelangen dürfen.

Der Sahaabi Abu Sa'iid al-Chudri, radia-llahu 'anh, erklärt noch Folgendes zum Siraat:
„Ich hörte, dass diese Brücke schmaler als ein Haar und schärfer als ein Schwert ist."

Die gläubigen Muslime gelangen über as-Siraat entsprechend ihren Taten:
„... einige der Gläubigen werden as-Siraat so schnell wie ein Augenblinzeln überqueren. Andere so schnell wie ein Blitz, ein starker Wind, oder schnelle Pferde oder

Kamelinnen. So werden einige in Sicherheit sein, ohne den geringsten Schaden. Andere werden in Sicherheit sein, nachdem sie ein paar Kratzer abbekommen haben … die letzte Person, die hinübergelangen wird, wird (hinüber)geschleppt werden." (Hadiith Sahiih al-Buchaari und Muslim)
Wer über den Siraat hinübergelangen durfte, kommt ins Paradies. Die Paradiesbewohner haben alles gewonnen!

„Hierauf erretten wir jene, die gottesfürchtig waren, und lassen die Dhaalimiin in ihm auf den Knien zurück." (Sure 19:72)
Dhaalimiin: Ungerechte. In ihm: in Dschahannam, im Feuer.

Unter den Faasiqiin (Übeltätern) und Munaafiqiin (Heuchlern) gibt es welche, die eine gewisse Zeit in der Hölle verbringen müssen! Was sie dort erwartet ist gewaltig und sehr abschreckend:

„…Diejenigen, die Übeltaten begehen, werden bei Allah Erniedrigung und strenge Strafe antreffen…" (Sure 6:124)

„Wahrlich, die Heuchler sind im tiefsten Grund des Höllenfeuers." (Sure 4:145)

Allah ist nicht ungerecht. Wer Heuchler nur aus Schwäche war, obgleich noch ein kleines bisschen Imaan in seinem Herzen vorhanden war, kann nach einiger Zeit wieder aus dem Feuer heraus, mit Allahs Erlaubnis. Für die anderen ist es ein Platz in Ewigkeit, wa na'uudhu billah min al-Dschahannam.

„Wer auch immer sagt ‚**La ilaha illa-llah**', und hat in seinem Herzen ein Körnchen **Imaan** in der Größe eines Gerstenkorns, der wird aus der Hölle herausgenommen. Wer auch immer sagt: ‚La ilaha illa-llah' – und hat in seinem Herzen Imaan in der Größe eines Weizenkorns, wird aus der Hölle herausgenommen. Und wer auch immer **sagt: ‚La ilaha illa-llah'** – und hat in seinem Herz Gutes von der Größe eines Atoms – wird aus der Hölle herausgenommen.'" (Hadiith Sahiih al-Buchaari) Der Imaan hat sechs Säulen: Imaan an Allah, an Seine **Engel**, an Seine Bücher, an Seine Propheten, an den Jüngsten Tag, an das Schicksal (Qadr).

Das Höllenfeuer

Es gibt kein Entkommen, wie sehr jemand es sich auch wünschen mag. Das Diesseits wird nun allen, die gemeint hatten, sie hätten den Islaam nicht nötig, völlig entschwinden:

„An jenem Tag wird niemand so strafen wie Er straft. Und niemand wird fesseln, so wie Er *fesselt*." (Sure 90:25-26)

„… ewig darin zu bleiben, solange die Himmel und die Erde währen … Dein Herr tut immer, was Er will." (Sure 11:107)

„Und Wir erschufen viele der **Dschinn** und der
Menschen fürs Höllenfeuer..." (Sure 7:179)
Die Tore der Hölle

„... Tretet durch die Tore der Hölle hinein, ewig dort zu
bleiben! Schlimm ist der Aufenthaltsort der
Hochmütigen!" (Sure 39:73)

Allah sagte damals zu *Schaitaan*, als er seinen
Ungehorsam begann:
„... *Wer dir* von den Verirrten *folgt, ... die Hölle ist
wahrlich ihrer aller Verabredung*(sort). Sie hat **sieben
Tore**. Und jedem Tor wird ein Teil von ihnen
zugewiesen." (Sure 15:42-44)

„An jenem Tage wirst du die Übeltäter in Ketten
zusammengefesselt sehen. Ihre *Kleider* werden (dort) *aus
Pech* (/ *Teer*) sein ... " (Sure 14:49-50)

Die Hölle ist sehr tief

Abu Huraiyra, radia-llahu 'anh, berichtete:
„Eines Tages waren wir beim Propheten, salla-llahu
'alaihi wa Sallam, als wir ein Geräusch hörten, als ob
etwas heruntergefallen sei. Er fragte uns: ‚Wisst ihr, was
das war?' Wir sagten: ‚Allah und Sein Gesandter wissen
es am besten!' Er sagte: ‚Das war ein *Stein, der vor 70
Jahren ins Höllenfeuer geschleudert wurde*. Seither
drehte er sich, und hat soeben sein Ziel erreicht. Gerade
habt ihr den Ton seines Auftreffens gehört!'" (Hadiith
Sahiih Muslim, Riyaad us-Saalihiin Nr. 404)

262

„Hierauf werden wir aus jedem Lager denjenigen herausnehmen, der sich ar-Ra<u>h</u>maan am meisten widersetzt hat. Schließlich wissen Wir doch am besten Bescheid über jene, die es am meisten verdienen, ihr (der Hölle) ausgesetzt zu sein." (Sure 19:69-70)

Nun wird er **von Malaa`ika** dorthin **geschleppt**, wo die Eingangstore sind und das Feuer lodert:

„Nehmt ihn und schleppt ihn mitten in den Höllenbrand hinein ... Koste – du bist ja der (angeblich) Mächtige und Edle!" (Sure 44:47-49)

Auch die ehemals Einflussreichsten haben nun keinerlei Einfluss mehr, im Gegenteil. Allah kennt sie und greift sie sich heraus: Wer für die Hölle bestimmt ist, stürzt dort ab, hinunter in die sehr tiefe Höllengrube.

„Gewiss, ihr und das, dem ihr statt Allah dient, seid **Brennstoff der Dschahannam**. Ihr werdet dort hinabgehen. Wären diese da Götter, so gingen sie nicht zu ihr hinab. Und <u>alle</u> werden ewig darin bleiben." (Sure 21:98-99)
Dschahannam: Hölle. <u>Alle</u> von euch <u>mit diesem Schirk</u>: die <u>Kaafiriin und Murtadiin</u>, die Glaubensverweigerer und die Apostaten, Abtrünnigen – falls sie nicht zur Reue gekommen waren, bevor die Sonne im Westen aufging (statt wie zuvor im Osten).

„Die aber, die Unsere Zeichen leugneten ... über ihnen liegt ein einschließendes Feuer." (Sure 91:19-20)

„Es schlägt gewiss über ihnen zusammen, in langgestreckten Säulen." (Sure 104:9)

Sie sind nun „einem Naaran ḥaamiya ausgesetzt." (Sure 88:4)
Naaran ḥaamiya: sehr heißes Feuer.

Nun sind sie mitten darin.

„... ʼAdhaab as-Samuum ..." (Sure 52:27). „Dort wird für sie *Seufzen und Schluchzen* sein." (Sure 11:106) ʻAdhaab as-Samuum: Strafe des **Glutwind**es.

In der Hölle gibt es **Daradschaat** der Bestrafung.

„Sie haben Daradschaat bei Allah. Und Allah sieht sehr wohl, was sie tun." (Sure 3:163)
Daradschaat: Stufen, Grade.

Der Prophet, ṣalla-llahu ʼalaihi wa Sallam, sagte:
„Allah taʼaala sagt (am Tag der Auferstehung) zu dem unter den Höllenbewohnern, der mit der geringsten Pein bestraft wird: ‚Wenn du auf der Erde etwas noch Besseres hättest – würdest du dich (nun) damit freikaufen?' Dieser sagt: ‚Ja!' Allah spricht dann zu ihm: ‚Ich verlangte Leichteres als das von dir, **als du noch in den Lenden von Aadam warst**: Nämlich, dass du mir nichts beigesellst! Doch hieltest du dich nur (fortlaufend) daran fest, mir etwas beizugesellen.'" (Ḥadiith Ṣaḥiih al-Buchaari), und:

„Einigen von denen, die für das Höllenfeuer bestimmt sind, wird das Feuer bis zu ihren Knöcheln, anderen bis zu ihren Knien, anderen bis zur Taille, und anderen bis zu ihren Kehlen emporsteigen." (Ḥadiith Saḥiiḥ Muslim)

Sind schon die Rahmenbedingungen alles andere als erstrebenswert, so sind es die Lebensumstände im Detail noch viel weniger.

Essen und Trinken in der Hölle:

„… Er wird Eiter zu trinken bekommen …" (Sure 14:16), und „… aus einer siedenden Quelle zu trinken bekommen" (Sure 88:5), es ist ein „siedendes Wasser, das ihre Därme zerreißt." (Sure 47:15)

Die Speise besteht nur aus einer üblen Suppe mit piekender und sengender Beilage:

„Und keine Speise, außer *Ghisliin.*" (Sure 69:36) Keine Speise, wie sie diese von früher kennen. Ghisliin: Abwasser, gemeint: die verschwitzte *Brühe, die aus der Haut der Höllenbewohner ausgedünstet* wird. Und

„… außer trockenen Dornen, die *weder Fett ansetzen lassen noch sättigen*" (Sure 88:6-7), und:

„Gewiss, der Zaqquum-Baum ist die Speise des Sünders: *wie siedendes Öl kocht er in den Bäuchen,* wie das heiße Wasser kocht." (Sure 44: 43-45)

Das Paradies wird nahegebracht, damit die mit Tauḥiid Guthandelnden eintreten

„Und der Paradiesgarten wird den Gottesfürchtigen nahegebracht werden." (Sure 26:90)

„Und das Paradies wird den Gerechten nahe gebracht werden …" (Sure 50:31)

„Wer das Jenseits begehrt, und sich darum bemüht, wie es ihm zusteht, wobei er gläubig ist – denen wird für ihr Bemühen gedankt!" (Sure 17:19)

Hier sind drei Bedingungen erwähnt: 1., dass man die aufrichtige Niya (Absicht) im Herzen hat, 2., dass man sich mit dem richtigen Wissen bemüht, und 3., dass man aufrichtig glaubt. Diese Lebensaufgabe, hier von Jahr zu Jahr immer noch ein Stückchen weiterzukommen, ist eine gute Beschäftigung! Nicht jeder hat gleich viel Zeit. Gut ist auf jeden Fall, ab und zu ein Buch oder eine Broschüre über Islaam zu lesen, außer dem Qur'aan, das einem bestimmte Themen vertieft. Es gibt Bücher der Siira (Prophetenbiografie), über Fasten, Zakah, Aufrichtigkeit, usw.

„Er weiß was vor ihnen und was hinter ihnen liegt. Und sie (die Engel) legen Fürsprache nur für die ein, denen Er zustimmt. Und sie sind aus Furcht vor Ihm besorgt." (Sure 21:28)

Wem es Allah erlaubt hat, dass er über die Brücke, den Siraat (Weg, Pfad) gelangen darf, der wird den Toren des Paradieses nahegebracht.

„Die von den Engeln friedlich abberufen werden, (zu ihnen) sprechen die Engel: ‚Friede sei auf Euch! **Tretet ein ins Paradies für das, was ihr zu tun pflegtet.‘"** (Sure 16:32)

„... die Engel empfangen sie: ‚Das ist euer Tag, der euch versprochen wurde!‘" (Sure 21:103)

„Die **Gärten von 'Aden** (Eden), deren Tore für sie geöffnet sind." (Sure 38:50)

„An jenem Tag wird es **strahlende Gesichter** geben, die zu Ihrem Herrn schauen." (Sure 22:23)

„Oh du Seele, die du **Ruhe gefunden** hast! Kehre zurück zu Deinem Herrn, zufrieden und mit Wohlgefallen. Tritt ein unter Meine Diener, und tritt ein in Mein Dschannah!" (Sure 89:27-30)

Die Tore des Paradieses

„Wahrlich, das Paradies hat **acht Tore**, unter ihnen ein Tor das ar-Raiyaan heißt. Und durch welches niemand anderes eintreten wird, außer den Fastenden." (Hadiith Sahiih al-Buchaari)

„Die **Gärten von 'Aden** (Eden). Dort werden sie hineingehen, und diejenigen von ihren Eltern und ihren Frauen und ihren Nachkommen, die rechtschaffen sind. Und **die Engel werden zu ihnen durch jedes Tor treten.**" (Sure 13:25)

Essen und Trinken der Paradiesbewohner

„In den Gärten der Wonne ... und Früchten unter denen sie sich auswählen, und Fleisch von Geflügel, von der Art, die sie begehren ... weder hören sie darin unbedachte Rede, noch Anklage der Sünde, sondern nur den Ausspruch: ‚Frieden, Friede!'" (Sure 56:12, 20, 25, 26)

„Sie werden **grüne Gewänder** aus Seidenbrokat und schwerem Brokat tragen. Und sie werden mit Armreifen aus Silber geschmückt. Und ihr Herr wird ihnen ein reines Getränk zu trinken geben." (Sure 76:21) Es gibt jederzeit Obst (Sure 55:68), Fleisch, (Sure 52:22), usw.,

„Ein Mathal vom Paradies, den Rechtschaffenen verheißen: Darin sind Ströme von Wasser, das nicht verdirbt, und Ströme von Milch, deren Geschmack sich nicht ändert, und Ströme von Wein, köstlich für die Trinkenden, und Ströme geläuterten Honigs. Und darin werden sie Früchte aller Art haben und Vergebung von Ihrem Herrn ..." (Sure 47:15)
Mathal: Vergleichsbeispiel. Denn die Speise und der Trank sind aus jenseitiger, nicht diesseitiger Beschaffenheit.

„... und ewig werdet ihr darin bleiben. Das ist Dschannah, das euch zum Erbe gegeben worden ist, für das, was ihr zu tun pflegtet." (Sure 43:71)

Die Wonnen des Paradieses

„Und Wir nehmen hinweg, was in ihren Herzen an Groll ist. Unter ihnen strömen Flüsse, und sie sagen: ‚Al-Hamdu li-llah, Der uns hierher geleitet hat ...' Und es wird ihnen zugerufen: ‚Siehe, das ist al-Dschannah, das ihr als Erbe erhalten habt für das, was ihr zu tun pflegtet.'" (Sure 7:43)
Al-Hamdu li-llah: Lob sei Allah.

„Unter dornenlosen Sidr-Bäumen, und übereinander gereihten Talh, und lang ausgedehnten Schatten, und sich ergießendem Wasser ... und **erhöhten Ruhebetten**." (Sure 56:28-34)
Sidr: Sidarbaum, Ziziphusbaum, englisch: Jujube.
Talh: Bananen, Mimosen.

„Die Frommen werden wahrlich in **Na'iim** sein, ... und blicken um sich. Du erkennst in ihren Gesichtern das Strahlen der Wonne, ihnen wird von **Rahiiqin machtuum** zu trinken gegeben, dessen Siegel Misk ist – und darum sollen die Wetteifernden wetteifern – und dessen Beimischung **Tasniim** ist, aus einer Quelle, aus der die (Allah) Nahegestellten trinken." (Sure 83:22-28)
Na'iim: Wonne. Von Rahiiqin machtuum: von versiegeltem Nektar, ein reines Getränk. Misk: Moschus.
Tasniim: Quelle an der höchsten Stelle des Paradieses.

Der Gesandte Allahs, salla-llahu 'alaihi wa Sallam, sagte: „Wahrlich, die Bewohner des Paradieses werden auf die Bewohner der über ihnen liegenden Abteilungen (/ Übergemächern) hinaufschauen können, wie ihr zu den leuchtenden Sternen am Horizont im Osten oder Westen. Dies ist aufgrund ihrer anderen (Vorzugs-)**Stellung**. Sie sagten: ,Ya Rasuulu-llah, ist das der Status der Propheten, den keiner außer ihnen erreichen kann?' Er antwortete: ,Nein, bei Dem, in Dessen Hand meine Seele ist. Sie sind diejenigen, die an Allah glaubten, und an die Gesandten!'" (Hadiith Sahiih al-Buchaari und Muslim) Und:

„Wer es betritt, erfährt Gnade, wird nicht (mehr) traurig, ihre Kleidung trägt sich nicht ab und ihre **Jugend vergeht nicht**." (Hadiith Sahiih Muslim)

Die Stufen des Paradieses

„Für alle wird es Daradschaat geben, entsprechend dem, wie sie gehandelt (/ gewirkt) haben. Und Dein Herr ist nicht unachtsam dem gegenüber, was sie tun." (Sure 6:132)

Die Stufen in Dschannah (dem Paradies) sind sehr zahlreich. Sie sind wundersam und von unfassbar großen Ausmaßen, hier kann kein weltliches Herrscherreich oder Titel mithalten:

Der Prophet, salla-llahu 'alaihi wa Sallam, sagte „... Das Paradies hat 100 Daradschaat (Stufen) ... Und der Abstand zwischen jeder von diesen Stufen ist so groß wie der Unterschied zwischen Himmel und Erde. Wenn du also Allah um etwas bittest, so bitte ihn um den Zutritt zu **al-Firdaws**, welches der höchste und beste Platz im Paradies ist ... Direkt darüber ist al-'Arsch ar-Rahmaan (der Thron von Allah). Und von dort entspringen die Flüsse des Paradieses." (Hadiith Sahiih al-Buchaari) Daradschaat: Plural von Daradscha (Stufe). Dies ist zu unterscheiden von den Manaazil (Rängen), die ein Mensch erreichen kann.

„Wenn ihr bittet, so bittet um Firdaws: es ist in der Mitte des Paradieses (nach at-Tirmidhi: ausgedehnteste Teil), und sein höchster Teil. Direkt darüber befindet sich 'Arsch ar-Rahmaan, und von ihm entspringen die Flüsse des Paradieses." (Hadiith Sahiih Muslim)

Der Prophet, salla-llahu 'alaihi wa Sallam, sagte:
„Wer den **Markt betritt**, und dabei sagt: ‚Laa ilaaha illallah, wahdahu la Schariika Lah. Lahu l-Mulk, wa Lahu l-Hamd, yuhyii wa yumiit, wa Huwa hayyun laa yamuut. Bi Yadihi l-chair. Wa Huwa 'ala kulli Schai`in qadiir', dem schreibt Allah 1000 mal 1000 Hasanaat auf. Und löscht ihm 1000 mal 1000 Sayi`aat aus. Und **erhöht ihn um 1000 mal 1000 Rangstufen.**'" (Hadiith ist hasan und sahiih klassifiziert, überliefert von at-Tirmidhi, al-Haakim, Ibn Maadscha)
„Es gibt keinen Gott außer Allah, der keinen Beigott hat. Ihm gebühren die Herrschermacht und das Lob. Er gibt und nimmt Leben. In Seiner Hand ist das Gute. Er lebt und stirbt nicht. Und Er hat Macht über alle Dinge."
Hasanaat: gute Taten, Sayi´aat: schlechte Taten. Und:
„Es wird zu dem **Saahib al-Qur`aan** gesagt: ‚Rezitiere, wie du auf der Erde rezitiert hast! Denn dein **Rang** wird da sein, wo du mit dem letzten von dir rezitierten Vers

aufgehört hast." (Hadiith sahiih, überliefert von Abu Daawud)

Saahib al-Qur'aan: Gefährte des Qur'aan, der vom/ den Qur'aan auswendig gelernt hat.

„ … und trage den Qur'aan tartiilan vor. Gewiss, Wir werden dir Qawlan thaqiila offenbaren." (Sure 73:4-5)

Tartiilan: wohlgeordnet. Qawlan thaqiila: gewichtige Worte.

Tartiil, tartiilan: den Qur'aan im Original, auf Arabisch, so zu lesen, dass jeder Buchstabe zu seinem Recht kommt. Das kann man lernen, indem man zunächst das arabische Alphabet lernt, und dann mit Anleitung die kleinsten Suren im Qur'aan, die nur wenig Verse umfassen. Es wird einem lieb und wert werden, hier nach und nach flüssiger und gewandter zu werden, und gibt der Lesung und dem Verständnis viel Tiefe, für einen selbst und für alle, die zuhören.

Die Rangstufen sind wie Verdienststufen, durch die man sich einen Status bei Allah ansammeln kann. Das hilft selbstverständlich für eine gute Stufe in Dschanna, weil es einen guten Einfluss auf Herz und Seele und die Standhaftigkeit und Gesamtausstrahlung eines Menschen hat. Aber die Manaazil sind nicht identisch mit den Daradschaat des Paradieses.

Der Prophet, salla-llahu 'alaihi wa Sallam, sagte: „Jemand der gut darin ist, den Qur'aan zu rezitieren, wird (im Paradies) unter den edlen rechtschaffenen Schriftgelehrten sein. Und wenn jemand stockt und große Schwierigkeiten im Rezitieren hat, wird er doppelt belohnt." (Hadiith Sahiih al-Buchaari und Muslim)

Doppelt belohnt: wegen der Niya, dabei zu bleiben und zu lernen.

„Und diejenigen, die al-Amaana und ihre Verpflichtung hüten, und ihre Gebete einhalten – dies sind die Erben, die **al-Firdaws erben** werden. Auf ewig werden sie darin verweilen." (Sure 23:8-12)
Al-Amaana: das anvertraute Gut. Firdaws: höchste Stufe im Paradies.

„Da erwies Allah uns Ni'mah … Gewiss, Ihn hatten wir früher angerufen/ angefleht. Er ist wahrlich Der Gütige, Der Barmherzige." (Sure 52:27-28)
Ni'mah: Wohltat, Gnade. Früher: in unseren Bittgebeten.

„Schau, wie Wir die einen vor den anderen auszeichnen. Aber das Jenseits enthält noch mehr Ränge und Auszeichnungen." (Sure 17:21)

Die später Erretteten

Einige der Faasiqiin (Übeltäter) und Munaafiqiin (Heuchler), die aber immerhin gebetet und etwas Imaan im Herzen hatten, und vom Siraat ins Feuer herabgestürzt waren, werden von Allah nach einiger Zeit aus dem Höllenfeuer errettet und dürfen auch ins Paradies.

„…nachdem Allah die Qada'a unter seinen Dienern beendet hat, und durch Seine Rahmah die Feuerbewohner herausholen möchte, wen Er will. Er befielt den Malaa'ikah, die aus dem Feuer herauszuholen, die Allah

nichts (in der Anbetung) zur Seite gestellt hatten, unter denen, denen Allah Rahmah gewähren wollte und denen die ‚la ilaha ill-Allah' bezeugen. Und die **Malaa`ikah werden sie im Feuer an den Athar-a Sudschuud erkennen**. Denn das Feuer vertilgt die Nachkommen Aadams, bis auf die Athar-a Sudschuud. Allah hat dem Feuer verboten, die Athar-a Sudschuud zu vertilgen. Dann werden sie aus dem Feuer herauskommen, völlig verbrannt. Dann wird Wasser, genannt Maa` ul-Hayaa`, über sie geleert. Und sie werden unter ihm wachsen, wie eine Pflanzensaat im Schlamm des Wasserstromes …"
(Hadiith Sahiih al-Buchaari)
Qada´: Rechtsprechung, Gerichtsbarkeit, Verurteilung, Justiz. La ilaha ill-Allah: Es gibt keinen Gott außer Allah. Athar-a Sudschuud: Zeichen (/Spuren) der Gebetsniederwerfung. Es gibt auch leuchtende Zeichen der Gebetswaschung am Tag der Auferstehung, nach sahiih-Ahadiith. Maa` ul-Hayaa`: Wasser des Lebens. Und, ergänzend:
„… Er wird einige Menschen herausholen, deren Körper verbrannt wurden. Und sie werden in einen Fluss am Eingang des Paradieses geworfen, der Maa` ul-Hayaa` heißt. Sie wachsen an seinen Ufern, wie Pflanzensaat …"
(Hadiith Sahiih al-Buchaari)

Der Prophet, salla-llahu 'alaihi wa Sallam, sagte:
„Einige Leute werden das Höllenfeuer verlassen, nachdem sie durch die Berührung damit befleckt wurden. Sie werden dann ins Paradies eintreten, und von den Paradiesbewohnern ‚**Al-Dschahannamiyiin** genannt.'"
(Hadiith Sahiih al-Buchaari)

Weitere Wonnen des Paradieses

Dschannah (Paradies) wird auch **Daar us-Salaam** (Haus des Friedens) genannt, man ist nun in der Glückseligkeit und Schönheit und ewigen Wonne für immer.

„… solche die glückselig sind …" (Sure 11:108). Sie haben darin:

„… was die Seelen ersehnen und die Augen erfreut …" (Sure 43:71),

„ …. Gefäße aus Silber …" (Sure 76:15), „… Schüsseln aus Gold …" (Sure 43:71),
ganz allgemein:

„Und ihr werdet darin haben, **was immer eure Seelen begehren** …" (Sure 41:31)

„Jungfrauen mit schwellenden Brüsten, Altersgenossinnen." (Sure 87:33)

„Gleich verborgenen Perlen." (Sure 56:23)

Die Paradiesbewohner sind von außergewöhnlicher Schönheit.

Und von erstaunlichem Alter!
Der Prophet, salla-llahu 'alaihi wa Sallam, sagte:
„Die Paradiesbewohner werden das Paradies … im **Alter von 30 oder 33 Jahren** betreten." (Hadiith sahiih, überliefert von at-Tirmidhi), und:

„… im Alter von **33 Jahren** …" (Hadiith hasan, überliefert von at-Tirmidhi). Sie werden: „… ihr Alter nie verlieren …" (Hadiith hasan, überliefert von at-Tirmidhi)

„Und mit ihnen werden Frauen sein, …. liebevolle Altersgenossinnen." (Sure 56:37)

Der Gesandte Allahs, salla-llahu 'alaihi wa Sallam, sagte: „Im Paradies gibt es einen **Wochenmarkt**, auf den die Gläubigen jeden Freitag gehen. Dann weht der Nordwind und sprüht in ihre Gesichter und auf ihre Kleidung. Dadurch werden sie noch schöner und prächtiger. Wenn sie zu ihren Angehörigen heimkehren, sagen ihnen diese: ‚Bei Allah! Ihr seid noch viel schöner und prächtiger geworden!' Darauf antworten sie: ‚Und ihr auch! Bei Allah, ihr seid nach unserem Weggang auch viel schöner und prächtiger geworden!'" (Hadiith Sahiih Muslim, Riyaad us-Saalihiin Nr. 1889)

Der Prophet, salla-llahu 'alaihi wa Sallam, sagte: „Wahrlich, … Und wenn eine **Frau von den Paradiesbewohnern** den Erdenbewohnern erscheinen würde, würde sie das, was zwischen ihr und ihnen ist **erleuchten und mit Wohlgeruch erfüllen.** Und wahrlich, das **Nasiif,** das sie auf ihrem Kopf trägt, ist **besser als die ganze Welt und das, was auf ihr ist.**" (Hadiith Sahiih al-Buchaari)
Nach einer Version von at-Tabaraani steht „…die Krone auf ihrem Kopf …"
Nasiif: Alles, was den Kopf bedeckt, wie ein Kopftuch oder Turban.
Hinweis: manche Übersetzer haben im oben genannten

Hadiith (al-Buchaari) das Wort „Nasiif" mit „Kopftuch" übersetzt, was auf Arabisch aber eigentlich: „Khimaar" (Kopftuch) oder „Dschilbaab" (lockere verhüllende Körperbedeckung, die den Kopf mit einbezieht) heißt. Im Qur`aan steht beides im Plural, weil ja auch von Frauen im Plural die Rede ist, also: „Khumur" in Sure 24:31, und „Dschalaabiib" in Sure 33:59.

Im Paradies ist alles riesig

Der Gesandte Allahs, salla-llahu 'alaihi wa Sallam, sagte: „… ihre Kämme sind aus Gold, und ihr **Schweiß riecht nach Misk** (Moschus) …ihre Gestalt gleicht der ihres Urvaters Aadam, und **ihre Größe ist** 60 Ellen (**30 Meter**)." (Hadiith Sahiih Muslim), und:

„Es gibt wahrlich im Paradies einen Baum, in dessen Schatten ein Reiter 100 Jahre lang reiten kann, ohne das Ende des Schattens zu erreichen!" (Hadiith Sahiih Muslim und al-Buchaari)
Das ist der Baum namens „Tuuba", nach anderen Ahadiith. Gewaltige Dimensionen, subhan-Allah!

‚Allah, subhaana-Hu wa ta'aala, ruft (am Tag des Jüngsten Gerichts) den Paradiesbewohnern zu: ‚Ihr Paradiesbewohner!', sie sagen: ‚Da sind wir, oh Herr, Dir zur Verfügung und zu Deiner Wohlgefälligkeit!', Er sagt: ‚Seid ihr zufrieden?', und sie sagen: ‚Wie könnten wir nicht zufrieden sein, wo Du uns schon gegeben hast, was du sonst keinem Deiner Geschöpfe gabst?' Allah sagt:

‚Ich will euch noch etwas Besseres geben als das!' Sie sagen: ‚Was könnte noch besser sein als das?', Allah sagt: ‚Ich will Mein Wohlwollen für alle Ewigkeit auf euch ruhen lassen, und dann **nie unwillig über euch sein!**'" (Hadiith Sahiih al-Buchaari)

„… So werden sie in Dschannah sein (Paradies), ewig darin zu bleiben, solange die Himmel und die Erde währen … Und Dein Herr tut immer, was Er will." (Sure 11:108)

„Sein Thron umfasst die Himmel und die Erde." (Sure 2:255)

„Gewiss, Euer Herr ist Allah. Der die Himmel und die Erde in sechs Tagen erschuf. Daraufhin erhob Er sich über den Thron … Und die Sonne, den Mond und die Sterne, durch Seinen Befehl dienstbar gemacht. Gewiss, **Sein sind die Schöpfung und der Befehl**. Segensreich ist Allah, Der Herr der Welten." (Sure 7:54)

„Und so haben Wir dir einen arabischen Qur'aan eingegeben, damit du die Umm ul-Quraah und die rings umher warnst. Und damit du vor dem Tag der Versammlung warnst, an dem es keinen Zweifel gibt. Eine Fariiq wird in Dschannah sein und eine Fariiq in der Sa'iir. Und wenn Wir gewollt hätten, so hätten Wir sie wahrlich zu einer einzigen Gemeinschaft gemacht. Aber Er lässt, wen Er will, in Seine Barmherzigkeit eingehen …" (Sure 42:5)
Dir: Muhammad, salla-llahu 'alaihi wa Sallam. Umm ul-Qura: Mutter der Städte, das ist Makkah, die erste Stadt

auf der Erde. Sie ist bis heute im Mittelpunkt aller Länder. Fariiq: Gruppe. Sa'iir: glühendes Feuer. Einer der Namen des Höllenfeuers. Sie: Gesamtheit der Menschen und Dschinn.

„Und Wir haben bereits im Zabuur nach adh-Dhikr geschrieben, dass Meine rechtschaffenen Diener al-`Ard erben werden." (Sure 21:105)
Zabuur: Psalmen-Buch des Daawud, 'alaihi-s-Salaam, im Original. Adh-Dhikr: Tawraah, Thora.
Al-`Ard: die Erde, sei es im Diesseits und/ oder Jenseits.

„Und Wir haben dich nur als Rahmatan li-l'Aalamiin gesandt." (Sure 21:107)
Dich: Muhammad, salla-llahu 'alaihi wa Sallam.
Rahmatan li-l'Aalamiin: Barmherzigkeit für die Welten.

„Und gehorcht Allah und dem Gesandten, sodass ihr Erbarmen finden möget." (Sure 3:132)

„… Bei Allah ruht der Ausgang (aller Dinge)." (Sure 3:28)

„… Und zu Ihm wird die ganze Angelegenheit zurückgebracht. So diene Ihm und verlasse dich auf Ihn. Und Dein Herr ist nicht unachtsam dessen, was ihr tut." (Sure 11:123)

„… Allah weiß, wo Er Seine Botschaft anbringt …" (Sure 6:124)

„Er ist nur eine Ermahnung für die Weltenbewohner.

Und ihr werdet sicher seine Kunde nach einiger Zeit kennen." (Sure 38:88)

„**Ihn preisen** die sieben Himmel und die Erde, und **wer in ihnen ist**. Da ist nichts, das ihn nicht lobpreist. Ihr aber versteht ihr Preisen nicht..." (Sure 17:44)

Möge unser Herz an allem Freude und Erfüllung finden, was zum Erfolg im Diesseits und im Jenseits führt. Und mögen wir beständig auf dem Weg des Guten gehen und bleiben. Amiin!

Erläuterungen

Die arabisch-deutsche Umschrift

Die Umschrift vom Arabischen ins Deutsche ist
notwendig, wenn man die arabischen Buchstaben in
lateinischen Buchstaben darzustellen versucht. Im
arabischen Alphabet gibt es einige Buchstaben, die im
deutschen Alphabet nicht vorkommen (und umgekehrt).
Dies macht es notwendig, einige Buchstaben im
Deutschen quasi „erläuternd" durch eine
Buchstabengruppe darzustellen (die Reihenfolge ist am
arabischen Alphabet orientiert):

a: steht für den arabischen Buchstaben „alif", ‏ا‎ – ‏أ‎ .
Dieser wird selten als klares „a" ausgesprochen, meistens
wie eine Mischung aus „a" und „ä". Je nach Lesart.

th: steht für den arabischen Buchstaben „tha" ‏ث‎. Dabei
wird die Zunge an die Schneidezähne gelegt und stark
Luft durchgedrückt. Er sieht (arab.) aus wie eine
Schüssel mit drei Punkten oben.

dh: steht für den arabischen Buchstaben „dha", ‏ذ‎. Dabei
wird die Zunge an die Schneidezähne gelegt und sanft
Luft durchgedrückt. Er sieht aus wie ein Stuhl ohne
Beine mit einem Punkt oben.

z: steht für den arabischen Buchstaben „za", ‏ز‎,
gesprochen wie gesummtes (klanghaftes) „s".

s: steht für den arabischen Buchstaben „siin", س,
gesprochen wie ein stimmloses, scharfes „S", wie in
Salaam (Friede).

ş steht für den arabischen Buchstaben „şad" ص,
gesprochen mit gerundeten Lippen, während man ein „s"
spricht, nachfolgende Vokale werden bei der Rezitation
des Qur`aan etwas verdunkelt ausgesprochen, ebenso bei
den hier in der Liste nachfolgenden drei Buchstaben.

ḏ steht für den arabischen Buchstaben „ḏad" ض, der wie
ein liegender Ballon mit einem Punkt darüber aussieht.
Er hat keine Entsprechung in den europäischen Sprachen.
Man presst die Ränder der Zunge und die Zungenspitze
etwas weiter hinten an den Gaumen, die Zungenspitze
berührt hier also nicht die Schneidezähne und sagt ein
„ḏa" mit offen gesprochenem „a".

ṯ steht für den arabischen Buchstaben „ṯa" ط, wie ein
liegender Ballon mit einem Aufstrich geschrieben wird.
Er hat keine Entsprechung in den europäischen Sprachen.
Man presst dabei die Zunge an den Gaumen, die
Zungenspitze berührt die Schneidezähne, und man hebt
die Stimme an, während man „ṯa" sagt, mit offen
gesprochenem „a".

dh.: steht für den arabischen Buchstaben „dho" ظ, der wie
ein liegender Ballon mit einem Punkt darüber und
Aufstrich aussieht. Er hat keine Entsprechung in den
europäischen Sprachen. Man presst die Zunge an den
Gaumen, die Zungenspitze berührt die Schneidezähne,

man presst sanft Luft durch die Schneidezähne, hebt dabei die Stimme an und sagt ein „dho", mit offen gesprochenem „o".

'a, 'i, 'u: „ ' " steht für den arabischen Kehlverschlusslaut „'Ain" ع, der in den romanischen Sprachen keine Entsprechung hat. Dabei wird die Kehle sukzessive verengt, während man etwas in die Richtung von „a" und „ä" spricht. Der Buchstabe verlangt anfangs Übung mit Anleitung, bis er von Europäern korrekt ausgesprochen werden kann.

gh: steht für غ, ein nicht gerolltes „r" (also hochdeutsches „r", im Gegensatz zum gerollten „r", z. B. des Bayrischen). (Was in diesem Buch in arabischer Umschrift mit „r" geschrieben wird, ist dagegen als gerolltes „r", im Arabischen ر, auszusprechen).

q: steht für den arabischen Buchstaben „qaaf" ق, der durch kurzes Anpressen des Gaumens auszusprechen ist.

w: „u". Im Arabischen و, wird ausgesprochen wie eine Mischung aus „w" und „u", aber die Zähne berühren nicht die Lippe.

aw: „au". Es wird ausgesprochen wie eine Mischung aus aw und au, ein Beispiel ist Awliya`.

Die Vokale der arabischen Sprache

Die Vokale im Arabischen sind a, i, u. Allerdings kann sich auch, vor allem in der Rezitation des Qur`aan auf Arabisch, nach den überlieferten Rezitationsregeln (Taschwiid-Wissenschaft), ein ganz schwaches „e", beim Qalqala, und „o", nach den verdunkelnden Buchstaben, ergeben.

Im Arabischen gibt es keine Groß- und Kleinschreibung der Buchstaben. In diesem Buch wurden in der Umschrift des Arabischen in lateinische Buchstaben aber, wenn möglich, Groß- und Kleinbuchstaben verwendet, damit der Leser leichter erkennen kann, welches die Substantive sind.

Wo in Suren oder Ahadiith in diesem Buch eine erklärende Beifügung in Klammern steht, so ist das eine zum besseren Verständnis eingeschobene Erklärung, die im arabischen Originaltext nicht enthalten ist!

Wo in Texten über den Islaam von Männern die Rede ist, so schließt das die Frauen mit ein; es sei denn, es wird von Allah selbst in einer Sache ein Unterschied gemacht, wegen unterschiedlicher Voraussetzungen. Darauf wurde zu Anfang dieses Buches noch an den entsprechenden Stellen hingewiesen, im späteren Verlauf nicht mehr.

Aus der Hadithwissenschaft

Hadiith: Erzählung, Bericht, Geschichte.

Ahadiith (Plural von **Hadiith**): wörtlich bewahrte Aussagen (Erzählungen, Berichte) mitsamt ihren sorgfältig auf Vertrauenswürdigkeit geprüften Überliefererketten.

Wird ein **Hadiith „sahiih"** (gesund) genannt, so bedeutet dieser unter Muslimen wohlbekannte Fachterminus aus der Hadiithwissenschaft: das Hadiith wurde sorgfältig geprüft und als authentisch eingestuft. Die fünf Bedingungen, damit ein Hadiith „sahiih" genannt werden darf:

1. Die Aussage ist durchgehend verbunden überliefert. Das heißt, es gibt keine Unterbrechung in der Überliefererkette, jeder Überlieferer hat es selbst direkt vom genannten Vorgänger gehört.

2. Alle aufgezählten Überlieferer sind ʿadala, das heißt rechtschaffen in ihrem Charakter: sie haben als Charaktereigenschaft ausgeprägte Gottesfurcht und ein angemessenes Verhalten im Umgang mit den anderen. Denn all dies wirkt sich auch auf ihren Umgang mit Überlieferungen aus.

3. Alle Überlieferer müssen daabit sein (aufmerksam, fähig, Ahadiith exakt auswendig wiederzugeben die sie auch sorgfältig niedergeschrieben haben, fähig

sein die Aussage des Hadiith exakt zu verstehen).

4. Die Aussage darf nicht schaadh (ausgefallen) sein.

5. Die Aussage darf keinen `Illa (verborgenen Fehler) haben.

Damit ein **Hadiith „hasan"** (gut, schön) genannt werden darf muss es ebenfalls alle fünf genannten Kriterien erfüllen. Aber die Überlieferer erreichen nicht die exakt gleich hohe Stufe der Exaktheit, sind also als etwas weniger daabit. „Hasan" ist eine Stufe (ein Unterpunkt) von „sahiih."

Es gibt noch Klassifizierungen unterhalb von diesen, wenn Ahadiith gravierende Mängel aufweisen, z. B. eine Lücke in der Überliefererkette, Klassifizierung dann „daiif", schwach. Solche Ahadiith sollte man besser nicht verwenden, so bleibt man auf der sicheren Seite.

In den zwei unter Muslimen sehr bekannten und geschätzten Sahiih-Werken (Bücher die nur Ahadiith enthalten die sorgfältig danach ausgewählt wurden, dass sie sahiih sind) namens: „**Sahiih Muslim**" und „**Sahiih al-Dschaami'**" stehen nur Ahadiith die sahiih sind, mitsamt den Überlieferketten.

Im vorliegenden Buch sind keine Überliefererketten erwähnt, da dies für die meisten Europäer nicht sehr relevant ist. Das erlaubt flüssiges Lesen. Die thematische Ordnung ermöglicht es, Ahadiith zu einem bestimmten

Thema schnell nachzuschlagen. Nach jedem Hadiith steht der Name des Überlieferers, der das Hadiith in sein ursprünglich arabisches Werk aufgenommen hat, so kann bei Interesse die Überliefererkette dort geprüft werden. Ferner steht nach jedem Hadiith ob es „sahiih" oder „hasan" klassifiziert wurde, was eine wichtige Bewertung darstellt.

In Deutschland ist eine arabisch-deutsche Kurzfassung des „Sahiih al-Dschaami' von al-Buchaari vom Titel her bekannter geworden als der Originaltitel. Die deutsche Kurzfassung heißt „Sahiih al-Buchaari". Die zwei erwähnten Sahiih-Werke werden daher hier im Buch als „Sahiih Muslim" oder „al-Buchaari" bezeichnet. Die Nummern der Ahadiith wurden nicht mit angegeben, außer von der arabisch-deutschen Ausgabe des „Riyaad us-Saalihiin – Gärten der Tugendhaften". Die Nummerierungen können je nach Buchzusammenstellung etwas verschieden sein. Denn im Original sind viele ähnliche Versionen hintereinander aufgelistet, weshalb es in vielen Sprachen auch Kurzfassungen gibt, die dann aber ihre eigene fortlaufende Nummerierung haben.

Warum gibt es ähnliche Versionen eines Hadiith? Der Prophet Muhammad, salla-llahu 'alaihi wa Sallam, hat in den 23 Jahren seiner Prophetenschaft viele Ahadiith sehr oft immer wieder erzählt, aber nicht zu jedem Anlass mit exakt demselben Wortlaut. Wiederholungen stärken das Erinnern.

Worterklärungen

Ar-Rahmaan: einer der Namen Allahs. Er besagt, dass Allah eine Art von Rahmah (Barmherzigkeit) hat, die sich auf die gesamte Schöpfung erstreckt. Diese Eigenschaft wird erläutert in Sure 6:12: „… Er hat sich selbst Rahmah vorgeschrieben."

Ar-Rahiim: einer der Namen Allahs, der besagt, dass Allah eine Art von Rahmah, also Barmherzigkeit hat, die Er nur seinen hingebungsvollen Dienern gewährt. Diese Eigenschaft wird erläutert in Sure 33:43: „… und Er ist zu den Mu`miniin rahiim (barmherzig)".

Al-Wakiil: einer der Namen Allahs. Er bedeutet: kompetenter Sachwalter, höchster Interessenvertreter, unabhängiger Machtinhaber.

Wakiil (kann ohne bestimmten Artikel „al-" auch für einen Menschen stehen): jemand der sich einer Sache annimmt, in der Funktion eines Sachwalters, Interessenvertreters, Schützers usw.

Al-Wali: einer der Namen Allahs. Er bedeutet: jemand der sich um etwas kümmert, etwas verwaltet, während er diesem nahestehend ist, vertrauter Beistand

Malaa`ikah: spricht man Malaa-ikah aus. Vor dem „i" kommt ein kleiner Sprachabsatz und man hebt die Stimme beim „i" etwas an.

Ehrende Beifügungen

'Alaihi-s-Salaam: Friede sei auf ihm. Dies ist eine ehrende Beifügung hinter dem Namen von Engeln und Propheten. Gemeint ist, dass Allah etwas von Seinem umfassenden Frieden auf ihn herabsenkt.

Salla-llahu 'alaihi wa Sallam, 'alaihi Salaatu wa Salaam: Allahs Lobpreis und von Seinem Frieden auf ihn, Allah segne ihn uns schenke ihm Heil. Dies ist eine ehrende Beifügung hinter dem Namen des letzten Propheten und Gesandten Allahs Muhammad, 'alaihi Salaatu wa Salaam, und die ganz korrekte Übersetzung. Die umfassenden Bedeutungen davon sind weiter, als es in einer Kurzform übersetzt werden kann.
Salla-llahu 'alaihi: wir sprechen ein Bittgebet für das Lob des Herrn über den Propheten dafür, dass Allah ihn, 'alaihi Salaatu wa Salaam, im Himmel lobt. Es ist also ein Bittgebet.
wa Sallam: und dass Er ihm von Seinem Frieden gibt. Und Allah ist as-Salaam, der vollkommene Friede.

Entsprechend ist es bei:
„**Allahumma salli wa sallim** 'ala Nabiyina Muhammad, auch dies ist ein Bittgebet im selben Sinne, „von Allahs Frieden und Segen seien auf unseren Propheten Muhammad."

Radia-llahu 'anhu, radia llahu 'anha, radia-llahu 'anhuma, radia-llahu 'anhum, radia-llahu 'anhunna, radia-llahu 'anhuma: Allahs Wohlgefallen sei auf ihm/ ihr/ ihnen/ ihnen beiden – ehrende Beifügung hinter dem Namen der Prophetengefährten und -gefährtinnen, die ihn zu ihren Lebzeiten sahen, und mit ihm saßen oder sprachen.

Rahima-hu-llah: möge Allah ihm barmherzig sein. Dies ist ein ehrendes Bittgebet für eine verstorbene Person.

Weiterführende Bücher

Im Buch zitierte Aaiyaat (Verse des Qur`aan) und viele der Ahadiith (Hadiithe) findet man in folgenden Büchern, in der Ausdrucksweise des jeweiligen Übersetzers in deutscher Sprache:

a) Arabisch-deutsch: „Der edle Qur`aan und die Übersetzung seiner Bedeutungen in die deutsche Sprache", auch in vielen anderen Sprachen erhältlich, vom King Fahd Komplex zum Druck von Qur`aan.

b) Deutsche Kurzfassung: „Sahih al-Bucharyy" vom Verlag „Islamische Bibliothek". Arabischer Originaltitel des Gesamtwerkes von Imam al-Buchaari: Sahiih al Dschaami`.

c) Arabisch-deutsch, komplett: „Riyad us-Salihin – Gärten der Tugendhaften", in zwei Bänden, vom SKD Bavaria Verlag. Das arabische Originalwerk stammt vom Autor Imaam an-Nawawi.

d) Arabisch, englisch, deutsch und viele andere Sprachen: Hisn ul-Muslim, zusammengestellt vom Autor `Ali Ibn Wahf al-Qahtaani, rahimahullah. Auch als App verfügbar.

Glossar

Aamiin, آمين: Oh Allah, nimm es an!

Aachirah, آخرة: Jenseits

'Aalam ul-Ghaib, عالَم الغيب: Welt des Unsichtbaren

'Aalamiin, علمين: Welten, Universum, hier: deren Bewohner, Menschen und Dschinn

Aaiyah, آية: Zeichen, Vers des Qur'aan, Plural Aaiyaat آيات

'Adan, عدن: Eden. Dschannatu 'Adan, جَنَّاتُ عَدنٍ, die Gärten von Eden, also die Paradiesgärten

'Adhaab as-Samuum, عذاب السموم: Strafe des Glutwindes

Adhaan, أذان: Gebetsruf, ein paar Minuten vor Gebetsbeginn

'Adschbu dh-Dhanab, عَجبُ الذَّنَب: ein Steißbeinknochen, aus ihm erstehen die Menschen wieder auf. Es ist der letzte Knochen der Wirbelsäule.

Ahl ul-Kitaab, أهل الكتاب: Leute des Buches, wie Juden und Christen

Ahzaab, احزاب: Verbündete

'Ain, عين: Auge

'Alaqah, علقة: Anhängsel, ein Entwicklungsstadium des werdenden Menschen im Mutterleib

Ansaar, أنصار: Helfer, zum Beispiel der Auswanderer nach Medina

'Ard, أرض: Erde

'Arsch, عرش: Thron von Allah

'Azma, عزما: Entschlossenheit

Ba'd al-'Asr, بعد العصر: Nach dem 'Asr-Gebet, das Gebet am Nachmittag

Bait al-Hamd, بيت الحمد: Haus der Lobpreisung

Bait ul-Ma'muur, بيت المعمور: von den Engeln vielbesuchtes Haus, weit über der Ka'bah.

Bani Aadam, آدم: die Söhne, Kinder, Nachkommenschaft von Aadam, `alaihi-s-Salaam

Barzach, برزخ: Abtrennung: Zwischenbereich, in dem die Seele zwischen dem Tod und dem Tag der Auferstehung verweilt.

Baschar, بشر: Menschen, menschliche Lebewesen

Bid'ah, بدعة: Neueinführung in die Religion

Birr, برّ: Güte, Frömmigkeit

293

Bismillah, بسم الله: (Zusammenziehung aus bi-ism-Allah), im Namen Allahs

Chabiith, خبيث: männlicher Schaitaan. Chabiitha, خبيثة: weiblicher Schaitaan. Die Chubuth und Chaba`ith, الخبث والخبائث: männnliche und weibliche Schaiyaatiin.

Chaliifa, خليفة: Nachfolger, Kalif. Plural: Chalaa`ifa, Chulafaa`a, خلفاء

Chalq, خلق: Schöpfung

Chiifa, خيفة: Angst

Chutba, خطبة: Freitagsansprache und Ansprache zu den beiden 'Aid-Festen in der Moschee.

Daabah: دابة: Alles, das sich bewegt, so wird vor allem ein Reittier bezeichnet. Plural: Dawaab, دواب

Daddschaal, دجّال: Endzeitfigur, auch „der große Lügner" oder „der Lügenmessias"

Daradschah, درجة: Stufe, Grad. Plural: Daradschaat, درجات

Dhaalimiin, ظالمين: Ungerechte

Dhikr, ذكر: Gedenken, Ermahnung, was man öfter sagt, Gottesgedenken durch Bittgebete

Dhu Mirrah, ذو مرة: von starker Kraft, schöner Erscheinung

Diin ul-Qayyiimah, دين القيمة: die aufrechte Religion

Dschayid: جيد: gut

Dschahannam, جَهَنَّمُ: Hölle, Höllenfeuer

Dschannah, جنّة: Paradies, Paradiesgärten

Dschaahiliyah, جاهلية: Zeit der Unwissenheit, wenn die Offenbarung den Menschen nicht mehr klar vorliegt, wie unmittelbar vor dem Islaam, als Götzenkult um sich griff.

Dschahannam, جهنم: Hölle

Dschahiim, الْجَحِيم: Einer der Namen der Hölle

Dschannat-ul Ma`wa, جنّة المأوى: Paradiesgarten der Zuflucht. Einer der vielen Beinamen des Paradieses.

Dschinn, جن: Einzahl und Plural, das sind Geschöpfe Allahs, die für Menschen meistens unsichtbar sind. Unter ihnen gibt es gläubige und glaubensverweigernde. Vor allem in den Kapiteln 1 und 11 werden sie ausführlich beschrieben.

Du'a`, دعاء: Bitt-, Dankgebet, wörtlich: Anrufung, Bitte

Duniya, دنيا: Diesseits

Faatiha, فاتحة: Eröffnende, erste Sure. Das ist die Eröffnungssure des Qur`aan und des Gebetes

Fasaad, فساد: Verderbnis, Schlechtigkeit

Firqa an-Naadschiyah, فرقة الناجية: die siegreiche Gruppe

Fitnah, فتنة: Verführung, Unruhe. Plural, فتان: Fitaan

Ghaflah, غفلة: Nachlässigkeit, Achtlosigkeit, Unachtsamkeit

Ghaaschiyah, غاشية: Überdeckende, die alles (bisherige im Diesseits) überdeckende Stunde am Jüngsten Tag.

Hadath, حدث: Windabgang, kleine rituelle Unreinheit, Ereignis, Vorfall

Hadiith, حديث: Erzählung, Bericht, Überlieferung, Worte und Taten des Propheten Muhammad, salla-llahu `alaihi wa Sallam, die durch Prophetengefährten nachvollziehbar, oft mehrfach, überliefert wurden

Hadiith maqtuu'a, حديث مقطوع: Hadiith, das von Taabi'iin تابعين, also Leuten der direkten Nachfolgergeneration der Prophetengefährten, erzählt wurde. So, wie sie es in Erinnerung behalten hatten, ohne dabei wörtlich vom Propheten, salla-llahu'alaihi wa Sallam, zu zitieren. Deshalb steht, untypischerweise, sein Name nicht am Ende der Überliefererkette.

Haddsch, حج: Pilgerfahrt. Haddschun mabruur: korrekt nach Vorschrift ausgeführte Haddsch-Pilgerfahrt

Haafidh, حَافِظٌ: Hüter. Plural Haafidhiin, حَافِظِّينَ

Halaal, حلال: erlaubt

Hamd, حمد: Lob, Preis

Haraam, حرام: Heilig, verwehrt, verboten

Hasanaat, حسنات: Gutes, das man tut oder das man erhält

Hatta tatlua'-sch-Schams-u min Maghrabi-ha حتّى تطلع الشّمس من مغربها: bis die Sonne im Westen aufgeht.

Hawla, حول: Macht

Hidschaab, حجاب: Weite Körperverhüllung, die auch den Kopf bedeckt, Vorhang, Sichtschutz.

Hidschrah, هجرة: Auswanderung

Hikmah, حكمة: Weisheit

Hill, حلّ: erlaubt

Hinth-il-'adhiim, حنث العظيم: gewaltige Treulosigkeit, gegenüber ihrem Bund mit Allah in Nu'maan und allgemein.

Hira`, حراء: Berg und Höhle Hira, der Berg wird auch Dschabal an-Nuur, Lichtberg genannt.

Hisaab Yawm al-Qiyamah, حساب .يوم القيامة: Abrechnung am Tage der Auferstehung

Ḥisn, حصن: Schutz, Festung, Burg, Bollwerk

Ḥukm, حكم: die Entscheidung (was im Endeffekt passiert), das Urteil, die Herrschaft, die Souveränität

Ḥunafa`, حنفاء: Anhänger des rechten Glaubens

Hurqil, هرقل: Heraklios, Heraclius

’Ibaadah, عبادة: gottgefällige Taten
Ibliis, إبليس: Der „Vater der Dschinn", er ist der Anführer der glaubensverweigernden von den Dschinn

’Ifriit, عفريت besonders starker Dschinn. Plural ’Afaariit, عفاريت

Iḥsaan, إحسان: Anbetung von Allah, als ob du Ihn sehen würdest. Denn wenn du Ihn auch nicht siehst, so sieht Er dich doch.

Imaaam, امام: Der vorne ist, Vorsteher, Vorbeter, Anführer

Imaan, Imān إيمان: verinnerlichter Glaube an Allah, Seine Engel, die Begegnung mit Allah (im Jenseits), Seine Gesandten und an die Auferstehung. In einem Ḥadiith Ṣaḥiiḥ Muslim steht auch noch: Glaube an Seine (geoffenbarten) Bücher.

Indschiil, إنجيل: Evangelium

Ins, أنس: Menschen, Gesellschaft, Vertrautheit

Insaan, انسان: Mensch

Islaam, إسلام: Anbetung von Allah, ohne Ihm etwas beizugesellen, die Verrichtung der Gebete, die Zahlung der Zakaah und das Fasten im Ramadhaan.

Ism, اسم: Name. Plural: Asmaa-a, اسماء

Isra`, اسراء: Nachtreise

Isti'aadhah, إِسْتِعَاذَة: Zufluchtnahme bei Allah vor dem Schaitaan

Ittibaa', اتباء: Folgen, hier des Propheten, salla-llahu 'alaihi wa Sallam

Iqaamah: إقامة verkürzter Gebetsruf, unmittelbar vor dem Gebet.

Kaafir, كافر: Glaubensverweigerer, Ableugner, Verstecker. Plural, كافرون: Kaafiruun, Kaafiriin

Kaatibiin, كَاتِبِيْن: Schreiberengel, hinter der rechten und linken Schulter jedes lebenden Menschen. Der Rechte schreibt die Hasanaat, also guten Taten, auf, der Linke die Sayi`aat, die schlechten Taten.

Kalimah, كلمة : Wort, Rede, Ansprache

Kibr, كبر: Hochmut

Kiraaman Kaatibiin, كراما كاتبين: edle Schreibende, von Allah verliehene Ehrenbezeichnung der Engel

Kitaab, كتاب: Geschriebenes, Schrift, Buch

Kohl, كحل: das ist Kajal, orientalische Augenschminke mit Antimon.

Kufr, كفر: Glaubensableugnung, Glaubensverleugnung, Unglaube, Verbergen

Kufr bi-Taaghuut, كفر بالطاغوت: ablehnen, einen falschen Gott anzubeten, Götzenkult jeder Form meiden

„Kun" – fa yakuun, كن فيكون: „Sei" und sie war

Laa tahzan! لا تحزن: Sei nicht traurig.

Lahd, لحد: Grabnische in der Gebetsrichtung, nach Sunn

Laila, ليلة: Nacht. Lailat-ul-Qadr, ليلة القدر: Nacht der Bestimmung

Maa` ul-Hayaa`, ماء الحياء: Wasser des Lebens, so heißt auch der Fluss vor dem Eingang des Paradieses

Makruuhah, مكروحة: Unheil. Plural: Makruuhaat, مكروحات

Malak, ملك: Engel. Plural: Malaa'ikah, ملائكة

Manzilah, منزلة: Rang, Stellung. Plural: Manaazil, منازل

Masdschid, مسجد: Ort des Sudschuud, also Moschee

Ma'schar, معشر: Gesellschaft, Versammlung.

Masih, مسيح: Messias

Mawquuf, موقوف: von Prophetengefährten aus der Erinnerung weitergegeben, ohne wortwörtlich vom Propheten, salla-llahu 'alaihi wa Sallam, zu zitieren

Michraaq, مخراق: Stab aus Feuer, Feuerstab

Mihraab, محراب: Ort, an dem das Gebet verrichtet wird, Gebetsnische jeder Moschee, zur Gebetsrichtung hin ausgerichtet, Heiligtum. Plural: Mahaariib, وحاريب

Minbar, منبر: erhöhter Sitz für die Ansprachen des Imaam in der Moschee, die Aussprache ist Mimbar

Mi'raadsch, معراج: berühmter Aufstieg zum Himmel mit Dschibriil, 'alaihi-s-Salaam

Mu'aqqibaat, معقبات: Begleiter

Mu'awwidhataan, معوّذتان: Schutzsuren, die beiden letzten kurzen Suren des Qur`aan 113, 114

Mudghah, مضرة: Bissen, gekautes Fleischklümpchen. Gegen Ende der vierten Woche sieht der menschliche Embryo wie ein Fleischstückchen mit Zahnabdrücken aus. Das Aussehen resultiert aus den Somiten, die Zahnspuren ähneln. Die Somiten repräsentieren die Anfänge der Wirbel.

Muflihuun, مفلحون: Erfolgreiche

Mulk, ملك: Herrschaft, Königtum

Muslimiin, Muslimuun, مسلمون, مسلمين: Muslime, Gottergebene gemäß der Offenbarung

Naadiyah, نادية: Genossen

Naar, نار: Feuer. Naaran haamiyah, نار حامة: sehr heißes Feuer

Nabi, نبي: Prophet: Nabiyuun. Ambiya', geschrieben Anbiya', نبيون, انبياء: Propheten

Nadschm, نجم: Stern

Nafs, نفس: Inneres, Seele

Nahaar, نهار: Tag

Nasab, نسب: Abstammung, Blutsverwandtschaft, Verschwägerung

Na'iim, نعيم: Wonne

Ni'mah, نعمة: Wohltat, Gnade

Niyah, نية: Absicht, Vorhaben

Nutfah, نطفة: Samentropfen

Qabiilah, قبيلة: Stamm. Qabiiluhu: sein Stamm. Plural: قبائل

Qadiir, قدير: machtvoll, mächtig, fähig

Qalam, قلم: Schreibfeder, Schreibrohr, Stift

Qariin, قرين: beständiger Begleiter, Kamerad

Qawlan thaqiila, قولا ثقيلا: gewichtige Worte

Qiblah, قبلة: Gebetsrichtung

Qiṯr, قطر: Kupfer, Blei, Messing

Qur`aan, قرآ : Das zu rezitierende, Koran

Quraisch, قريش: großer, einflussreicher Stamm in Mekka, an der Weihrauchstraße, bekannt auch für ihren Handel mit Leder, Gold und Parfüm

Quwattah, قوة: Kraft

Rabb, رب: Herr. Rabbana, رَبَّنَا: Unser Herr. Rabb ul-’Alamiin, رب العالمين: Herr der Welten

Ra'd, رعد: Donner

Radschiim, رجيم: Ein von Rechtschaffenheit Entfernter. Einer, der Übles in die Herzen wirft. Der mit Steinen Beworfene, was auch im Haddsch symbolisch getan wird, in Bezug auf ein früheres Erlebnis von Ibrahiim, ’alaihi-s-Salaam

Rahiiq ul-machtuum, رحيق المختوم: der versiegelte Nektar

Rahmah, رحمة: Barmherzigkeit

Raiyaan, ريّان: Eingangstor zum Paradies für Fastende

Raka'ah, ركعة: Gebetseinheit. Plural: Raka'aat, ركعات

Ramadaan, رمضان: Islaamischer Fastenmonat, nach dem Mondkalender

Rasuul, رسول: Gesandter. Rasuulu-llah, رسول الله

Rizq, رزق: Versorgung, Unterhalt

Ruqiyah, رقية Worte, Dhikr usw. für Heilung oder Schutz, auch Streichen der Hände und Pusten können dabei vorkommen. Eine gute Ruqiyah ist Sunnah.

Ruuh, روح: Offenbarung, Erleuchtung, Eingebung, Geist. Ruuh al-Amiin, روح الأمين: vertrauenswürdiger Geist. Ruuh al-Qudus, روح القدس: heiliger Geist

Ruum, روم: Römer, Byzantiner, Bewohner von Europa und deren Nachkommen

Saa', ساع Stunde

Sadaqah, صدقة: freiwillige Spende

Sa'i, سَعي: Der siebenmalige Lauf zwischen den Hügeln Safa und Marwa im Gedenken an Haddschar, das ist Hagar, und die wundersame Öffnung des Brunnens Zamzam

Sahaabi, صحابي: Prophetengefährte, Plural: Sahaabah, صحابة, Ashaab اصحاب, Sahaabiyah, صحابية: Prophetengefährtin, Plural: صحابيات, SahaabiYat

Sahiih, صحيح: gesund

Sa'iir, سعير: Feuerglut, glühendes Feuer. Einer der Namen der Hölle

Sakiina, سكينة: innere Ruhe

Salaf, سلف: Einer, der anderen vorangeht, ein Vorfahr oder Vorläufer

Salah, صلاة: Gebet

Salsaal, صلصال: Ton, Tonerde, Tonmasse, Lehm

Salsaalin min Hamaa`in masnuun, صلصال من حماء مسنون: angetrockneter, zu Gestalt gebildeter Schlamm

Sama`, سماء: Himmel. Plural: Samaawaat, سماوات

Saqar, سقر: Sengende, sehr Heiße, Name der Hölle oder eines besonders heißen Teiles von ihr

Sariya, سريا: Bächlein

Sayi`aat, سيئات: schlechte Taten

Schafa`a, شفاعة: Fürsprache

Schahaadah, شهادة: muslimisches Glaubensbekenntnis „La ilaha ill-Allah, Muhammad rasuulu-llah", es gibt keinen Gott außer Allah, und Muhammad ist der Gesandte Allahs.

Schaitaan, شيطان: Satan, Teufel, glaubensverleugnender Dschinn, Ibliis. Plural: Scheyatiin, شياطين

Schaitaan maarid, شياطان مارد: rebellischer Schaitaan

Schauk-s-Sa'daan, شوك السعدان: Dornen des Sa'daan

Schihaab, شهاب: Meteor, Sternschnuppe, Plural: Schuhub, شهب

Sidr, سدر: Sidrbaum, Ziziphusbaum

Sidschiin, سجين: tiefster Abgrund

Silm, سلم: Friede, Friedensheil, bezieht sich auf den Islaam.

Siraat, صراط: Weg, Pfad, Straße

Sudschuud, سجود: Niederwerfung, eine der Gebetspositionen

Sulaalatin min Tiin, سلالتن من طين: Auszug aus Lehm, also Mischung aus Tonerde mit Wasser

Sultaan, سلطان: Macht, Herrschaft, Ermächtigung

Sunnah, سُنَّة: Weg, Lebensart, Brauch, Verhaltensweise, im Islaam kurz für Sunnat-un-Nabi

S̲uur, صور: Blashorn, auch Naquur genannt

Taabuut, تابوت: Bundeslade

Taabi'uun, Taabi'iin: تابعون, تابعين: Leute der direkten Nachfolgergeneration der Prophetengefährten

T̲aaghuut, طاغوت: Götze, falscher Gott. Plural: T̲awaaghiit, طواغيت

T̲aa`ifah al-Mans̲uurah, طائفة المنصورة: siegreiche Gruppe

T̲alh̲, طلح: Bananen, Mimosen

Taqwah, تقوى: Gottesfurcht

Tartiilan, ترتيل: wohlgeordnet

Tasliim, تسليم: Das Sprechen des Friedensgrußes zur rechten, meistens auch zur linken Seite, zur Beendigung des muslimischen Gebetes. Beide Formen sind gültig.

Tasniim, تسنيم: Quelle an der höchsten Stelle des Paradieses

Tawraah, توراة: Taura, Thora
Tawbah, توبة: Reue.

Tawh̲iid, توحيد: Eingott-Glaube, Monotheismus

Thaaniyah, ثانية: bekannter Bergpass, über den man nach Mekka hineingelangt

Tiin laazib, طين لازب: haftender Lehm

Turaab, تراب: Erde

Turbah, تربة: Erde, z. B. unseres Planeten

Tuuba, طوبى: Ein Baum von gigantischen Ausmaßen im Paradies

Umm ul-Qura, امّ القرى: Mutter der Städte, Mekka

Ummah, أمة: Glaubensgemeinschaft eines Propheten

'Umrah, عمرة: kleine Besuchsfahrt zur Ka'bah in Makkah. Sie ist das ganze Jahr über möglich, bis auf die Tage der Haddsch.

Wakiil, ولي: kompetenter Sachwalter, höchster Interessenvertreter.

Waal, وال: Helfer, Interessenvertreter

Wahi, وحي: Offenbarung

Wali, ولي: vertrauter Beistand. Plural: Awliya`

Waswas, وسوس: Einflüsterungen

Wudu', وضوء: rituelle Gebetswaschung

Ya, يا: Oh, als ehrende Ansprache vor Namen oder Titeln

Yawm ul-Aachir, يوم الآخر: der Jüngste Tag

Yawm ul-Dschum'ah, يوم الجمعة: Tag der Versammlung, das ist der Freitag. Denn es ist die Versammlung zum Freitagsgebet in der Moschee.

Zakaah, زكاة: Eine geringe, vorgeschriebene Abgabe an die Armen, von Muslimen zu entrichten.

- *Namen Allahs, die im Buch vorkommen, es gibt*

  allerdings noch mehr

Allah, الله: Ist die Selbstbezeichnung Gottes, zusammengesetzt aus al-ilah, der (eine und einzige) Gott, in Bibelfragmenten entsprechend eloh.

Allah ist

Al-Awwal, الاول: Der Erste
Al-Aachir, الآخر: Der Letzte
Al-Hayyul-Qayyuum, الْحَيِّ الْقَيُّوم: Der Lebendige, Ewiglebende – Der Erhalter der Schöpfung, Der Beständige.

Ar-Rahmaan, الرحمان: Name Allahs: der Allbarmherzige, Allerbarmer, der bedeutet, dass Er hat eine Art Rahmah, also Barmherzigkeit hat, von der Seine gesamte Schöpfung profitieren darf. Er versorgt z. B. viele Jahre im Duniya mit Rizq und gewährt Gesundheit, auch denen, die nicht auf Seine Worte hören.

Im Gegensatz zu Seiner Eigenschaft als ar-Rahiim الرحيم: Name Allahs, der bedeutet, dass Allah auch eine Art von Rahmah hat, die nur für seine aufrichtigen Diener ist, wie das Paradies.

At-Tawaab, التواب: Der die aufrichtige Reue Seiner Diener annimmt. Die Reue hat Bedingungen.

Al-Qahaar, القهار : der Bezwinger

Subhaana-Hu wa ta'aala, سبحانه و تعالى: gepriesen und erhaben ist Er,

Subhana Rabbi wa bi-Hamdihi: سبحان ربي و بحمده Gepriesen sei mein Herr und gelobt

- *Namen oder Bezeichnungen von Engeln im Buch, Frieden sei auf ihnen allen*

Dschibriil, جبريل: Gabriel, auch Namuus genannt, ist ein Engel, der von Allah beauftragt wurde, Propheten wie Muusa, `alaihi-s-Salaam oder Muhammad, salla-llahu `alaihi wa sallam, Offenbarungen von Allah zu überbringen. Und sie darin, gemäß Allahs Anweisungen, zu unterweisen. Deshalb heißt er auch Ruuh-ul Amiin und Ruuh ul-Qudus.

Malak al-Dschibaal, ملك الجبال: Engel der Berge

Engel des Rahmaan, ملك الرحمان: Allahs Engel

Hammalat-ul-'Arsch, حملة العرش: Thronträgerengel

Israafiil, اسرافيل. Saahib al-Qarn صاحب القرن: der (Engel) mit dem Blashorn

Malaa`ikatu-Rahmah, ملائكة الرحمة: Gnadenengel

Malaa`ikatu-l-'Adhaab, ملائكة العذاب: Plageengel

Malaa`ikati munzaliin, ملائكة منزلين: herabgesandte Engel

Malaa`ikati musawwimiin, ملائكة مسومين: gekennzeichnete Engel

Malaa`ikati murdifiin, ملائكة مردفين: Engel hintereinander, in Folge, in Reihen

Malak kariim, ملك كريم

Miikaa`iil, ميكائيل: Michael

Munkar und Nakiir, منكر و نكير: zwei Engel, die in Baabil بابل, „Babylon", unterwegs waren
Malak ul-Maut, ملك الموت: Todesengel

Maalik, مالك: Höllenwächter-Engel

Raqiibun 'Atiid, رقيب عتيد: Beobachter, Aufpasser, Wärter

Ridwaan, رضوان: Anführer der Höllenwächter-Engel

Saa'iq, سائق: Treiberengel am Tage des Gerichts, siehe Sure 50:21

Saalihiin, صالحين: Aufrechte, Wahrhaftige

Safarah, kiraaman bararah, سفرة كرامن بررة: edle, fromme Reisende. Eine Ehrenbezeichnung, die Allah den Engeln verliehen hat.

Zabaaniyah: زبانية Fessel-, Stoßengel, Hineinstoßende

- *Namen der Propheten, die im Buch vorkommen, Frieden sei auf ihnen allen*

Aadam, آدم: Adam, عليه سلام

Haaruun, هارون: Aaron, عليه سلام

Ibrahiim, إبراهيم: Abraham, عليه سلام

'Isa ibn Mariyam, عيسى بن مريم: Jesus, Sohn der Maria, عليه سلام

Isma'iil, إسماعيل: Ismael, erstgeborener Sohn des Ibrahiim, Halbbruder des Ishaaq إسحاق, also Isaak, Friede sei auf ihnen allen.

Jusuf, يوسف Josef, Sohn des Ya'quub, also Jakob, Friede sei auf ihnen beiden

Muhammad, مُحَمَّ : Mohamed صلى الله عليه وسلم

Muusa, موسى : Mose(s), عليه سلام

Nuuh, نوح : Noah, عليه سلام

Sulaimaan bin Daawuud, سُلَيْمَان بْن دَاوُود Salomo, der Sohn des David, عليه سلام

Yahya, يحيى : Johannes, عليه سلام

Yunus, يونس : Jonas, عليه سلام

Zakariyya`, زَكَرِيًّا : Zacharias, عليه سلام

- *Namen wichtiger Frauen im Buch*

Aasiyah, آسية: Asiya, Frau des Pharaos und Mutter von Muusa, 'alaihi-s-Salaam

'Aischah, عائشة: Aischa, Tochter des Abu Bakr, رضي الله عنها
Bilqiis, بلقيس : Bilqis oder Belqis, Königin von Saba`

Faatimah, فاطمة: Fatima, Tochter des Propheten Muhammad, صلى الله عليه وسلم

Haadschar, هاجر: Hagar, Umm Isma'iil, lebte mit ihrem Sohn Isma'iil in Mekka

Halimah, حليمة: Halima, die Stillamme

Hawwa`, حوّاء: Eva

Mariyam, مريم: Mariam, die Mutter von 'Isa, 'alaihi-s-Salaam

Saarah, سارة: Sara, Sarah, die Mutter von Ishaaq, Isaak, 'alaihi-s-Salaam

رضي الله عنهن

- *Namen von Gelehrten des Islaam im Buch, möge*

  Allah ihnen barmherzig sein

Abu Ya'la: ابو يعلى, Ahmad: احمد

Baiyhaqi: بيهقي, Bazzar: بزار

Buchaari: بخاري, Daawud: داود

Haakim: حاكم, Ibn Chuzaima: ابن خزيمة

Ibn Hibbaan: ابن حبان, Ibn Hischam: ابن هشام

Ibn as-Sakiin: ابن السكين, Ibn Maadschah: ابن ماجة

Muslim: مسلم , Nasaa`i: نسائي

Nawawi: نووي, Tabaraani: طبراني

Taiymiyah: تيمية, Tirmidhi: ترمذي

رضي الله عنهم

- *Namen wichtiger Orte und Örtlichkeiten im Buch*

'Arafaat, عرفات: Arafat, Berg Arafat, 20 Kilometer von Mekka entfernt

Ka'bah, كعبة: Kaba, Bait u-llah, das Haus Allahs

Kada`, كداء: Kada

Makkah, مكّة: Mekka

Madinah, مدينة: Medina

Saba`, سباء: Saba

Taa'if, طائف: Taif

Uhud, أُحُد

'Ukaadh, عكاظ: Ukaz

Zamzam, زمزم: Brunnen in Makkah, in 21 Metern Entfernung der Ka'bah.

FSC
www.fsc.org
MIX
Papier | Fördert
gute Waldnutzung
FSC® C083411

Zeitfracht Medien GmbH
Ferdinand-Jühlke-Straße 7
99095 Erfurt, Deutschland
produktsicherheit@kolibri360.de